2020年
农业植物新品种保护发展报告

农业农村部植物新品种保护办公室
农业农村部科技发展中心　编

中国农业出版社
北　京

目录

第一章　进展成效 …… 1

一、品种权受理审查 …… 1
二、品种权复审和法律服务 …… 2
三、体系建设 …… 2
（一）法规制度建设 …… 2
（二）测试体系建设 …… 2
（三）信息化平台建设 …… 3
（四）行业协会建设 …… 3
四、宣传培训 …… 5
（一）信息宣传 …… 5
（二）人员培训 …… 5
（三）品种展示 …… 6
五、能力提升和维权执法 …… 7
六、国际合作与交流 …… 8

第二章　申请授权情况 …… 9

一、作物种类申请授权情况 …… 9
（一）累计申请授权情况 …… 9
（二）2020年申请授权情况 …… 11
二、国内申请主体和品种权主体情况 …… 13
（一）地区分析 …… 13
（二）主体性质分析 …… 16
三、国外申请主体和品种权主体情况 …… 19
（一）国别分析 …… 19
（二）主体性质分析 …… 22
（三）作物种类分析 …… 23
四、国内向国外品种权申请授权情况 …… 24
五、申请量/授权量排行情况 …… 25
（一）作物种类 …… 25

（二）申请主体 ……28
（三）品种权主体 ……34
（四）在线排名 ……40

第三章　授权品种转化运用和保护概况 ……42

一、授权品种推广面积排行榜 ……42
二、主要品种转化运用情况 ……43

第四章　植物新品种保护国际动态 ……44

一、UPOV主要成员植物新品种保护动态 ……44
（一）UPOV成员动态 ……44
（二）植物新品种保护范围 ……45
（三）国际植物新品种保护申请情况 ……46
（四）国际植物新品种保护授权情况 ……47
二、UPOV主要成员新品种保护国际化水平 ……48
三、UPOV主要成员审查测试国际合作 ……51

附录 ……53

附录一　2020年农业植物新品种测试体系测试情况 ……53
附录二　2020年农业植物新品种保护大事记 ……54
附录三　2020年农业植物新品种保护重要文件 ……58
附录四　2020年授权品种名单 ……91

正文附图

图1　2019年、2020年数据比较图 ……1
图2　植物品种测试技术研讨会在北京召开 ……3
图3　2020年全国农业植物新品种保护研讨会在山东寿光召开 ……4
图4　乌兹别克斯坦等4国的种业和植物新品种保护政策与实务指南（一国一册） ……4
图5　发布《中国农业知识产权创造指数报告（2020年）》 ……4
图6　2020年版《农业植物新品种保护十大典型案例》 ……5
图7　《农业植物新品种保护公报》 ……5
图8　举办各类理论与技术培训班 ……6
图9　品种展示助力脱贫攻坚 ……7
图10　《农业植物新品种权转让合同范本》和《农业植物新品种维权实务指南（试行稿）》 ……7
图11　2020年农业植物新品种权行政执法和司法保护培训班在海南召开 ……8
图12　西北地区转基因监管工作开展联合检查 ……8
图13　品种权实施与维权线上国际研讨会在北京召开 ……8

图14　DUS测试线上国际培训班在北京召开……8
图15　1999—2020年品种权申请量和授权量变化图……9
图16　1999—2020年不同作物种类年度申请量变化图……10
图17　1999—2020年不同作物种类申请总量分布图……10
图18　1999—2020年不同作物种类年度授权量变化图……11
图19　1999—2020年不同作物种类授权总量分布图……11
图20　2020年不同作物种类申请量分布图……12
图21　2020年不同作物种类授权量分布图……12
图22　1999—2020年国内申请总量地域分布图……13
图23　1999—2020年国内授权总量地域分布图……14
图24　2020年国内申请量地域分布图……15
图25　2020年国内授权量地域分布图……16
图26　1999—2020年国内不同申请主体申请总量分布图……17
图27　1999—2020年国内不同品种权主体授权总量分布图……17
图28　1999—2020年国内不同申请主体年度趋势图……18
图29　2020年国内不同申请主体申请量分布图……18
图30　2020年国内不同品种权主体授权量分布图……19
图31　1999—2020年国外申请主体国家分布图……20
图32　1999—2020年国外品种权主体国家分布图……20
图33　2020年国外申请主体国家分布图……21
图34　2020年国外品种权主体国家分布图……21
图35　1999—2020年国外申请主体类型分布图……22
图36　2020年国外申请主体类型分布图……22
图37　1999—2020年国外申请主体申请作物种类分布图……23
图38　2020年国外申请主体申请作物种类分布图……23
图39　2020年申请保护的玉米品种类型分布图……27
图40　2020年申请保护的水稻品种类型分布图……27
图41　2020年申请保护的大豆品种类型分布图……28
图42　品种申请权及品种权转让变动图……43
图43　1984—2020年UPOV主要成员品种权申请量趋势图……47
图44　UPOV主要成员品种权授权量趋势图……47
图45　UPOV成员国民与非国民申请量变动图……49
图46　UPOV成员国民与非国民授权量变动图……49
图47　1984—2020年UPOV成员向其他成员申请品种权变动图……50
图48　2020年农业植物新品种测试体系测试情况……53

正文附表

表1　中国在国外申请授权品种权情况……24
表2　四大类作物1999—2020年申请总量前十植物属种分布……25
表3　四大类作物2020年申请量前十植物属种分布……26

表4　1999—2020年申请总量位于前50位的国内企业 ……28
表5　1999—2020年申请总量位于前50位的国内教学科研单位 ……30
表6　1999—2020年申请总量位于前30位的国外单位 ……32
表7　2020年申请量位于前20位的国内企业 ……33
表8　2020年申请量位于前20位的国内教学科研单位 ……33
表9　2020年申请量位于前10位的国外单位 ……34
表10　1999—2020年授权总量位于前50位的国内企业 ……35
表11　1999—2020年授权总量位于前50位的国内教学科研单位 ……36
表12　1999—2020年授权总量位于前20位的国外单位 ……38
表13　2020年授权量位于前20位的国内企业 ……39
表14　2020年授权量位于前20位的国内教学科研单位 ……39
表15　2020年授权量位于前10位的国外单位 ……40
表16　2019年年度育种之星 ……41
表17　2020年度品种人气指数排名 ……41
表18　主要大田作物授权品种推广面积排行榜 ……42
表19　各成员国执行的公约文本概况 ……44
表20　UPOV成员保护属种范围 ……45
表21　1984—2020年UPOV主要成员植物品种权国际占有率 ……48
表22　2020年UPOV主要成员植物品种权国际占有率 ……48
表23　2020年申请量居前十的国家品种申请及授权情况 ……49
表24　2020年在国外申请授权量前十国家概况 ……50
表25　委托测试的成员和植物属种情况 ……51
表26　购买其他成员测试报告的成员数和植物属种数 ……52

第一章　进展成效

一、品种权受理审查

全年共受理农业植物新品种权申请7 913件，同比去年增长12.53%（图1），年度申请量再创新高，连续四年位居世界第一，申请总量达到41 716件。全年共授予农业植物新品种权2 549件，同比去年增长11.41%（图1），年度授权量首次位居世界第一，授权总量达到16 508件。继续参与良种重大科研联合攻关项目实施，全年共283个攻关项目品种进入受理审查程序。

全年共下达申请保护品种“特异性、一致性、稳定性”（DUS）集中测试任务9 846件，同比增长56.29%（图1）；提取测试繁殖材料1.3万余份；完成28个植物属种，75个品种的现场考察，因而现场考察任务75件，同比减少45.3%；审查测试报告3 678件，同比减少4.5%（图1），其中品种保护测试报告2 298件，委托测试报告1 380件，为品种授权、审定和登记提供有力的技术支撑。

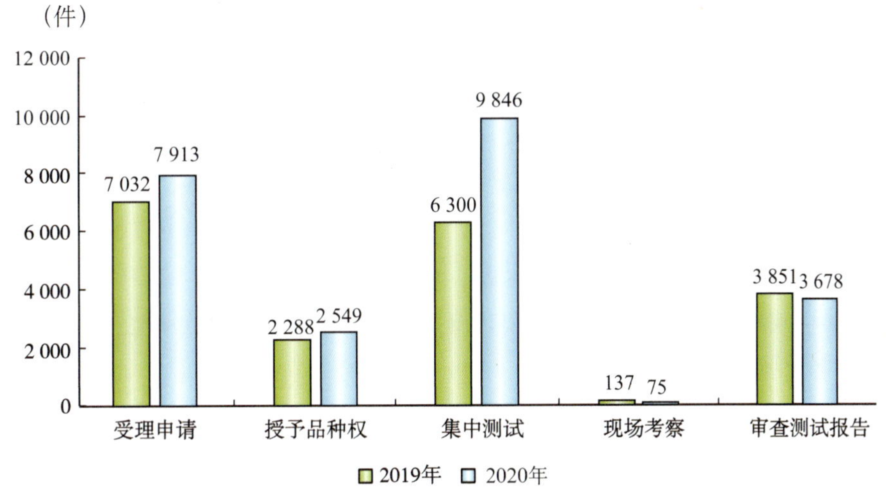

图1　2019年、2020年数据比较图

二、品种权复审和法律服务

全年收到38件复审案件，同比增加72.7%，其中办结31件，还有57件案件正在办理中；处理品种保护异议纠纷案件87件，同比增加63%，结案26件，结案率为29.9%，同比提高了63%，占到近6年来总结案数的1/3。

三、体系建设

（一）法规制度建设

一是持续推进《植物新品种保护条例》修订。《植物新品种保护条例（修订草案送审稿）》呈报国务院审议后，积极推动《植物新品种保护条例》修订，配合开展调研、论证等工作。2020年7月，农业农村部收到司法部《植物新品种保护条例》送审稿第一次征求意见反馈情况汇总表，在对征求意见反馈情况进行充分研究的基础上，对采纳或部分采纳的意见逐一修改，对不采纳的意见逐条陈述理由，最终形成《意见修订稿》。2020年12月，会同农业农村部相关司局，组织召开《植物新品种保护条例》修订专家论证会，邀请全国人大农委、全国人大法工委、中国农业科学院等部门有关专家，交流《植物新品种保护条例》修订有关事项，并咨询专家建议。二是启动实施实质性派生品种（EDV）制度试点。制订EDV制度试点方案和调研方案。选择部分地区和单位启动EDV制度实施试点，研究制作EDV调查问卷，制定水稻、玉米等作物品种的EDV审查指南及鉴定技术规范。12月20日，国家水稻联合攻关组正式试点实施EDV制度，在此期间攻关单位共同签署了承诺书。三是深度开展工作规划研究。深度研究种业知识产权制度，编制《种业知识产权“十三五”战略研究报告》《我国农业植物新品种保护十年设想》《2019年中国知识产权发展状况评价报告》《“十三五”期间知识产权进展和成效及“十四五”主要目标和重点任务》等品种保护相关内容。受海南省三亚市崖州湾科技城管理局委托，联合中国农业科学院区划所专家，编制《海南种业知识产权保护特区整体规划》。四是发布《植物新品种复审申请指南》。编制并发布《植物新品种复审申请指南》，提高复审案件受理效率。五是开展相关配套制度修订及研究。结合《植物新品种保护条例》修订工作，开展《农业植物品种命名规定》修订工作，拟定修订建议稿，起草修订说明，研究起草转基因新品种受理审查指南。制定完善品种权审查流程，规范异议发文表格与查封冻结、质押手续登记表，规避法律风险。六是积极应对新冠肺炎疫情。第一时间在农业农村部官网发布《关于新冠肺炎疫情防控期间农业植物新品种保护相关工作事项的通知》，就新冠肺炎疫情期间申请材料、繁殖材料提交可能导致的延误，主动做好与申请人的沟通解释工作，降低品种权人利益受损风险，保证新冠肺炎疫情期间工作的正常开展。

（二）测试体系建设

一是测试机构建设取得重要进展。国家植物新品种测试徐州中心建设项目被列为农业农村部“十四五”直属单位重大项目，完成投资需求申报、前期工作费申报、项目管理办法起草等工作；推动植物新品种测试昆明分中心正式投资，推动植物新品种测试锦州、广州分中心项目配套的工程建设；起草《关于建立第三方品种DUS测试机构的研究报告》，启动一家第三方测试机构培育工作。二是测试质量管理更加规范。发布《2020年自主开展农业植物新品种特异性 一致性 稳定性测试管理工作方案》和《关于进一步规范委托DUS测试业务的通知》，开展自主测试品种备案、报告复核和现场检查，强化对委托测试和自主测试的监管。制定DUS测试机构质量管理规定、质量控制程序和质量管理体系模板，完善质量管理体系；发布《2020年DUS测试工作要点》，明确工作目标与任务。成立第二届DUS测试技术委员会，印发《DUS测试技术委员会章程（试行）》，明确委员会职能。三是标准化体系建设不断完善。全年发布农业行业标准37项，申报立项农业行业标准55项，为进一步扩大保护名录范围提供支撑。四是DNA指纹数据库更加充实。全年新增芥菜和小豆指纹库，补充水稻指纹4 496份，补充玉米指纹4 299份。共建成包含13种作物共26 497个品种的DNA指纹数据库，为1 820个样品提供DNA指纹比对服务，完成3 021份近似品种辅助筛选，为品种DUS测试提供有力支撑。

（三）信息化平台建设

一是大幅提升政务服务水平。根据国务院深化"放管服"改革和推进政务服务"一网、一门、一次"改革要求，农业品种权申请系统被纳入农业农村部政务服务平台统一管理，在农业农村部政务服务大厅增设种业窗口，并将申请入口变更为农业农村部政务服务平台，大幅提升政务服务水平。二是不断推动信息化建设实现互联互通。完善农业品种权申请和审查系统，对接农业农村部政务服务平台和种业大数据平台，实现数据融合，完成品种权申请业务办理的单点登录和信息安全优化；优化审查收发文和委托测试模块，提高审查效率；深度参与国际植物新品种保护联盟（UPOV）品种权国际申请平台（PRISMA）中国项目二期研发工作，推动与国际品种权申请平台对接。向UPOV的PLUTO数据库上传我国农业品种保护数据信息；为种业大数据平台更新品种保护数据信息。三是新增功能模块。设计并增加品种权异议模块，优化审查收发文和委托测试模块，实现系统运行功能和效率提升。信息化平台在新冠疫情期间发挥了重要作用，大幅度降低了疫情对品种权申请审查工作的影响。

（四）行业协会建设

1. 中国种子协会植物新品种保护专业委员会

一是中国种子协会植物新品种保护专业委员会国际合作组与技术研究组在北京召开植物品种测试技术研讨会（图2），交流国内外植物新品种测试技术研究最新进展、DUS测试数据统计分析技术、植物图像分析技术与DNA分子鉴定技术、已知品种繁殖材料库和信息数据库管理技术等，促进新技术在植物新品种测试中的应用。二是中国种子协会植物新品种保护专业委员会法律服务组牵头，收集整理

图2　植物品种测试技术研讨会在北京召开

并组织评估近两年法院审理结案的品种权侵权案例、农业农村部植物新品种复审委员会审理的复审案例等典型案例，最终确定十大典型案例。2020年12月9日在山东寿光召开的2020年全国农业植物新品种保护研讨会上，发布《2020年农业植物新品种保护十大典型案例》和《农业植物新品种权转让合同范本》（图3）。三是完成乌兹别克斯坦、巴西、乌克兰、日本等4个国家的种业和植物新品种保护政策与实务指南（“一国一册”）的编制工作（图4），建立了完善的海外申请、维权相关服务体系，助力我国种业“引进来”和“走出去”。

图3　2020年全国农业植物新品种保护研讨会在山东寿光召开

图4　乌兹别克斯坦等4国的种业和植物新品种保护政策与实务指南（一国一册）

2. 中国农业科技管理研究会植物新品种保护工作委员会

因为新冠肺炎疫情原因，第十二届全国农业知识产权论坛推迟至2021年3月28日在线举办，线上论坛发布了《中国农业知识产权创造指数报告（2020年）》（图5），对育种的明星科研单位、企业、个人进行授牌，邀请10余位行业专家和学者就农业科技、乡村振兴等与知识产权保护做主题演讲。

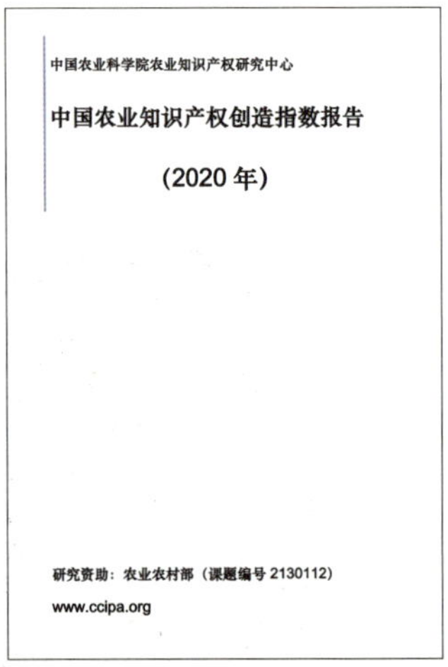

中国农业科学院农业知识产权研究中心

中国农业知识产权创造指数报告

（2020年）

研究资助：农业农村部（课题编号2130112）

www.ccipa.org

图5　发布《中国农业知识产权创造指数报告（2020年）》

四、宣传培训

（一）信息宣传

一是持续发布权威行业信息。发布2020年版《农业植物新品种保护十大典型案例》（图6），编辑出版6期《农业植物新品种保护公报》（图7）。编写《2020年中国知识产权保护状况》《2021年中国农作物种业发展报告》《2020年种业数据手册》等文件的品种保护章节等。二是利用新媒体平台做好宣传工作。通过人民日报、农财宝典、学习强国等媒体，以及微信公众号、小程序，微博和APP客户端，分内容、多渠道、多形式宣传农业植物新品种保护法律法规、典型案例、经验做法。在国科农研院、测试中心公众号发表文章10余篇，宣讲新品种保护和测试知识。

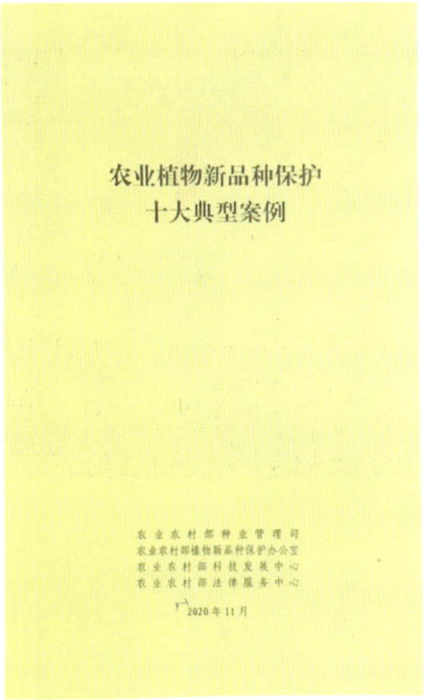

图6　2020年版《农业植物新品种保护十大典型案例》

图7　《农业植物新品种保护公报》

（二）人员培训

一是宣传培训持续开展。组织举办全行业参与、多主题研讨的知识产权保护线上论坛，近7万余人同时在线参与。举办3期全国农业植物新品种保护培训班，3期品种DUS测试与植物新品种保护能力提升培训班，2期农业植物新品种权维权执法能力提升培训班，累计培训学员500余人。二是凝聚测试队伍力量。首次开展审查员与一线测试人员同学习、同劳动、同吃住的“三同”行动，先后5人赴分中心参与为期两周的田间测试工作，进一步扎实基本功，并增进了与分中心的交流和感情。三是提升检测队伍能力。安排2名检验员参加检验机构内审员培训并取得资格证书（图8）。

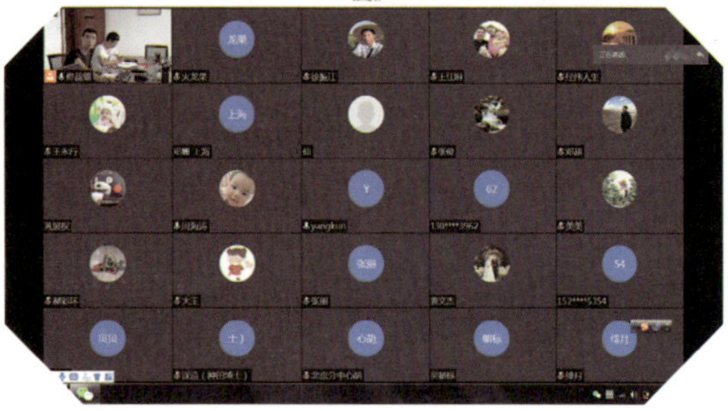

图8　举办各类理论与技术培训班

（三）品种展示

继续深入张家口市赤城县，聚焦“科技支撑产业扶贫”，结合当地实际情况和扶贫需求展开调研，详细了解了当地科技扶贫和产业发展情况，并着重聚焦发展中遇到的问题、短板。举办农业植物新品种保护与产业扶贫培训班，组织有关专家对当地农户开展架豆种植技术培训。以蔬菜特色优质新品种展示示范为切入点，联合当地农牧局、龙头企业组织开展优秀蔬菜品种展示示范，帮助赤城县引进一批绿色、优质、综合性状良好的蔬菜品种，同时配套科学栽培管理技术，以良种更新、技术配套推动赤城县特色产业脱贫（图9）。

图9 品种展示助力脱贫攻坚

五、能力提升和维权执法

一是加强维权指导。组织制定并发布2020年版《农业植物新品种保护十大典型案例》以及《农业植物新品种权转让合同范本》和《农业植物新品种维权实务指南（试行稿）》（图10），规范和引导维权执法行为。通过多渠道传播，多媒体联动，普及新品种权保护维权手段，引导社会公众遵法守法，自觉抵制侵权行为，共同营造良好的种业创新环境。二是强化行政执法能力。在海南召开2020年农业植物新品种权行政执法和司法保护培训班，提高执法人员意识和能力（图11）。三是扎实开展专项督导检查。参加了西北地区转基因监管工作开展联合检查（图12），实地检查育种环节，对玉米制种基地进行抽样检测并总结整理监管工作情况，为做好市场监管工作提供了支撑。四是推动解决维权难的问题。与最高人民法院知识产权法庭组成调研组开展农业植物新品种保护调研，与部分省级科技机构、

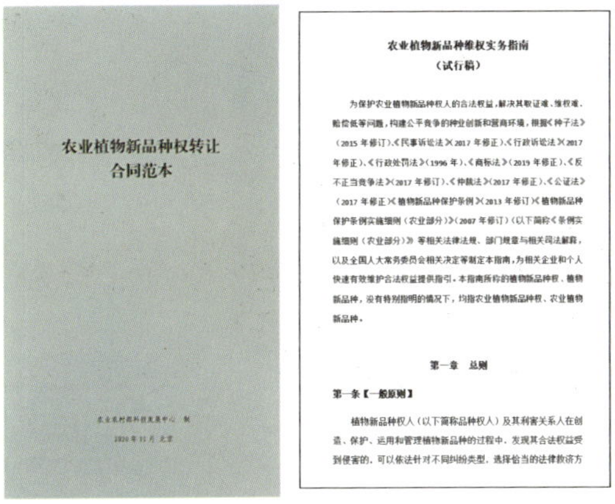
农业植物新品种权转让
合同范本

农业农村部科技发展中心 制

2020年11月 北京

农业植物新品种维权实务指南

（试行稿）

为保护农业植物新品种权人的合法权益，解决其取证难、维权难、赔偿低等问题，构建公平竞争的种业创新和营商环境，根据《种子法》（2015年修订）、《民事诉讼法》（2017年修正）、《行政诉讼法》（2017年修正）、《行政处罚法》（1996年）、《商标法》（2019年修正）、《反不正当竞争法》（2017年修订）、《仲裁法》（2017年修正）、《公证法》（2017年修正）《植物新品种保护条例》（2013年修订）《植物新品种保护条例实施细则（农业部分）》（2007年修订）（以下简称《条例实施细则（农业部分）》）等相关法律法规、部门规章与相关司法解释，以及全国人大常务委员会相关决定等制定本指南，为相关企业和个人快速有效维护合法权益提供指引。本指南所称的植物新品种权、植物新品种，没有特别指明的情况下，均指农业植物新品种权、农业植物新品种。

第一章 总则

第一条【一般原则】

植物新品种权人（以下简称品种权人）及其利害关系人在创造、保护、运用和管理植物新品种的过程中，发现其合法权益受到侵害的，可以依法针对不同纠纷类型，选择恰当的法律救济方

图10 《农业植物新品种权转让合同范本》和《农业植物新品种维权实务指南（试行稿）》

种业企业代表就农业植物新品种保护相关规范问题召开座谈会，为下一步解决品种权维权“调查难、取证难、索赔难”等问题打下基础。

图11　2020年农业植物新品种权行政执法和司法保护培训班在海南召开

图12　西北地区转基因监管工作开展联合检查

六、国际合作与交流

一是提高会费。我国自1999年加入UPOV以来首次将我国向UPOV缴纳的会费增加到2个额度，为107 282瑞士法郎，约合人民币75万元。二是推进UPOV使用中文开展工作。我国代表在UPOV线上系列会议上，提出的“探索UPOV使用中文的可行性”建议被列入2021年会议议题，推动UPOV使用中文工作正式进入新阶段。三是履行国际约定。组织召开品种权实施与维权线上国际研讨会（图13）、主要国家种业政策交流视频会议、DUS测试线上国际培训班（图14）等外事会议和活动，参加UPOV、东亚植物新品种保护论坛等线上国际会议10余个，组织参加各类国际活动300余人次。组建UPOV实质性派生品种工作组中国研究小组。四是加强中日交流。完成《中日植物新品种保护合作备忘录》文本工作层面的磋商，为加强中日品种保护合作奠定基础。五是持续推动国际人才队伍建设。主办DUS测试国际培训班、组织参加UPOV远程教育，参训人数200余人次。派出1人赴国际植物新品种保护联盟（UPOV）秘书处任职，圆满完成工作并获得秘书长认可。

图13　品种权实施与维权线上国际研讨会在北京召开

图14　DUS测试线上国际培训班在北京召开

第二章　申请授权情况

1999—2020年，农业植物新品种权申请量、授权量总体呈现增长趋势（图15）。2020年度申请量为7 913件，年度申请量连续四年位居UPOV成员第一位，同比去年增加881件，增幅达12.53%，申请总量达41 716件；年度授权量为2 549件，同比去年增加261件，增幅达11.41%，授权总量达16 508件。

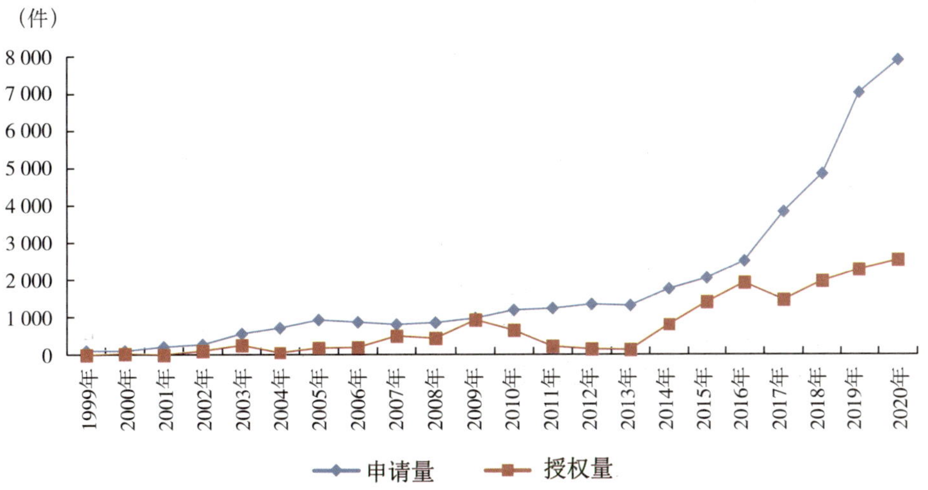

图15　1999—2020年品种权申请量和授权量变化图

一、作物种类申请授权情况

（一）累计申请授权情况

1999—2020年，各类作物的申请量也保持逐年递增（图16）。农业植物新品种权申请总量仍以大田作物为主，共32 533件，占比高达77.99%；其次为蔬菜4 136件，占比9.91%；花卉3 039件，占比7.28%；果树1 604件，占比3.85%；药用植物191件，占比0.46%；菌类176件，占比0.42%；牧草37件，占比0.09%（图17）。

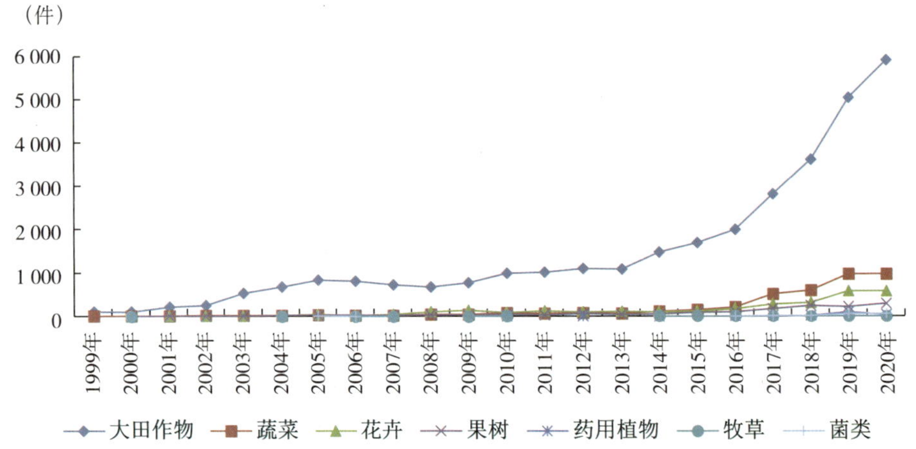

图16　1999—2020年不同作物种类年度申请量变化图

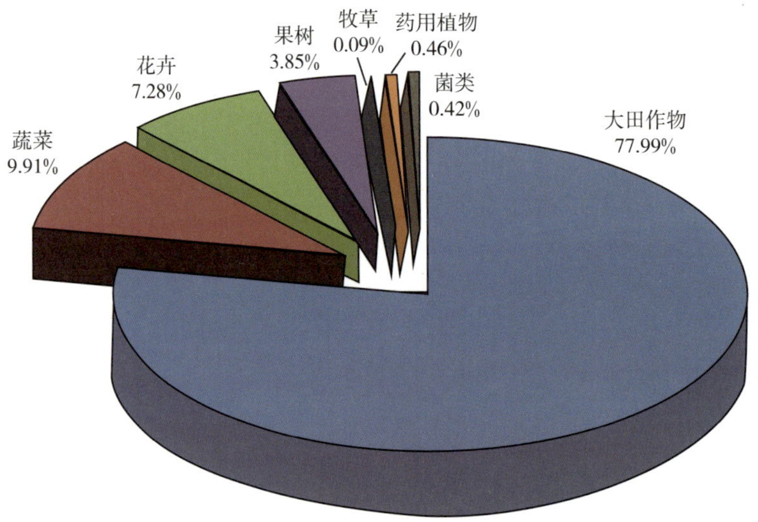

图17　1999—2020年不同作物种类申请总量分布图

1999—2020年，各类作物的授权量与总授权量基本保持趋势一致（图18）。农业植物新品种权授权总量也以大田作物为主，共13 587件，占比高达82.31%；其次为花卉1 154件，占比6.99%；蔬菜1 099件，占比6.66%；果树626件，占比3.79%；药用植物20件，占比0.12%；菌类16件，占比0.10%；牧草6件，占比0.04%（图19）。

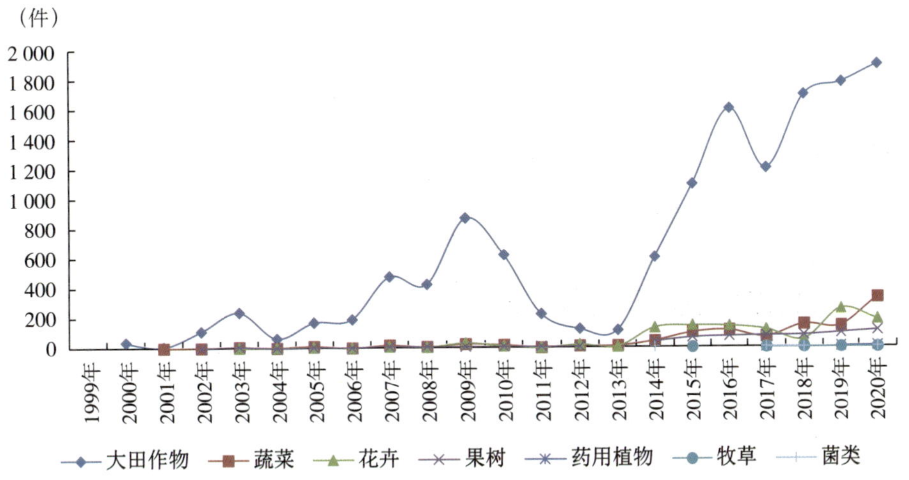

图18　1999—2020年不同作物种类年度授权量变化图

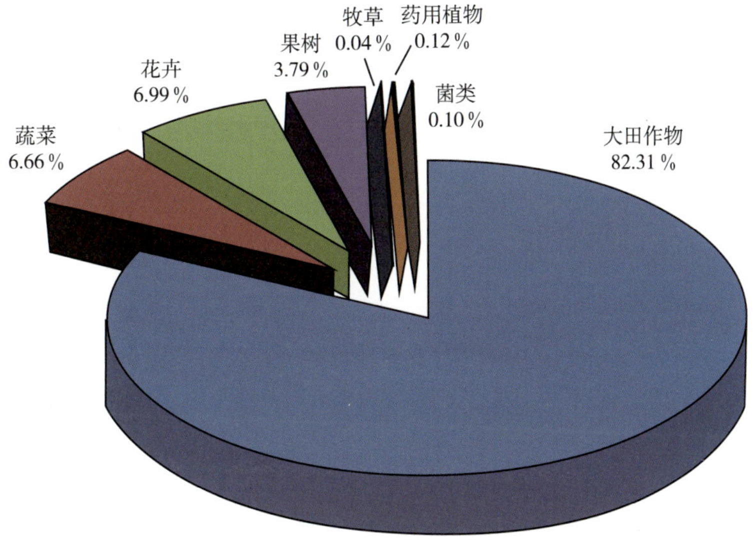

图19　1999—2020年不同作物种类授权总量分布图

（二）2020年申请授权情况

2020年，大田作物品种申请5 918件，在年度申请量中占比74.79%，同比增加了2.98个百分点；蔬菜品种申请984件，占比12.44%，同比降低了1.51个百分点；花卉品种申请594件，占比7.51%，同比降低了0.87个百分点；果树品种申请303件，占比3.83%，同比增加了0.52个百分点；菌类、药用植物和牧草分别为65件、43件和6件，占比分别为0.82%、0.54%和0.08%（图20）。

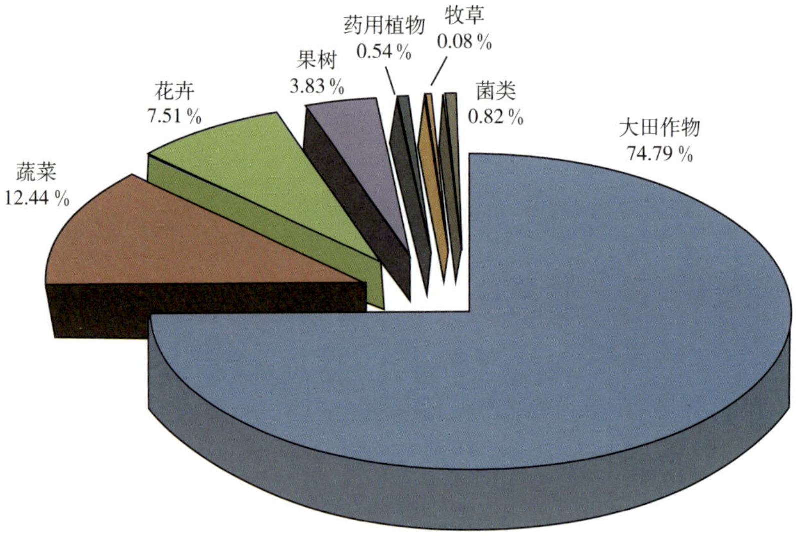

图20　2020年不同作物种类申请量分布图

2020年，大田作物品种授权1 897件，在年度授权量中占比74.42%，同比降低了3.38个百分点；蔬菜品种授权333件，占比13.06%，同比增加了6.77个百分点；花卉品种授权188件，占比7.38%，同比去年降低了3.94个百分点；果树品种授权113件，占比4.43%，同比去年增加了0.19个百分点；药用植物、菌类和牧草分别授权10件、7件和1件，占比为0.39%、0.27%和0.04%（图21）。

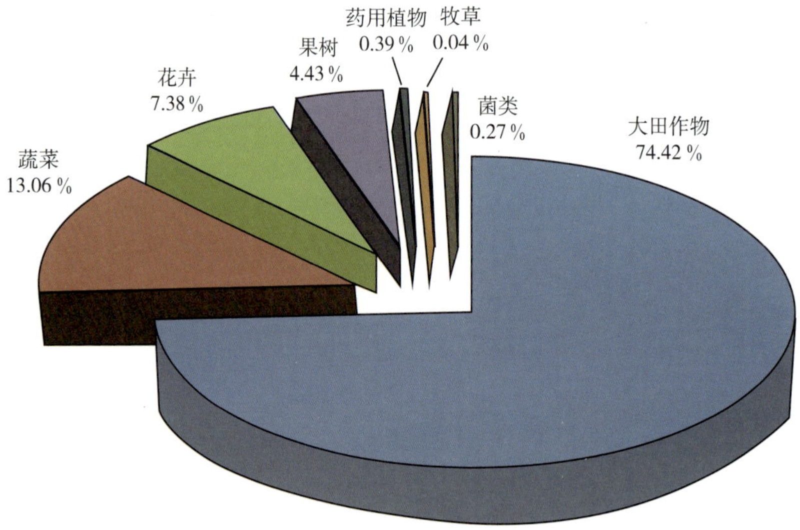

图21　2020年不同作物种类授权量分布图

二、国内申请主体和品种权主体情况

（一）地区分析

1999—2020年，来自国内主体的农业植物新品种权申请量在地区间分布见图22。其中，北京市以申请4 069件位居各省份之首，占国内申请总量的10.43%，其次为河南省申请3 779件，占比9.69%。此外，山东省、黑龙江省、江苏省、安徽省和河北省的申请量均在2 000件以上。

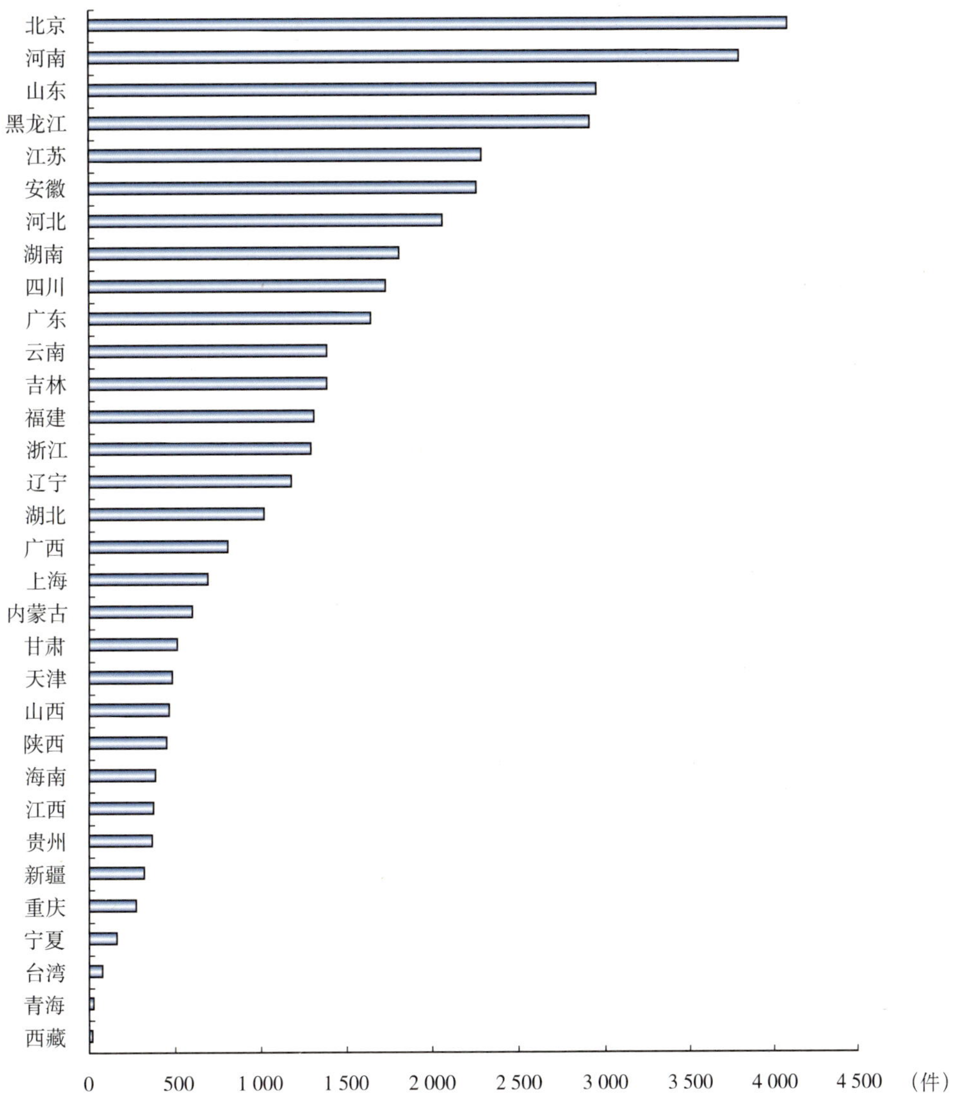

图22　1999—2020年国内申请总量地域分布图

1999—2020年，国内主体获得的农业植物新品种权授权中，北京市以1 656件位居各省份之首，占国内授权总量的10.65%，其次为河南省获得授权1 348件，占比8.67%。此外，山东省、江苏省和黑龙江省获得授权量均在1 000件以上（图23）。

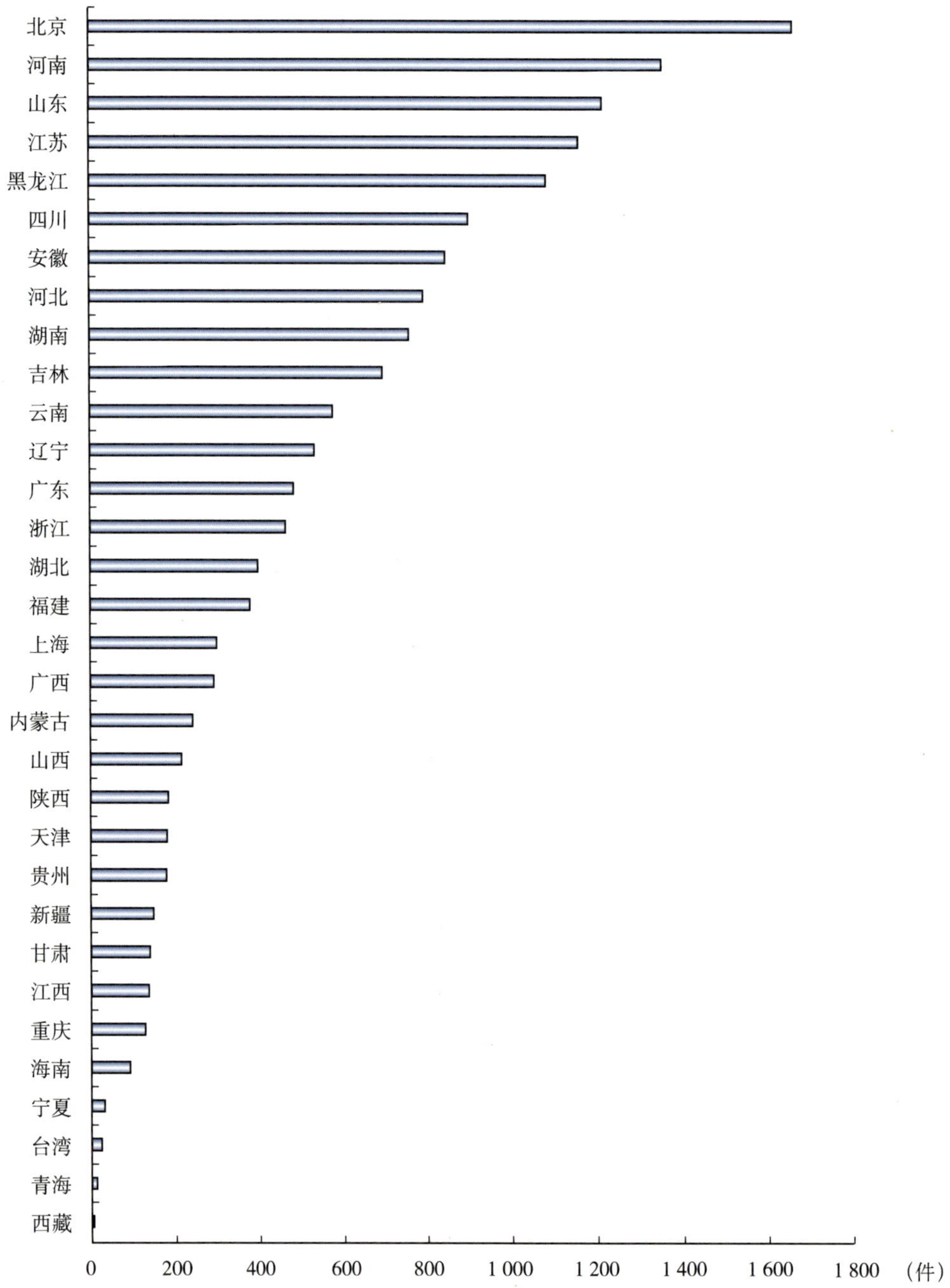

图23　1999—2020年国内授权总量地域分布图

2020年，来自国内主体的农业植物新品种权申请以黑龙江省最多，达758件，占国内申请量的10.18%，其次为河南省，申请达到748件，占比10.05%。北京市和山东省的申请量均在500件以上（图24）。

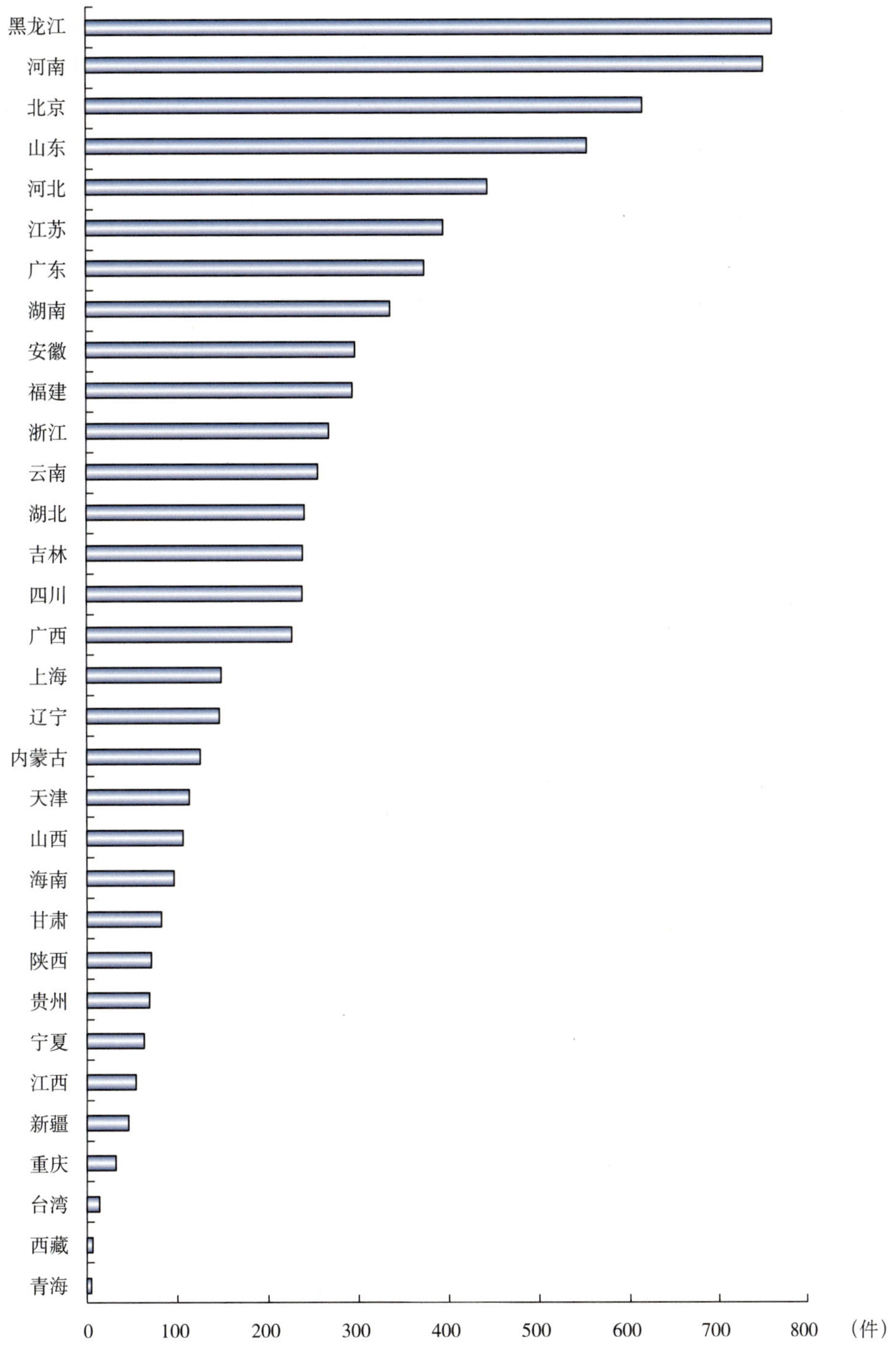

图24　2020年国内申请量地域分布图

2020年，国内主体获得的授权品种中，北京市以295件位居各省份之首，占国内授权量的12.25%；山东省以228件的授权量位居第二位，占国内授权量的9.46%；然后为河南省，222件，占国内授权量的9.22%（图25）。

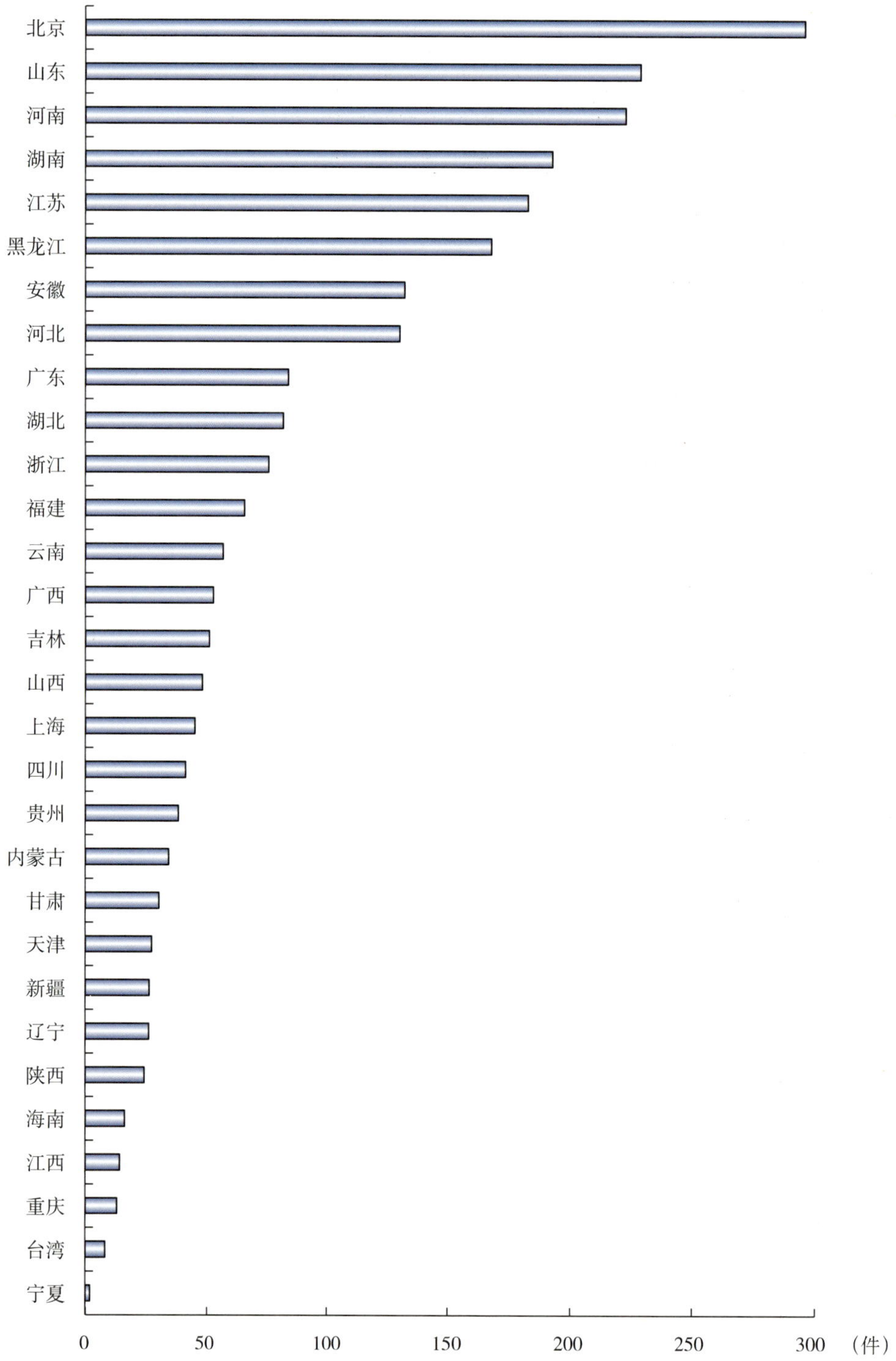

图25　2020年国内授权量地域分布图

（二）主体性质分析

1999—2020年，共有39 010件农业植物新品种权申请来自国内申请主体，其中以企业和科研单位为主，分别为19 280件和15 326件，分别占比49.42%和39.29%。来自教学单位和个人的申请分别为2 784件、1 620件，占比分别为7.14%和4.15%（图26）。

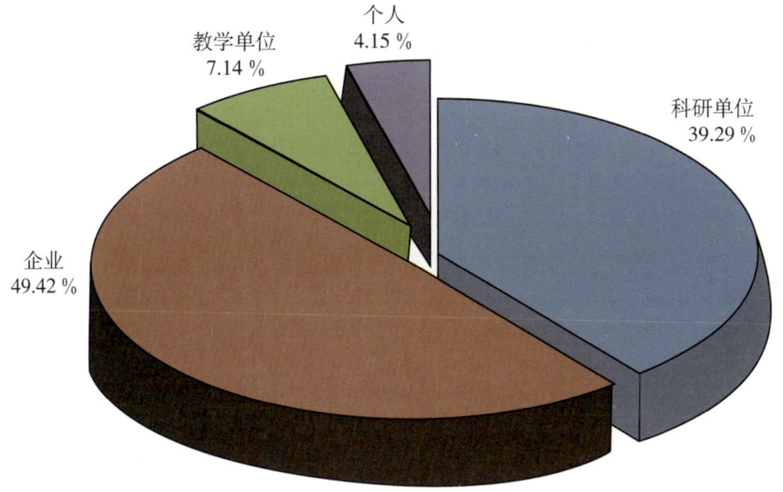

图26 1999—2020年国内不同申请主体申请总量分布图

1999—2020年，国内品种权主体共获得授权15 546件，其中科研单位获得授权7 020件，占比45.16%；企业获得授权6 825件，占比43.90%；教学单位获得授权1 194件，占比7.68%；个人获得授权507件，占比3.26%（图27）。

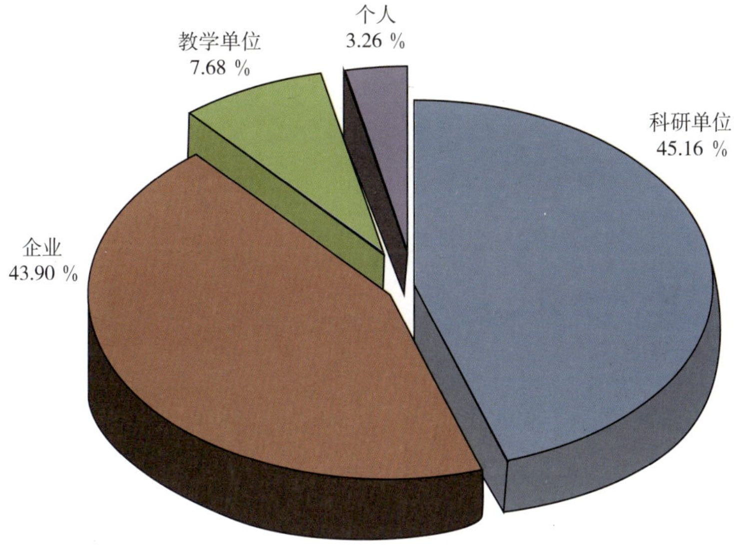

图27 1999—2020年国内不同品种权主体授权总量分布图

2020年，共有7 446件农业植物新品种权申请来自国内申请主体，其中企业申请达3 863件，占比51.88%；科研单位申请2 805件，占比37.67%；教学单位申请507件，占比6.81%；个人申请271件，占比3.64%。自《国务院关于加快推进现代农作物种业发展的意见》（国发〔2011〕8号）发布以来，企业在年申请量方面已连续10年超过科研单位（图28、图29）。

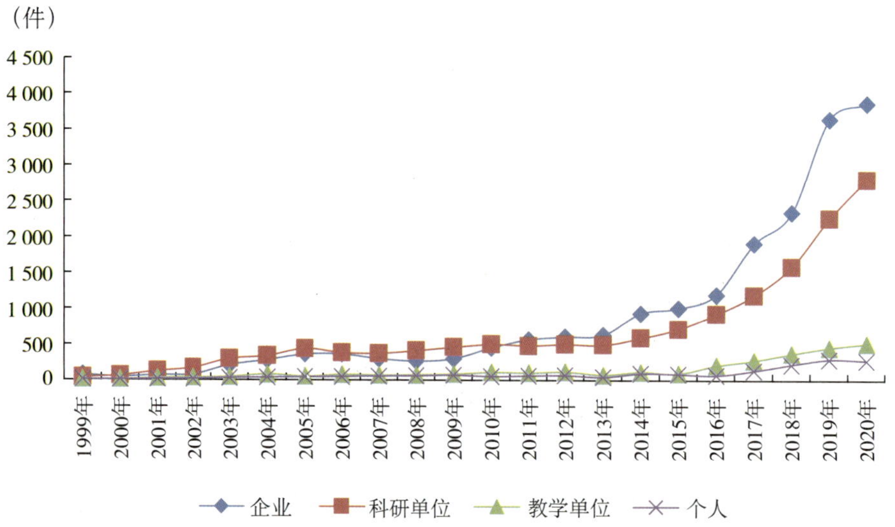

图28　1999—2020年国内不同申请主体年度趋势图

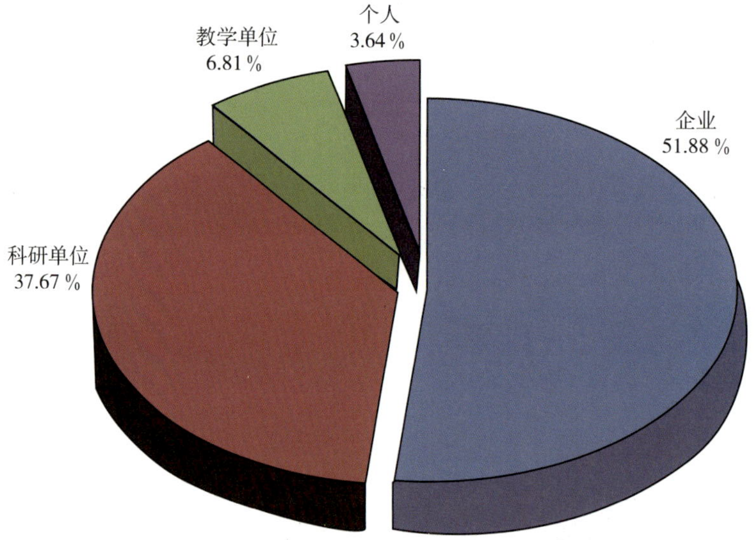

图29　2020年国内不同申请主体申请量分布图

2020年，国内品种权主体共获得授权2 409件，其中企业获得授权1 200件，占比49.81%；科研单位获得授权996件，占比41.34%；教学单位获得授权159件，占比6.60%；个人获得授权54件，占比2.24%（图30）。

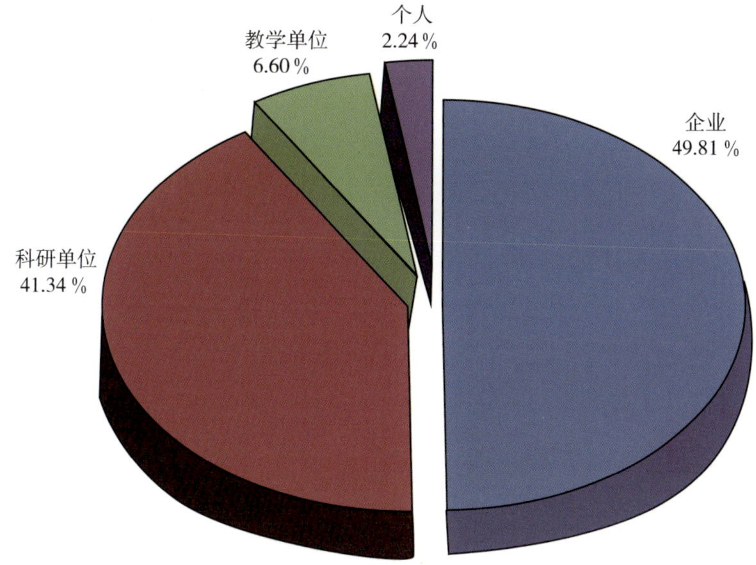

图30　2020年国内不同品种权主体授权量分布图

三、国外申请主体和品种权主体情况

（一）国别分析

1999—2020年，来自国外主体的品种权申请共计2 706件，占申请总量的6.49%（其他接受国外申请情况参见第四章），涉及21个国家。其中，荷兰申请829件，位居各国之首，占比30.64%；其次为美国申请801件，占比29.60%；日本以245件申请量位居第三位，占比9.05%（图31）。

1999—2020年，国外品种权主体累计获得品种权授权962件，占授权总量的5.83%。其中，荷兰获得授权386件，位居各国之首，占比40.12%，其次为美国获得授权298件，占比30.98%（图32）。

2020年，国外申请主体共申请品种权467件，占年度申请量的5.90%，涉及14个国家。其中，美国以140件申请位居各国之首，占比29.98%；其次为荷兰申请124件，占比26.55%（图33）。

2020年，国外品种权主体共获得品种权授权140件，占年度授权量的5.49%。其中，荷兰以54件位居各国之首，占比38.57%；美国50件，占比35.71%（图34）。

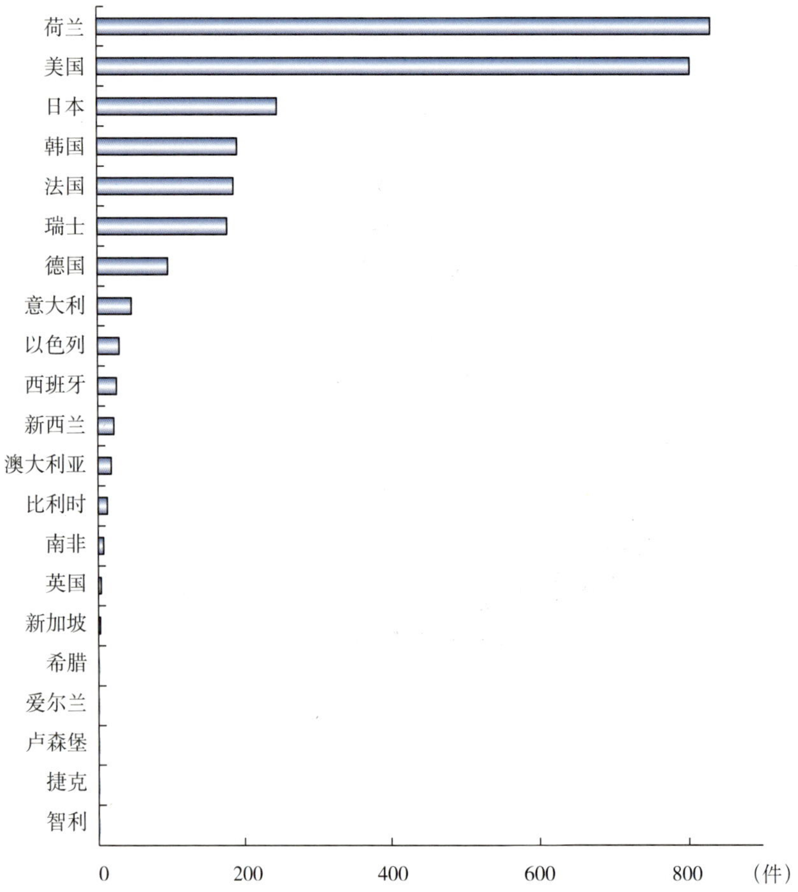

图31　1999—2020年国外申请主体国家分布图

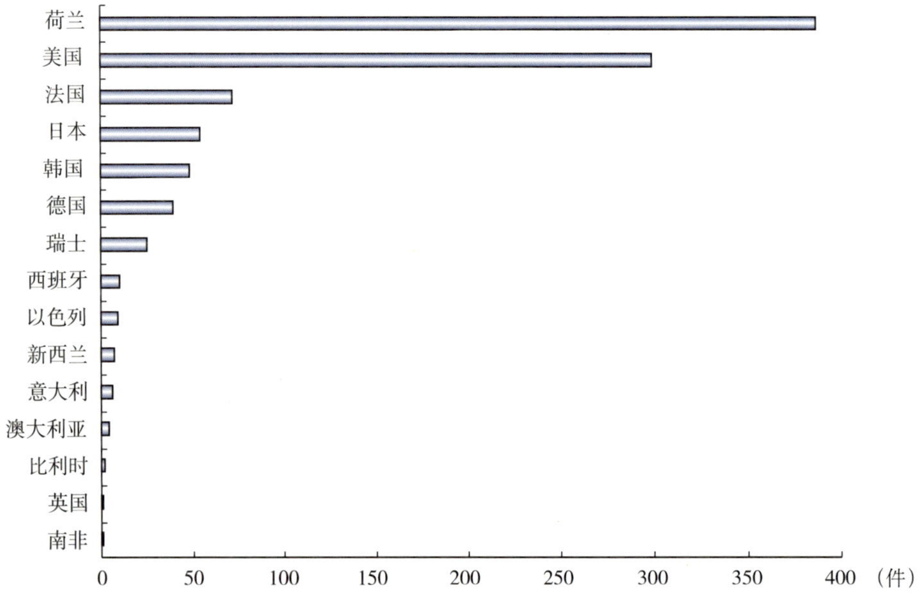

图32　1999—2020年国外品种权主体国家分布图

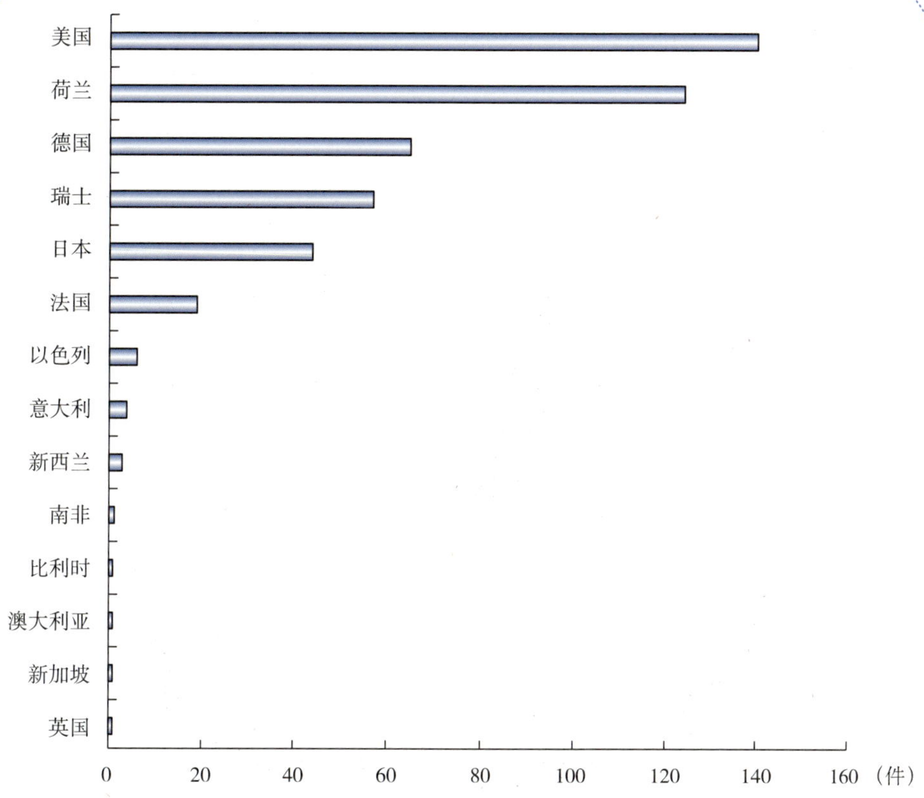

图33　2020年国外申请主体国家分布图

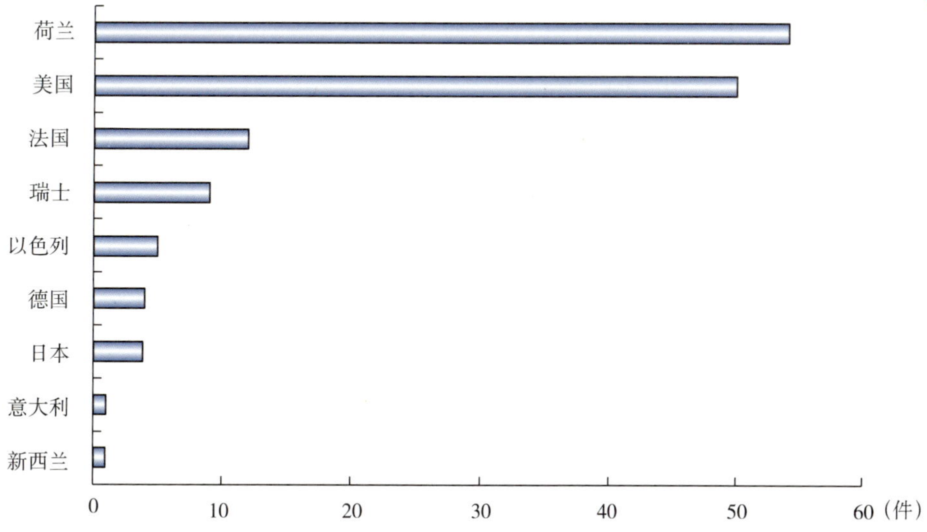

图34　2020年国外品种权主体国家分布图

（二）主体性质分析

1999—2020年，国外申请主体以企业为主，共申请2 511件，占比高达92.79%；科研单位申请123件，占比4.55%；教学单位申请41件，占比1.52%；个人申请31件，占比1.15%（图35）。

2020年，国外申请主体仍然以企业为主，共申请444件，占比95.07%；科研单位申请13件，占比2.78%；教学单位申请1件，占比0.21%；个人申请9件，占比1.93%（图36）。

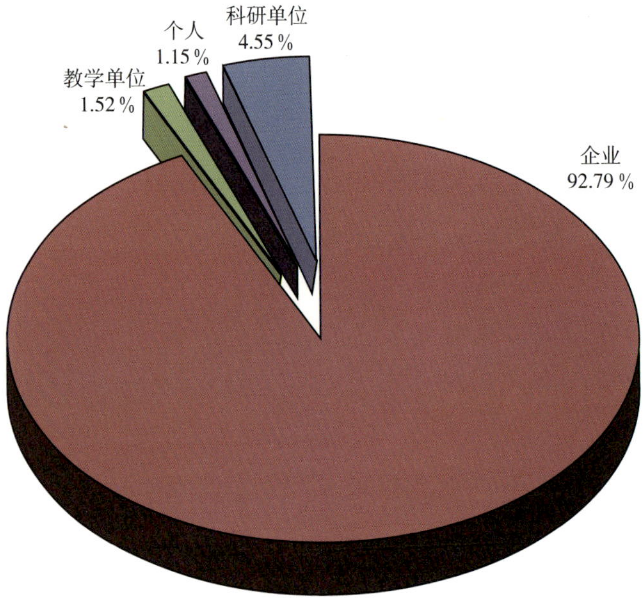

图35　1999—2020年国外申请主体类型分布图

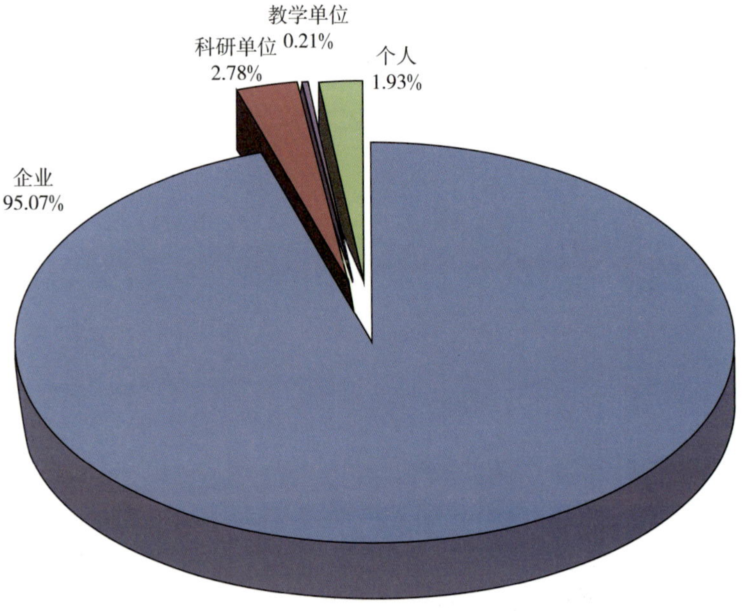

图36　2020年国外申请主体类型分布图

（三）作物种类分析

1999—2020年，来自国外申请主体的品种权申请作物种类以大田作物和花卉为主，其中，大田作物1 138件，占比42.05%；花卉954件，占比35.25%；果树369件，占比13.64%；蔬菜207件，占比7.65%；菌类、药用植物和牧草分别为19件、16件和3件，占比分别为0.70%、0.59%和0.11%（图37）。

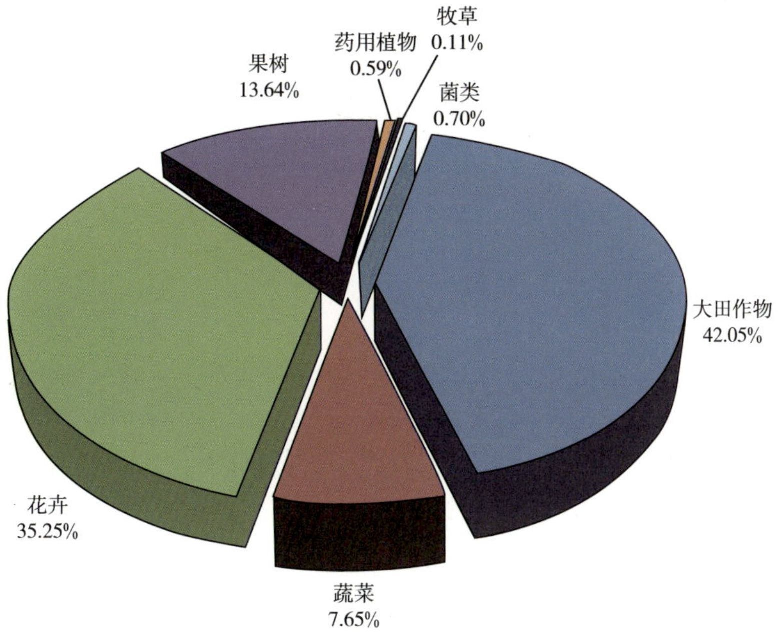

图37　1999—2020年国外申请主体申请作物种类分布图

2020年，国外申请主体的品种权申请作物种类仍然以大田作物为主，其中，大田作物189件，占比40.47%；花卉163件，占比34.90%；蔬菜75件，占比16.06%；果树31件，占比6.64%；菌类和牧草分别为7件和2件，占比1.50%和0.43%（图38）。

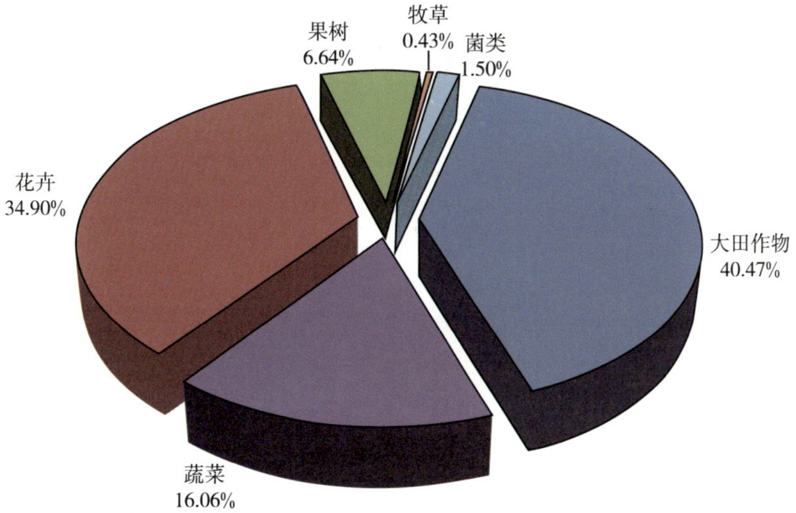

图38　2020年国外申请主体申请作物种类分布图

四、国内向国外品种权申请授权情况

2000年至2020年，我国共向欧盟、越南、美国等26个国家和组织申请品种权322件，其中授权130件，授权比率为40.37%（表1）。

表1　中国在国外申请授权品种权情况

UPOV成员	在国外申请（件）	在国外授权（件）	在国外授权比率（%）
欧盟	68	26	38.24
越南	50	25	50.00
美国	43	32	74.42
日本	41	3	7.32
荷兰	14	4	28.57
澳大利亚	13	6	46.15
智利	10	10	100.00
阿根廷	12	3	25.00
新西兰	5	2	40.00
南非	19	6	31.58
乌拉圭	3	3	100.00
韩国	8	1	12.50
乌克兰	2	0	0.00
以色列	5	3	60.00
加拿大	2	0	0.00
巴西	4	2	50.00
巴拉圭	1	0	0.00
肯尼亚	3	0	0.00
瑞士	1	1	100.00
巴拿马	0	1	—
摩洛哥	2	1	50.00
秘鲁	2	0	0.00
墨西哥	3	0	0.00
俄罗斯	6	0	0.00
英国	2	0	0.00
土耳其	3	1	33.33
合计	322	130	40.37

注：数据整理自UPOV官网。其中UPOV数据显示我国在巴拿马获得授权一件，但在统计时未发现我国在巴拿马的申请记录，所以词条数据有争议。

五、申请量/授权量排行情况

（一）作物种类

1999—2020年，大田作物总申请量中位居前五位的依然是玉米、水稻、普通小麦、大豆和棉属，共占大田作物总申请量的94.03%，占所有作物总申请量的70.73%。玉米和水稻申请量占据绝对优势，分别占大田作物总申请量的42.58%和34.06%。蔬菜、花卉、果树类作物各自总申请量中居首位的分别是辣椒属品种占比21.17%、菊属品种占比29.17%、苹果属品种占比16.23%（表2）。

表2　四大类作物1999—2020年申请总量前十植物属种分布

作物种类	属种	申请量（件）	占总申请量比值（%）	作物种类	属种	申请量（件）	占总申请量比值（%）
大田作物	玉米	13 362	32.03	蔬菜	辣椒属	683	1.64
	水稻	10 688	25.62		普通番茄	580	1.39
	普通小麦	2 939	7.05		普通西瓜	508	1.22
	大豆	1 729	4.14		黄瓜	294	0.70
	棉属	788	1.89		甜瓜	284	0.68
	甘蓝型油菜	558	1.34		大白菜	240	0.58
	花生	539	1.29		不结球白菜	234	0.56
	马铃薯	267	0.64		普通结球甘蓝	165	0.40
	茶组	261	0.63		茄子	121	0.29
	甘薯	250	0.60		花椰菜	118	0.28
花卉	菊属	796	1.91	果树	苹果属	234	0.56
	蝴蝶兰属	735	1.76		猕猴桃属	210	0.50
	花烛属	295	0.71		葡萄属	203	0.49
	石竹属	217	0.52		草莓	195	0.47
	非洲菊	207	0.50		梨属	166	0.40
	百合属	146	0.35		柑橘属	156	0.37
	兰属	127	0.30		桃	149	0.36
	莲	88	0.21		香蕉	59	0.14
	果子蔓属	66	0.16		芒果	37	0.09
	萱草属	52	0.12		樱桃	33	0.08

同比2019年，2020年大田作物申请量中前十位属种变化不大，马铃薯和茶组跃进前十，甘蔗属和谷子跌出前十。前五位主要农作物占大田作物申请量的93.46%，占比略有下降；占年度所有作物申请量的67.35%，占比有所提升（表3）。其中：（1）玉米品种2 590件，含自交系1 501件，占比57.95%；单交种1 076件，占比41.54%；三交种12件，占比0.46%；不育系1件，占比0.04%。（2）水稻品种1 801件，含常规种911件，占比50.58%；杂交种381件，占比21.15%；恢复系314件，占比17.43%；两系不育系102件，占比5.66%；三系不育系75件，占比4.16%；保持系18件，占比1.00%。（3）普通小麦品种442件，全部为常规种。（4）大豆品种366件，含常规种356件，占比97.27%；杂交种10件，占比2.73%。（5）花生130件，全部为常规种（图39、图40、图41）。

表3　四大类作物2020年申请量前十植物属种分布

作物种类	属种	申请量（件）	占总申请量比值（%）	作物种类	属种	申请量（件）	占总申请量比值（%）
大田作物	玉米	2 590	32.73	蔬菜	辣椒属	119	1.50
	水稻	1 801	22.76		普通番茄	147	1.86
	普通小麦	442	5.59		普通西瓜	94	1.19
	大豆	366	4.63		甜瓜	80	1.01
	花生	130	1.64		不结球白菜	75	0.95
	甘蓝型油菜	128	1.62		黄瓜	64	0.81
	棉属	76	0.96		普通结球甘蓝	42	0.53
	马铃薯	74	0.94		大白菜	40	0.51
	甘薯	53	0.67		花椰菜	39	0.49
	茶组	42	0.53		茄子	33	0.42
花卉	菊属	182	2.30	果树	苹果属	44	0.56
	蝴蝶兰属	164	2.07		葡萄属	31	0.39
	花烛属	40	0.51		桃	31	0.39
	石竹属	32	0.40		猕猴桃属	27	0.34
	莲	30	0.38		草莓	27	0.34
	兰属	26	0.33		梨属	26	0.33
	非洲菊	21	0.27		柑橘属	25	0.32
	矮牵牛（碧冬茄）	15	0.19		香蕉	22	0.28
	鸢尾属	8	0.10		西番莲属	16	0.20
	百合属	8	0.10		枇杷	12	0.15

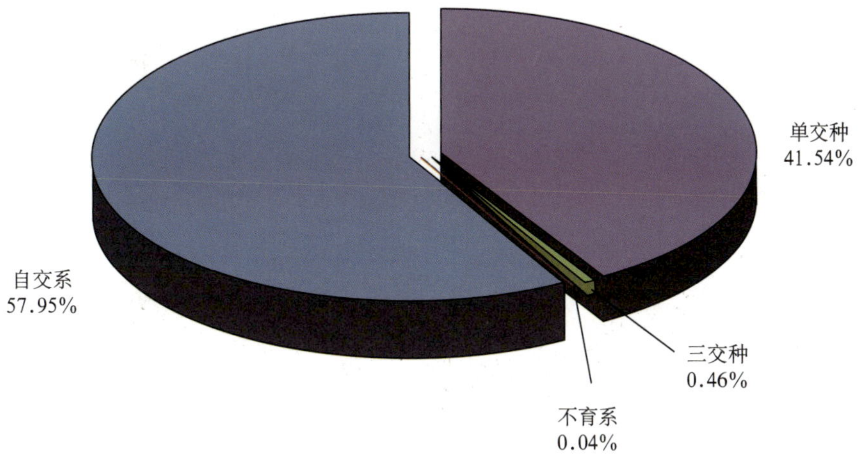

图39 2020年申请保护的玉米品种类型分布图

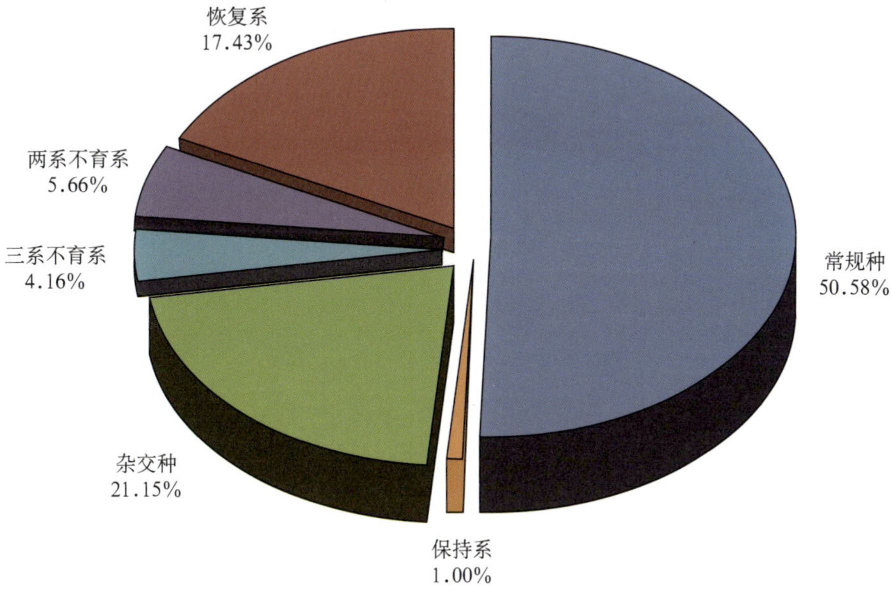

图40 2020年申请保护的水稻品种类型分布图

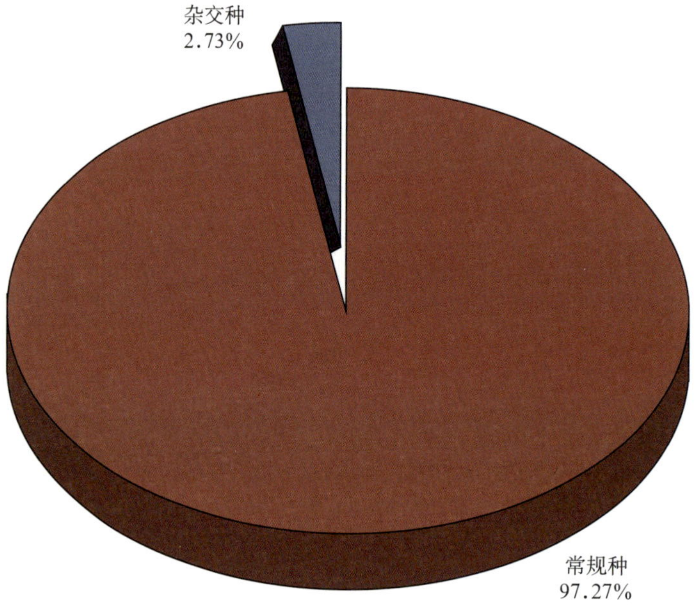

图41　2020年申请保护的大豆品种类型分布图

2020年，蔬菜申请量中居首位的依然是辣椒属品种119件，占蔬菜申请量比例为16.23%，同比2019年，茄子跃进前十，苦瓜跌出前十。花卉申请量中居首位的是菊属品种182件，占花卉申请量比例为34.60%，同比2019年，矮牵牛（碧冬茄）和百合属跃进前十，石斛属和蟹爪兰属跌出前十。果树品种中居首位的是苹果属品种44件，占果树品种申请量比例为16.86%，同比2019年，香蕉和枇杷跃进前十，樱桃和椰子跌出前十。

（二）申请主体

1999—2020年申请总量位于前50位（实际51家企业）的国内企业见表4。

表4　1999—2020年申请总量位于前50位的国内企业

排序	申请主体	申请量（件）
1	北京金色农华种业科技股份有限公司	520
2	三北种业有限公司	325
3	中国种子集团有限公司	315
4	山东登海种业股份有限公司	282
5	北大荒垦丰种业股份有限公司	257
6	袁隆平农业高科技股份有限公司	252
7	河南金苑种业股份有限公司	240
8	石家庄蠡玉科技开发有限公司	216
9	合肥丰乐种业股份有限公司	185
10	安徽隆平高科种业有限公司	184

（续）

排序	申请主体	申请量（件）
11	安徽荃银高科种业股份有限公司	176
12	湖南隆平种业有限公司	158
13	漳州钜宝生物科技有限公司	155
14	福建金品农业科技股份有限公司	142
15	中种国际种子有限公司	133
16	河南省豫玉种业股份有限公司	128
17	天津科润农业科技股份有限公司	125
18	北京金色丰度种业科技有限公司	118
19	宁波微萌种业有限公司	110
20	河南金博士种业股份有限公司	108
21	北京联创种业有限公司	105
22	湖南袁创超级稻技术有限公司	96
23	北京奥瑞金种业股份有限公司	94
24	山东圣丰种业科技有限公司	92
25	山西强盛种业有限公司	89
26	吉林吉农高新技术发展股份有限公司	88
27	天津天隆科技股份有限公司	87
28	北京新锐恒丰种子科技有限公司	86
29	中地种业（集团）有限公司	85
30	北京华农伟业种子科技有限公司	84
31	中山缤纷园艺有限公司	81
32	辽宁东亚种业有限公司	76
33	德农种业股份公司	75
34	云南大天种业有限公司	74
35	厦门华泰五谷种苗有限公司	70
35	山西大丰种业有限公司	70
37	甘肃五谷种业股份有限公司	69
37	广东粤良种业有限公司	69
39	山东省寿光市三木种苗有限公司	68
40	湖北荃银高科种业有限公司	66
41	中林集团张掖金象种业有限公司	64
41	湖南民升种业科学研究院有限公司	64

（续）

排序	申请主体	申请量（件）
43	北京中农斯达农业科技开发有限公司	60
43	上海乾德种业有限公司	60
45	青岛金妈妈农业科技有限公司	59
46	天津德瑞特种业有限公司	58
47	北京华耐农业发展有限公司	55
48	湖南隆平高科种业科学研究院有限公司	52
48	吉林美誉天成农业发展有限公司	52
50	黑龙江省莲江口种子有限公司	51
50	辽宁宏硕种业科技有限公司	51

1999—2020年申请总量位于前50位的国内教学科研单位见表5。

表5 1999—2020年申请总量位于前50位的国内教学科研单位

排序	申请主体	申请量（件）
1	北京市农林科学院	489
2	江苏省农业科学院	435
3	中国农业科学院作物科学研究所	393
4	中国农业科学院郑州果树研究所	284
5	上海市农业科学院	277
6	广东省农业科学院水稻研究所	272
7	南京农业大学	255
8	中国水稻研究所	250
9	安徽省农业科学院水稻研究所	234
10	华南农业大学	231
11	浙江省农业科学院	229
12	河南省农业科学院	209
13	吉林省农业科学院	207
14	四川农业大学	206
15	四川省农业科学院作物研究所	198
16	河南省新乡市农业科学院	194
17	福建农林大学	179
18	黑龙江省农业科学院水稻研究所	173
19	山东省农业科学院玉米研究所	159
20	黑龙江省农业科学院绥化分院	156

（续）

排序	申请主体	申请量（件）
21	中国农业科学院蔬菜花卉研究所	147
22	绵阳市农业科学研究院	143
23	河北省农林科学院粮油作物研究所	141
24	西北农林科技大学	136
24	北京林业大学	136
24	山东省水稻研究所	136
27	中国热带农业科学院热带作物品种资源研究所	130
28	中国农业大学	127
29	湖南农业大学	125
29	湖南杂交水稻研究中心	125
31	东北农业大学	124
31	三明市农业科学研究院	124
33	中国科学院遗传与发育生物学研究所	121
34	中国农业科学院棉花研究所	120
35	山东农业大学	116
36	福建省农业科学院水稻研究所	114
37	江苏里下河地区农业科学研究所	113
38	河北省农林科学院旱作农业研究所	106
39	云南省农业科学院花卉研究所	105
40	湖北省农业科学院粮食作物研究所	104
41	河南农业大学	100
41	广东省农业科学院作物研究所	100
43	浙江大学	95
44	广西壮族自治区农业科学院水稻研究所	93
44	山东省农业科学院作物研究所	93
46	黑龙江省农业科学院佳木斯分院	92
46	四川省农业科学院水稻高粱研究所	92
48	黑龙江省农业科学院耕作栽培研究所	87
48	江苏徐淮地区徐州农业科学研究所	87
48	丹东农业科学院	87

1999—2020年申请总量位于前30位的国外单位见表6。

表6 1999—2020年申请总量位于前30位的国外单位

排序	申请主体	申请量（件）
1	先锋国际良种公司	378
2	荷兰安祖公司	246
3	孟山都科技有限责任公司	243
4	荷兰德丽品种权公司	138
5	科沃施种子欧洲股份两合公司	117
6	先正达参股股份有限公司	114
6	利马格兰	114
8	大韩民国农村振兴厅	72
9	先正达农作物保护股份公司	66
10	瑞克斯旺种子种苗集团公司	51
11	法国RAGT 2n SAS公司	39
12	德瑞斯克公司	36
12	克莱姆及索恩有限两合公司	36
14	坂田种苗株式会社	35
15	荷兰多盟集团公司	34
16	国立研究开发法人农业·食品产业技术综合研究机构	32
17	圣尼斯蔬菜种子有限公司	29
18	荷兰科贝克公司	26
19	荷兰瑞恩育种公司	25
20	荷兰希维达科易记花卉公司	23
21	加利福尼亚大学董事会	21
22	荷兰德克育种公司	20
23	忠清南道厅	18
23	荷兰佛劳瑞泰克育种公司	18
25	优利斯种业	17
26	荷兰HZPC公司	16
27	国际水果遗传育种有限责任公司	15
27	斯泰种业公司	15
29	意大利比安切瑞阿尔贝托公司	14
29	荷兰科比品种权公司	14

2020年申请量位于前20位的国内企业见表7。

表7　2020年申请量位于前20位的国内企业

排序	申请主体	申请量（件）
1	三北种业有限公司	181
2	北大荒垦丰种业股份有限公司	86
3	河南金苑种业股份有限公司	74
4	湖南民升种业科学研究院有限公司	61
5	合肥丰乐种业股份有限公司	58
6	吉林美誉天成农业发展有限公司	52
6	石家庄蠡玉科技开发有限公司	52
8	福建金品农业科技股份有限公司	51
9	袁隆平农业高科技股份有限公司	47
10	河南金博士种业股份有限公司	45
10	北京金色丰度种业科技有限公司	45
12	云南大天种业有限公司	41
13	宁波微萌种业有限公司	40
13	安徽荃银高科种业股份有限公司	40
15	湖南隆平高科种业科学研究院有限公司	39
16	中国种子集团有限公司	38
17	山东登海种业股份有限公司	35
18	安徽隆平高科种业有限公司	33
19	湖北荃银高科种业有限公司	32
20	中地种业（集团）有限公司	29

2020年申请量位于前20位的国内教学科研单位见表8。

表8　2020年申请量位于前20位的国内教学科研单位

排序	申请主体	申请量（件）
1	北京市农林科学院	102
2	广东省农业科学院水稻研究所	68
2	上海市农业科学院	68
4	中国农业科学院郑州果树研究所	64
5	黑龙江省农业科学院水稻研究所	60
6	中国农业科学院作物科学研究所	59
7	吉林省农业科学院	55
8	南京农业大学	52

（续）

排序	申请主体	申请量（件）
9	山东省水稻研究所	51
9	浙江省农业科学院	51
9	华南农业大学	51
12	北京林业大学	50
13	黑龙江省农业科学院绥化分院	40
14	黑龙江省农业科学院生物技术研究所	38
14	广西壮族自治区农业科学院水稻研究所	38
16	黑龙江省农业科学院耕作栽培研究所	36
16	江苏省农业科学院	36
16	贵州省油菜研究所	36
19	四川省农业科学院水稻高粱研究所	34
19	广东省农业科学院作物研究所	34

2020年申请量位于前10位的国外单位见表9。

表9　2020年申请量位于前10位的国外单位

排序	申请主体	申请量（件）
1	先锋国际良种公司	104
2	先正达农作物保护股份公司	53
3	荷兰安祖公司	34
4	荷兰德丽品种权公司	32
5	孟山都科技有限责任公司	30
5	克莱姆及索恩有限两合公司	30
7	科沃施种子欧洲股份两合公司	27
8	荷兰希维达福劳瑞斯特花卉公司	11
9	利马格兰	10
9	瑞克斯旺种子种苗集团公司	10

（三）品种权主体

1999—2020年授权总量位于前50位（实际53家企业）的国内企业见表10。

表10 1999—2020年授权总量位于前50位的国内企业

排序	品种权主体	授权量（件）
1	北京金色农华种业科技股份有限公司	272
2	山东登海种业股份有限公司	166
3	袁隆平农业高科技股份有限公司	120
4	中国种子集团有限公司	117
5	湖南隆平种业有限公司	106
6	北大荒垦丰种业股份有限公司	103
7	三北种业有限公司	100
8	吉林吉农高新技术发展股份有限公司	76
9	中种国际种子有限公司	69
10	安徽荃银高科种业股份有限公司	64
11	北京联创种业有限公司	58
12	河南金博士种业股份有限公司	57
13	安徽隆平高科种业有限公司	55
13	合肥丰乐种业股份有限公司	55
15	河南金苑种业股份有限公司	52
16	北京奥瑞金种业股份有限公司	49
17	德农种业股份公司	48
17	山西强盛种业有限公司	48
19	辽宁东亚种业有限公司	43
19	天津科润农业科技股份有限公司	43
21	山西大丰种业有限公司	41
22	中山缤纷园艺有限公司	39
22	北京华农伟业种子科技有限公司	39
24	山东省寿光市三木种苗有限公司	38
25	昆明虹之华园艺有限公司	37
26	石家庄蠡玉科技开发有限公司	36
26	莱州市金海作物研究所有限公司	36
28	北京华耐农业发展有限公司	35
29	昆明缤纷园艺有限公司	34
30	湖南袁创超级稻技术有限公司	32
30	浙江森禾集团股份有限公司	32
32	天津天隆科技股份有限公司	31
33	江苏省大华种业集团有限公司	28
33	福建金品农业科技股份有限公司	28

（续）

排序	品种权主体	授权量（件）
33	河南省豫玉种业股份有限公司	28
33	辽宁丹玉种业科技股份有限公司	28
37	甘肃五谷种业股份有限公司	27
37	昆明煜辉花卉园艺有限公司	27
39	漳州钜宝生物科技有限公司	26
39	山东圣丰种业科技有限公司	26
41	北京天葵立德种子科技有限公司	25
41	海南九圣禾农业科学研究院有限公司	25
41	江西先农种业有限公司	25
44	创世纪种业有限公司	24
44	宁波微萌种业有限公司	24
44	西科农业集团股份有限公司	24
47	丹东登海良玉种业有限公司	23
48	先正达（中国）投资有限公司	22
48	江西现代种业股份有限公司	22
48	吉林长融高新种业有限公司	22
48	湖南奥谱隆科技股份有限公司	22
48	江苏金华隆种子科技有限公司	22
48	吉林农大科茂种业有限责任公司	22

1999—2020年授权总量位于前50位的国内教学科研单位见表11。

表11　1999—2020年授权总量位于前50位的国内教学科研单位

排序	品种权主体	授权量（件）
1	江苏省农业科学院	279
2	中国农业科学院作物科学研究所	200
3	北京市农林科学院	192
4	河南省农业科学院	139
5	南京农业大学	131
6	安徽省农业科学院水稻研究所	125
7	上海市农业科学院	121
8	中国水稻研究所	113
9	绵阳市农业科学研究院	100
10	四川省农业科学院作物研究所	98

（续）

排序	品种权主体	授权量（件）
11	四川农业大学	95
11	广东省农业科学院水稻研究所	95
13	吉林省农业科学院	92
14	浙江省农业科学院	86
14	山东省农业科学院玉米研究所	86
16	中国农业科学院郑州果树研究所	83
17	华南农业大学	82
18	黑龙江省农业科学院绥化分院	75
18	西北农林科技大学	75
20	河北省农林科学院粮油作物研究所	74
21	福建农林大学	72
21	湖南杂交水稻研究中心	72
21	中国农业大学	72
24	广西壮族自治区农业科学院水稻研究所	70
25	中国农业科学院蔬菜花卉研究所	68
26	湖南农业大学	67
27	黑龙江省农业科学院佳木斯水稻研究所	63
28	河南农业大学	60
29	云南省农业科学院	58
30	通化市农业科学研究院	57
30	北京林业大学	57
30	山东农业大学	57
33	江苏里下河地区农业科学研究所	55
33	黑龙江省农业科学院佳木斯分院	55
33	江苏徐淮地区淮阴农业科学研究所	55
33	铁岭市农业科学院	55
33	福建省农业科学院水稻研究所	55
38	安徽省农业科学院作物研究所	54
39	河南省新乡市农业科学院	52
39	中国农业科学院棉花研究所	52
41	山东省农业科学院作物研究所	51
42	湖北省农业科学院粮食作物研究所	50

（续）

排序	品种权主体	授权量（件）
42	三明市农业科学研究院	50
44	云南省农业科学院花卉研究所	49
44	东北农业大学	49
44	江苏徐淮地区徐州农业科学研究所	49
47	贵州省油菜研究所	47
47	江苏丘陵地区镇江农业科学研究所	47
49	丹东农业科学院	46
50	黑龙江省农业科学院作物育种研究所	45

1999—2020年授权总量位于前20位（实际21家单位）的国外单位见表12。

表12　1999—2020年授权总量位于前20位的国外单位

排序	品种权主体	授权量（件）
1	先锋国际良种公司	182
2	荷兰安祖公司	140
3	孟山都科技有限责任公司	55
4	利马格兰欧洲	54
5	大韩民国农村振兴厅	44
6	荷兰德丽品种权公司	35
7	科沃施种子欧洲股份两合公司	31
8	荷兰多盟集团公司	30
9	先正达参股股份有限公司	25
10	瑞克斯旺种子种苗集团公司	20
11	圣尼斯蔬菜种子有限公司	19
12	荷兰科贝克公司	18
13	荷兰希维达科易记花卉公司	17
14	荷兰HZPC公司	14
14	法国RAGT 2n SAS公司	14
16	荷兰科比品种权公司	13
17	加利福尼亚大学董事会	11
18	坂田种苗株式会社	10
19	荷兰彼得·西吕厄斯控股公司	8
19	荷兰佛劳瑞泰克育种公司	8
19	斯泰种业公司	8

2020年授权量位于前20位（实际23家企业）的国内企业见表13。

表13　2020年授权量位于前20位的国内企业

排序	品种权主体	授权量（件）
1	袁隆平农业高科技股份有限公司	77
2	山东省寿光市三木种苗有限公司	36
3	北京天葵立德种子科技有限公司	25
4	北京金色农华种业科技股份有限公司	27
5	安徽荃银高科种业股份有限公司	22
6	北大荒垦丰种业股份有限公司	19
7	山西强盛种业有限公司	18
7	北京联创种业有限公司	18
9	中山缤纷园艺有限公司	17
10	北京华农伟业种子科技有限公司	16
10	河南金博士种业股份有限公司	16
12	福建金品农业科技股份有限公司	14
12	湖南袁创超级稻技术有限公司	14
12	合肥丰乐种业股份有限公司	14
15	武汉亚非种业有限公司	13
16	上海乾德种业有限公司	12
16	湖北荃银高科种业有限公司	12
16	安徽隆平高科种业有限公司	12
19	湖南奥普隆科技股份有限公司	11
20	湖南隆平种业有限公司	10
20	寿光博收种业有限公司	10
20	寿光南澳绿亨农业有限公司	10
20	天津德瑞特种业有限公司	10

2020年授权量位于前20位（实际21家单位）的国内教学科研单位见表14。

表14　2020年授权量位于前20位的国内教学科研单位

排序	品种权主体	授权量（件）
1	北京市农林科学院	58
2	江苏省农业科学院	51
3	中国农业科学院作物科学研究所	50
4	黑龙江省农业科学院水稻研究所	36
5	中国农业科学院郑州果树研究所	28
6	广西壮族自治区农业科学院水稻研究所	26

（续）

排序	品种权主体	授权量（件）
6	南京农业大学	26
8	贵州省油菜研究所	25
9	浙江省农业科学院	24
10	上海市农业科学院	23
11	广东省农业科学院水稻研究所	21
12	湖南农业大学	20
13	黑龙江省农业科学院佳木斯分院	16
14	四川省农业科学院作物研究所	14
14	武汉大学	14
16	吉林省农业科学院	13
16	中国农业科学院蔬菜花卉研究所	13
18	河南农业大学	12
19	石家庄市农林科学研究院	11
19	中国农业科学院棉花研究所	11
19	中国水稻研究所	11

2020年授权量位于前10位的国外单位见表15。

表15　2020年授权量位于前10位的国外单位

排序	品种权主体	授权量（件）
1	先锋国际良种公司	47
2	荷兰安祖公司	26
3	利马格兰	12
4	荷兰德丽品种权公司	9
4	先正达参股股份有限公司	9
6	荷兰希姆思科宿根花卉公司	6
6	荷兰希维达科易记花卉公司	6
8	瑞克斯旺种子种苗集团公司	5
8	以色列丹姿格“丹”花卉农场	5
9	科沃施种子欧洲股份两合公司	3

注：以上单位排名中，合作的项目以第一申请主体和第一品种权主体进行统计。

（四）在线排名

中国农业科学院农业知识产权研究中心根据2019年度在农业农村部植物新品种保护办

公室提交的植物新品种申请量统计前十的教学科研单位和企业作为明星育种单位候选提名，通过智农361平台网络投票评选出前五位育种单位，并在2021年3月举办的第十二届全国农业知识产权论坛上授予荣誉称号及奖牌（表16）。同时根据品种在“智农361”平台用户的浏览量及投票数统计出2020年度品种人气指数排名情况（表17）。

表16　2019年年度育种之星

排序	教学科研单位	排序	企业
1	中国水稻研究所	1	漳州钜宝生物科技有限公司
2	北京市农林科学院	2	河南金苑种业股份有限公司
3	中国农业科学院作物科学研究所	3	袁隆平农业高科技股份有限公司
4	浙江省农业科学院	4	石家庄蠡玉科技开发有限公司
5	中国农业科学院郑州果树研究所	5	安徽隆平高科种业有限公司

表17　2020年度品种人气指数排名

排序	水稻	玉米	小麦	大豆
1	绥粳18	承单401	山农28	冀农12
2	早丰优837	鹏玉3号	圣麦105	绥农29
3	淮稻5号	秋乐368	周麦22	合农76
4	桃香优华占	富民98B	郑麦9023	中黄37
5	荃两优532	沈农大L570	鲁原502	东农65
6	龙粳4556	玉源7879	山农40	绥农52
7	荃两优087	延科338	郑麦366	龙垦310
8	荃两优2118	龙单90	百农AK58	黑农87
9	绥粳19	增信817	克春8号	黑农69
10	龙粳2305	郝育723	中麦175	顺豆1号

第三章　授权品种转化运用和保护概况

一、授权品种推广面积排行榜

根据全国农业技术推广服务中心统计数据，2020年57种作物7 627个主要品种，共计推广156 597万亩[①]。其中面积在1 000万亩以上的品种9个，分别为冬小麦品种百农207、济麦22，玉米品种郑单958、京科968、裕丰303、登海605、中科玉505、先玉335，大豆品种黑河43。常规稻、常规棉、大豆、冬小麦、玉米、杂交稻以及杂交棉这些主要大田作物，其各自授权品种推广面积占各作物推广面积比例分别为29.20%、11.66%、18.14%、29.25%、26.20%、15.54%、56.29%。主要大田作物授权品种推广面积排行榜见表18。

表18　主要大田作物授权品种推广面积排行榜

作物种类	常规稻	常规棉	大豆	冬小麦	玉米	杂交稻	杂交棉
品种	绥粳27	新陆中62	克山1号	百农207	郑单958	晶两优华占	鲁棉研24
	龙粳31	鲁棉研37	合农95	济麦22	京科968	隆两优华占	华杂棉H318
	南粳9108	新陆早70	中黄13	百农4199	裕丰303	泰优390	农大KZ05
	黄华占	新陆中37	齐黄34	山农28	登海605	宜香优2115	中棉所63
	中嘉早17	新陆中73	金源55	山农29	中科玉505	晶两优1212	鲁H424
	淮稻5号	新陆早45	合农76	郑麦379	先玉335	C两优华占	创075
	龙庆稻8号	新陆早42	冀豆12	新麦26	联创808	深两优5814	瑞杂816
	中早39	冀农大23	东生7	中麦895	伟科702	徽两优898	鲁棉研34
	绥粳28	新陆早72	绥农52	烟农999	隆平206	荃优822	创072
	美香占2号	新陆早54	东农63	鲁原502	浚单20	荃优丝苗	华惠4号
占各作物推广面积比例（%）	29.20	11.66	18.14	29.25	26.20	15.54	56.29

注：根据全国农业推广服务中心2020年推广面积数据统计。

①亩为非法定计量单位，1亩≈667米²。——编者注

二、主要品种转化运用情况

品种申请权及品种权的合理转让流动可以实现品种资源的优化配置。截至2020年年底，按照官方备案数据，我国共有1 530个申请保护的品种进行了品种权转让。其中玉米品种最多，达到691件，占比45.16%。其次为水稻品种，296件，占比19.35%。近几年，我国的品种权转让呈现上升的趋势，2001年我国授权品种转让数量仅为19件，2020年我国的品种权转让数量已达到291件（图42）。

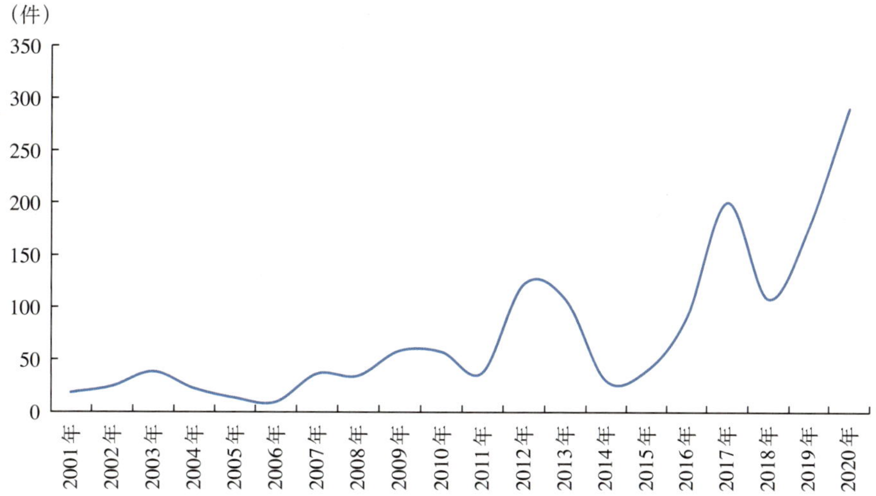

图42　品种申请权及品种权转让变动图

第四章　植物新品种保护国际动态

国际植物新品种保护联盟（UPOV）是1961年在《国际植物新品种保护公约》基础上建立的一个独立的政府间国际组织，总部设在瑞士日内瓦，旨在提供和推动形成一个有效的植物品种保护体系，从而鼓励植物新品种的开发，最终造福社会。该组织通过协调各国在植物新品种保护制度上的差异，在世界范围内建立起较为统一的制度体系，促进了植物新品种保护的国际化。

一、UPOV主要成员植物新品种保护动态

（一）UPOV成员动态

截至2020年年底，UPOV共有76个成员，包括74个国家和2个国际组织——欧盟（EU）、非洲知识产权组织（OAPI），共涵盖95个国家。76个成员中执行UPOV公约1978年文本的有17个，执行公约1991年文本的有59个。中国于1999年加入该组织，目前执行的是UPOV公约1978年文本（表19）。

表19　各成员国执行的公约文本概况

序号	国家/组织	执行文本	序号	国家/组织	执行文本	序号	国家/组织	执行文本
1	非洲知识产权组织	1991年文本	10	波黑	1991年文本	19	捷克	1991年文本
2	阿尔巴尼亚	1991年文本	11	巴西	1978年文本	20	丹麦	1991年文本
3	阿根廷	1978年文本	12	保加利亚	1991年文本	21	多米尼加	1991年文本
4	澳大利亚	1991年文本	13	加拿大	1991年文本	22	厄瓜多尔	1978年文本
5	奥地利	1991年文本	14	智利	1978年文本	23	埃及	1991年文本
6	阿塞拜疆	1991年文本	15	中国	1978年文本	24	爱沙尼亚	1991年文本
7	白俄罗斯	1991年文本	16	哥伦比亚	1978年文本	25	欧盟	1991年文本
8	比利时	1991年文本	17	哥斯达黎加	1991年文本	26	芬兰	1991年文本
9	玻利维亚	1978年文本	18	克罗地亚	1991年文本	27	法国	1991年文本

（续）

序号	国家/组织	执行文本	序号	国家/组织	执行文本	序号	国家/组织	执行文本
28	格鲁吉亚	1991年文本	45	新西兰	1978年文本	62	斯洛文尼亚	1991年文本
29	德国	1991年文本	46	尼加拉瓜	1978年文本	63	南非	1978年文本
30	匈牙利	1991年文本	47	北马其顿	1991年文本	64	西班牙	1991年文本
31	冰岛	1991年文本	48	挪威	1978年文本	65	瑞典	1991年文本
32	爱尔兰	1991年文本	49	阿曼	1991年文本	66	瑞士	1991年文本
33	以色列	1991年文本	50	巴拿马	1991年文本	67	特立尼达和多巴哥	1978年文本
34	意大利	1978年文本	51	巴拉圭	1978年文本	68	突尼斯	1991年文本
35	日本	1991年文本	52	秘鲁	1991年文本	69	土耳其	1991年文本
36	约旦	1991年文本	53	波兰	1991年文本	70	乌克兰	1991年文本
37	肯尼亚	1991年文本	54	葡萄牙	1978年文本	71	英国	1991年文本
38	吉尔吉斯斯坦	1991年文本	55	韩国	1991年文本	72	坦桑尼亚	1991年文本
39	拉脱维亚	1991年文本	56	摩尔多瓦	1991年文本	73	美国	1991年文本
40	立陶宛	1991年文本	57	罗马尼亚	1991年文本	74	乌拉圭	1978年文本
41	墨西哥	1978年文本	58	俄罗斯	1991年文本	75	乌兹别克斯坦	1991年文本
42	黑山	1991年文本	59	塞尔维亚	1991年文本	76	越南	1991年文本
43	摩洛哥	1991年文本	60	新加坡	1991年文本			
44	荷兰	1991年文本	61	斯洛伐克	1991年文本			

（二）植物新品种保护范围

植物品种权保护范围，是指纳入各成员植物新品种保护名录的植物属种。名录开放程度体现保护范围的大小，也体现了育种公平性（表20）。

表20　UPOV成员保护属种范围

成员	保护范围	成员	保护范围	成员	保护范围
爱尔兰	全部	肯尼亚	全部	乌兹别克斯坦	全部
爱沙尼亚	全部	拉脱维亚	全部	越南	全部
奥地利	全部	立陶宛	全部	摩洛哥	108
澳大利亚	全部	罗马尼亚	全部	埃及	48
巴拿马	全部	美国	全部	阿曼	44
白俄罗斯	全部	秘鲁	全部	阿尔巴尼亚	21
比利时	全部	摩尔多瓦	全部	阿塞拜疆	31

（续）

成员	保护范围	成员	保护范围	成员	保护范围
保加利亚	全部	欧盟	全部	*阿根廷	全部
冰岛	全部	日本	全部	*巴拉圭	全部
波兰	全部	约旦	全部	*玻利维亚	全部
丹麦	全部	瑞典	全部	*厄瓜多尔	全部
德国	全部	瑞士	全部	*哥伦比亚	全部
多米尼加	全部	塞尔维亚	全部	*墨西哥	全部
俄罗斯	全部	斯洛伐克	全部	*尼加拉瓜	全部
法国	全部	斯洛文尼亚	全部	*挪威	全部
非洲知识产权组织	全部	坦桑尼亚	全部	*葡萄牙	全部
芬兰	全部	突尼斯	全部	*乌拉圭	全部
哥斯达黎加	全部	土耳其	全部	*新西兰	全部
格鲁吉亚	全部	乌克兰	全部	*意大利	全部
韩国	全部	西班牙	全部	*智利	全部
荷兰	全部	新加坡	全部	*中国	373
黑山	全部	匈牙利	全部	*南非	417
吉尔吉斯斯坦	全部	以色列	全部	*巴西	184
加拿大	全部	英国	全部	*特立尼达和多巴哥	4
捷克	全部	波斯尼亚和黑塞哥维那	全部		
克罗地亚	全部	北马其顿	23		

注：(1) *代表此成员是UPOV 1978年文本执行成员，未带*代表该成员是UPOV 1991年文本执行成员；(2) “全部”代表保护全部植物属种，属种数量按照UPOV执行代码计算；(3) 数据由UPOV官网数据整理而成。

（三）国际植物新品种保护申请情况

据UPOV官方统计数据，1984—2020年UPOV品种权累计申请量42.22万件，排名前五的联盟成员分别是：欧盟（71 792件）、中国（47 025件）、美国（43 780件）、日本（34 096件）和荷兰（32 523件）。

2020年，全球共受理品种权申请22 512件。其中，年度申请量超过500件的联盟成员分别是：中国（8 960件）、欧盟（3 427件）、美国（1 432件）[①]、乌克兰（1 260件）、荷兰（837件）、俄罗斯（800件）、韩国（729件）、日本（713件）（图43）。

① 美国的数据包括植物新品种保护和植物专利申请。

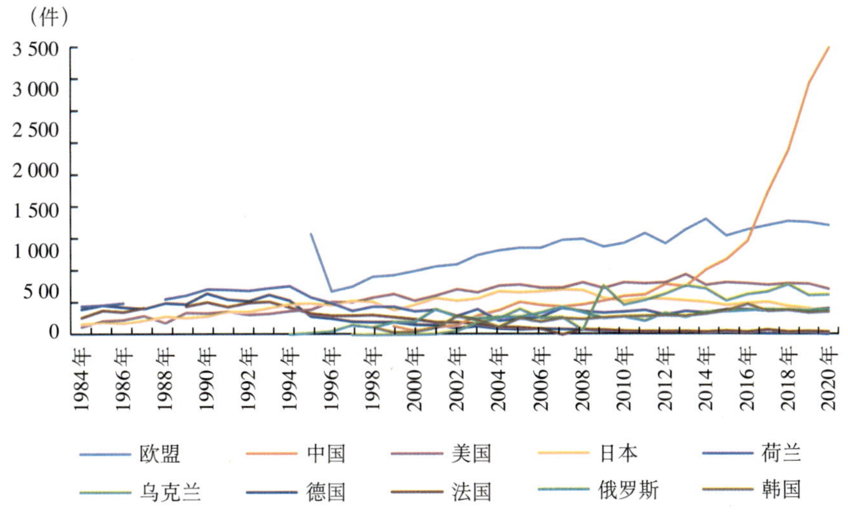

图43　1984—2020年UPOV主要成员品种权申请量趋势图

（四）国际植物新品种保护授权情况

据UPOV官方统计数据，1984—2020年全球品种权累计授权量30.12万件，有效品种权授权量共计14.10万件。累计授权量排名前五的联盟成员分别是：欧盟（56 558件）、美国（38 928件）①、日本（28 412件）、荷兰（23 933件）和中国（19 136件）（图44）。

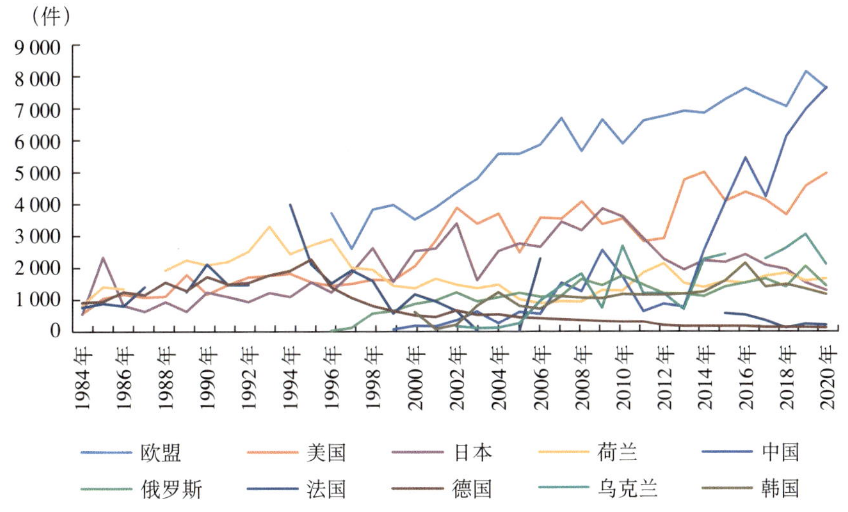

图44　UPOV主要成员品种权授权量趋势图

2020年全球共授予品种权13 873件。其中，年度授权量超过500件的有：中国（2 990件）、欧盟（2 970件）、美国（1 941件）②、乌克兰（819件）、荷兰（641件）、俄罗斯（556件）、日本（502件）。

①② 美国的数据包括植物新品种保护和植物专利授权。

1984—2020年，全球有效品种权总量为141 034件，国际占有率排名前五的成员分别为：欧盟、美国、中国、乌克兰和荷兰（表21)）。

表21　1984—2020年UPOV主要成员植物品种权国际占有率

排序	UPOV成员	执行文本	有效品种权总量（件）	占比（%）
1	欧盟	1991年	29 010	20.57
2	美国	1991年	28 008	19.86
3	中国	1978年	14 969	10.61
4	乌克兰	1991年	10 971	7.78
5	荷兰	1991年	9 260	6.57
6	日本	1991年	8 299	5.88
7	韩国	1991年	5 833	4.14
8	南非	1978年	3 236	2.29
9	澳大利亚	1991年	2 768	1.96
10	巴西	1978年	2 598	1.84

2020年，全球新增有效品种权数量为1 674件，国际占有率排名前五的成员分别为：中国、美国、欧盟、乌克兰和埃及（表22）。

表22　2020年UPOV主要成员植物品种权国际占有率

排序	UPOV成员	执行文本	有效品种权量（件）	占比（%）
1	中国	1978年	2 052	122.58
2	美国	1991年	1 567	93.61
3	欧盟	1991年	782	46.71
4	乌克兰	1991年	759	45.34
5	埃及	1991年	404	24.13
6	荷兰	1991年	344	20.55
7	土耳其	1991年	272	16.25
8	日本	1991年	197	11.77
9	墨西哥	1978年	178	10.63
10	韩国	1991年	139	8.30

二、UPOV主要成员新品种保护国际化水平

总体来看，国民申请量与非国民申请量保持一致，呈稳步上升趋势（图45、图46）。

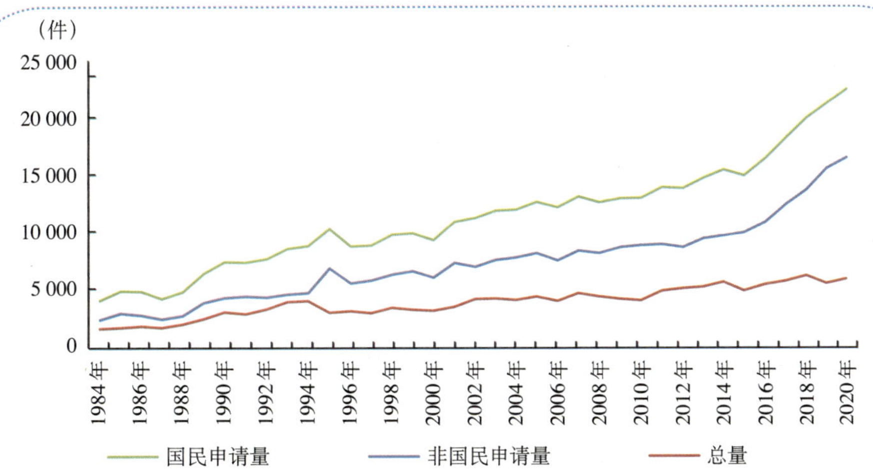

图45 UPOV成员国民与非国民申请量变动图

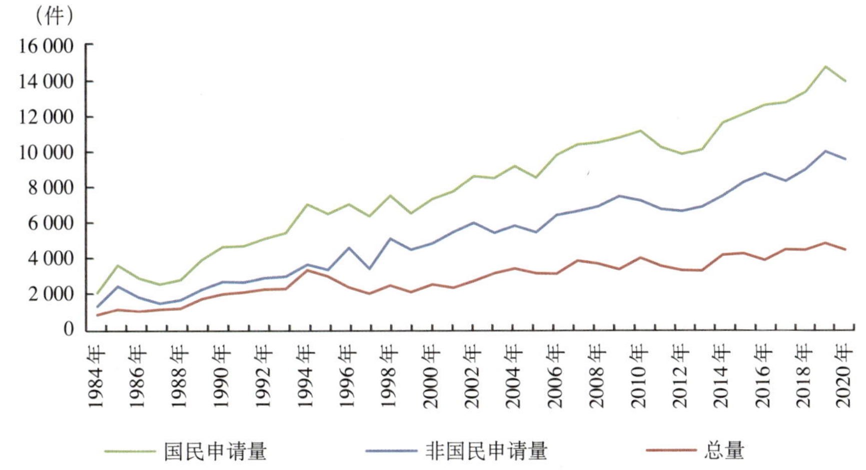

图46 UPOV成员国民与非国民授权量变动图

2020年申请量居前十的国家品种申请及授权情况见表23。

表23 2020年申请量居前十的国家品种申请及授权情况

序号	成员	申请量					授权量				
		国民（件）	比例（%）	非国民（件）	比例（%）	合计（件）	国民（件）	比例（%）	非国民（件）	比例（%）	合计（件）
1	中国	8 329	92.96	631	7.04	8 960	2 733	91.40	257	8.60	2 990
2	CPVO①	2 785	81.27	642	18.73	3 427	2 426	81.46	552	18.54	2 978
3	美国	732	51.12	700	48.88	1 432	1 019	52.50	922	47.50	1 941
4	乌克兰	556	44.13	704	55.87	1 260	340	41.51	479	58.49	819
5	荷兰	630	75.27	207	24.73	837	568	88.61	73	11.39	641
6	俄罗斯	502	62.75	298	37.25	800	446	80.22	110	19.78	556
7	韩国	632	86.69	97	13.31	729	392	86.34	62	13.66	454
8	日本	457	64.10	256	35.90	713	288	57.37	214	42.63	502

① CPVO为欧盟植物新品种保护办公室。——编者注

（续）

序号	成员	申请量					授权量				
		国民（件）	比例（%）	非国民（件）	比例（%）	合计（件）	国民（件）	比例（%）	非国民（件）	比例（%）	合计（件）
9	阿根廷	300	66.96	148	33.04	448	32	59.26	22	40.74	54
10	加拿大	75	22.19	263	77.81	338	33	14.86	189	85.14	222

农业全球化快速发展，各成员向其他成员的品种权申请量和授权量总体上升（图47）。

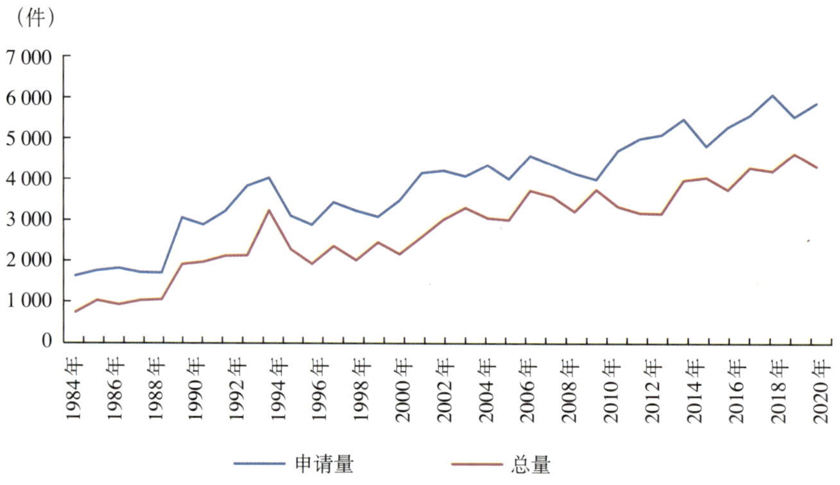

图47　1984—2020年UPOV成员向其他成员申请品种权变动图

2020年，UPOV成员共向国外申请品种权5 896件，获得授权4 336件。其中，荷兰以1 502件的申请量和1 147件的授权量位居各成员之首（表24）。

表24　2020年在国外申请授权量前十国家概况

序号	成员	在国外申请量		在国外授权量	
		申请（件）	比例（%）	授权（件）	比例（%）
1	荷兰	1502	25.47	1 147	26.45
2	美国	1458	24.73	948	21.86
3	瑞士	543	9.21	266	6.13
4	德国	495	8.40	309	7.13
5	法国	384	6.51	380	8.76
6	日本	203	3.44	150	3.46
7	澳大利亚	176	2.99	185	4.27
8	英国	129	2.19	113	2.61
9	西班牙	125	2.12	113	2.61
10	意大利	113	1.92	98	2.26

三、UPOV主要成员审查测试国际合作

截至2020年年底，UPOV成员中共有47个采取不同方式在不同的植物属种范围内与其他成员签署了植物新品种审查测试国际合作协议。其中参与审查测试合作的UPOV 1978年文本执行成员有11位，UPOV 1991年文本执行成员36位（表25）。

表25　委托测试的成员和植物属种情况

单位：个

成员	提供测试		委托测试		成员	提供测试		委托测试	
	测试属种	对象成员	测试属种	对象成员		测试属种	对象成员	测试属种	对象成员
荷兰	929	20	21	3	玻利维亚*	4	—	/	/
英国	609	15	8	3	以色列	4	4	/	/
德国	518	14	45	6	墨西哥*	4	2	/	/
法国	279	12	34	5	挪威*	4	1	7	2
波兰	159	19	14	1	克罗地亚	3	2	10	5
匈牙利	158	9	73	3	阿根廷*	3	1	3	1
西班牙	106	2	/	/	爱尔兰	2	1	1	1
肯尼亚	67	<>	2	2	巴拿马	2	1	1	1
捷克	57	10	46	4	澳大利亚	1	1	/	/
斯洛伐克	33	9	10	2	哥伦比亚*	1	1	/	/
摩洛哥	25	<>	/	/	韩国	1	1	/	/
拉脱维亚	21	2	3	1	摩尔多瓦	1	1	6	2
葡萄牙*	20	1	/	/	新西兰*	1	1	/	/
丹麦	18	10	33	5	美国	1	1	/	/
瑞典	18	1	4	2	乌拉圭*	1	<>	/	/
吉尔吉斯斯坦	15	—	/	/	南非*	1	1	/	/
芬兰	13	2	2	2	欧盟	/	/	2367	32
意大利*	12	1	/	/	立陶宛	/	/	40	1
奥地利	11	2	71	7	斯洛文尼亚	/	/	5	3
罗马尼亚	11	1	3	2	巴西*	/	/	5	2
保加利亚	10	1	/	/	瑞士	/	/	2	1
比利时	7	6	157	7	新加坡	/	/	1	1
爱沙尼亚	6	3	15	3	坦桑尼亚	/	/	1	1
日本	5	2	1	1					

注：(1) 表中不包括涉及签订全部属种审查测试国际协议的数据；(2) 表中不包括正在磋商签订审查测试国际合作协议的数据；(3) *表示UPOV1978年文本执行成员；未带*表示UPOV 1991年文本执行成员；(4) —表示该成员未签订此方面的合作协议；/表示无数据；< >表示对应国家指定的权威机构愿意为任何感兴趣的联盟成员进行测试。(1) (2) (3) 说明适用于表27。

UPOV成员中有53个在不同的植物属种范围内通过购买其他成员测试报告进行审查。我国在林业方面可以向日本、德国、法国、欧盟和澳大利亚购买柿属、一品红、无花果、杜鹃花属、蔷薇属和悬钩子属的DUS测试报告。大部分的UPOV 1978文本执行成员和UPOV 1991文本执行成员均参与了审查测试国际合作（表26）。

表26　购买其他成员测试报告的成员数和植物属种数

单位：个

成员	属种数	成员数	成员	属种数	成员数
欧盟	1298	22	瑞典	13	6
匈牙利	144	4	澳大利亚	11	2
俄罗斯	70	28	芬兰	11	8
克罗地亚	66	19	立陶宛	11	4
巴西*	64	19	以色列	10	3
法国	56	11	摩尔多瓦	10	1
土耳其	50	10	日本	9	4
乌克兰	43	21	越南	9	1
波兰	42	2	保加利亚	7	11
荷兰	39	8	中国*	6	5
挪威*	39	14	拉脱维亚	6	4
捷克	36	3	新西兰*	6	2
德国	33	9	斯洛伐克	6	1
厄瓜多尔*	31	2	加拿大	5	2
爱尔兰	29	3	瑞士	5	4
秘鲁	28	10	比利时	4	2
摩洛哥	26	9	乌拉圭*	4	1
墨西哥*	26	7	南非*	4	7
丹麦	25	10	哥伦比亚*	3	3
英国	23	7	坦桑尼亚	3	3
塞尔维亚	20	7	玻利维亚*	2	2
斯洛文尼亚	20	11	西班牙	2	2
爱沙尼亚	18	9	葡萄牙*	2	2
肯尼亚	17	8	新加坡	2	2
白俄罗斯	16	10	阿根廷	1	1
罗马尼亚	15	6	智利*	1	1
奥地利	14	6			

注：本章数据由UPOV官网数据整理而成。

附　　录

附录一　2020年农业植物新品种测试体系测试情况

2020年度，27个测试分中心和2个测试站对涉及85个植物种类的9 405个植物品种进行了DUS测试。其中，上海分中心、济南分中心和哈尔滨分中心测试量较大，分别为896个、809个和637个。详见图48。

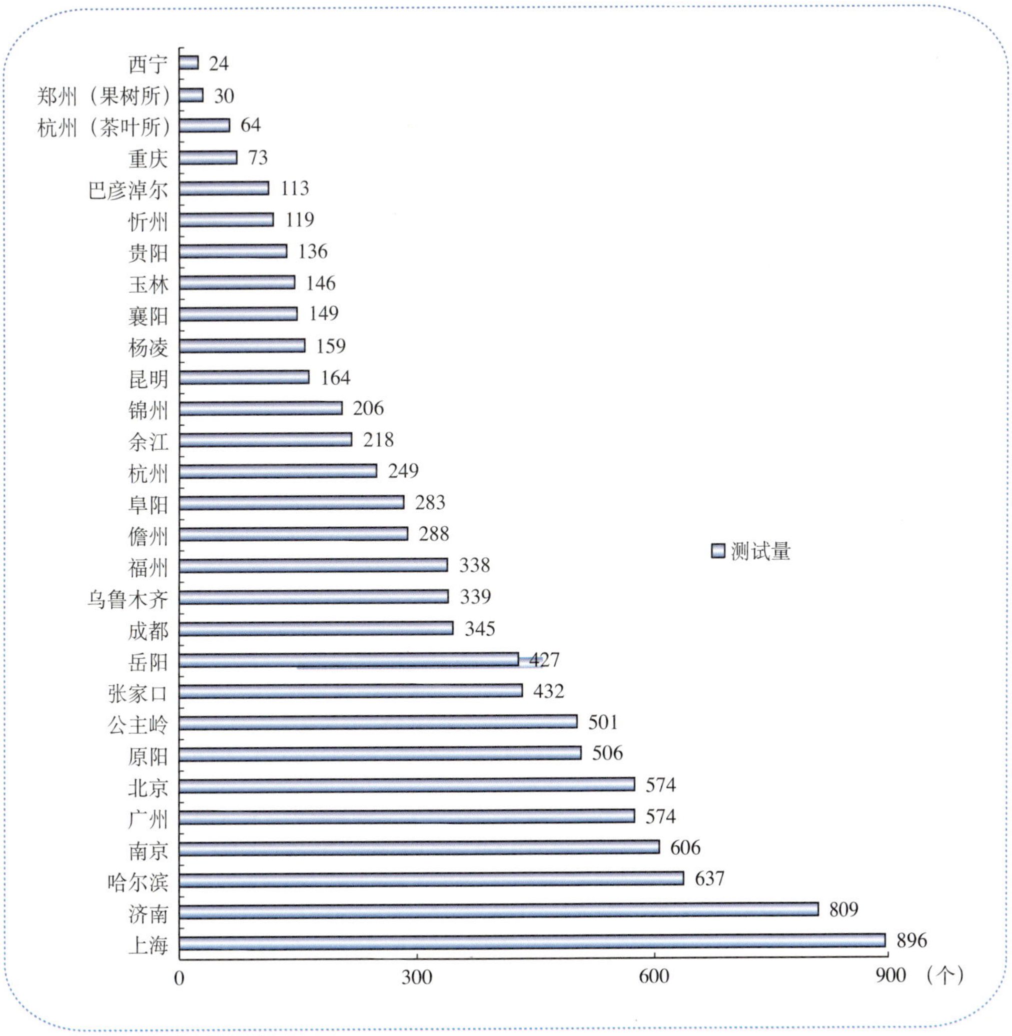

图48　2020年农业植物新品种测试体系测试情况

附录二　2020年农业植物新品种保护大事记

1月

1日　出版《农业植物新品种保护公报》2020年第1期（总第123期）。

10日　农业农村部科技发展中心公布成立第二届DUS测试技术委员会，并印发《DUS测试技术委员会章程（试行）》，明确技术委员会职能。

10日　农业部植物新品种测试中心印发《关于进一步规范委托DUS测试业务的通知》。

2月

14日　农业农村部植物新品种测试中心印发《关于进一步规范委托DUS测试业务的通知》。

3月

1日　出版《农业植物新品种保护公报》2020年第2期（总第124期）。

12日　农业农村部植物新品种测试中心印发《2020年DUS测试工作要点》。

13日　北京市农业农村局、北京市发改委、北京市科委等5部门联合印发了《北京现代种业发展三年行动计划（2020—2022年）》，农业植物新品种权保护被纳入重点工作之一。

24日　农业农村部植物新品种测试中心举办农业植物新品种保护与测试信息化视频培训。

28日　召开2020年种业知识产权保护线上论坛，农业农村部种业管理司二级巡视员谢焱、中国种子协会副会长马淑萍、农业农村部科技发展中心植物新品种保护处处长崔野韩等10余名领导嘉宾出席线上论坛并发表讲话。

4月

23日　中国种子协会植物新品种保护专业委员会举办主要国家种业政策交流视频会议。

23日　首次提高向国际植物新品种保护联盟（UPOV）缴纳会费额度。

5月

1日　出版《农业植物新品种保护公报》2020年第3期（总第125期），发布《关于新冠肺炎疫情防控期间农业植物新品种保护相关工作事项的通知》(品保办〔2020〕2号)。

6日　农业农村部植物新品种测试中心检验机构名称变更为“农业农村部植物新品种测试中心”。

13日	国务院知识产权战略实施工作部际联席会议办公室印发《2020年深入实施国家知识产权战略加快建设知识产权强国推进计划》，推动修订《植物新品种保护条例》《植物新品种保护条例实施细则》列入其中。
20—24日	派员参加国际植物新品种保护联盟（UPOV）第54届蔬菜技术工作组（TWV）视频会议。
22日	印发《〈2020年自主开展农业植物新品种特异性　一致性　稳定性测试管理工作方案〉的通知》，强化对委托测试和自主测试的监管。

6月

16日	农业品种权申请系统正式被纳入农业农村部政务服务平台统一管理，在农业农村部政务服务大厅增设种业窗口，派专人负责受理申请事项，并将申请入口变更为农业农村部政务服务平台，实现专人、专口、直面办理申请业务，大幅提升政务服务水平。
8—12日	派员参加国际植物新品种保护联盟（UPOV）第52届观赏植物和林木技术工作组（TWO）视频会议。
22—26日	派员参加国际植物新品种保护联盟（UPOV）第49届大田作物技术工作组（TWA）视频会议。

7月

1日	出版《农业植物新品种保护公报》2020年第4期（总第126期），发布《关于变更农业品种权申请系统登录入口的通知》。
6—10日	派员参加国际植物新品种保护联盟（UPOV）第51届果树技术工作组（TWF）视频会议。
27日	发布中华人民共和国农业农村部公告第318号，授权品种权1 035件。

9月

1日	出版《农业植物新品种保护公报》2020年第5期（总第127期）。
6—9日	在江苏省徐州市举办DUS测试信息化和质量控制现场培训班。
21—25日	派员线上参加国际植物新品种保护联盟（UPOV）第38届自动化与计算机技术工作组（TWC）和第19届生化和分子技术及DNA片段技术工作组（BMT）会议。
30日	发布中华人民共和国农业农村部公告第339号，授权品种权661件。

10月

13—15日	在天津市举办2020年植物品种DUS测试和新品种保护能力提升培训班。

20—22日　与欧盟植物新品种保护办公室（CPVO）联合举办DUS测试线上国际培训班。此次培训讲解了DUS测试基本原理、育种者自行测试、性状类型对特异性的影响、品种收集及利用、分子生物技术在DUS测试中的应用、新植物种属品种的DUS测试等综合课程，还分组介绍玉米、马铃薯、小麦、多年生黑麦草、辣椒、蝴蝶兰、苹果、葡萄等8个植物属种的测试方法和经验。

23—30日　派员参加2020年国际植物新品种保护联盟（UPOV）线上系列会议。在此期间，我国代表提出将“探索国际植物新品种保护联盟（UPOV）使用中文的可行性”列入次年会议议题的建议被采纳，这推动着国际植物新品种保护联盟（UPOV）使用中文工作正式进入新阶段。

11月

1日　出版《农业植物新品种保护公报》2020年第6期（总第128期）。

4日　2020年农业领域知识产权暨植物新品种权保护研讨交流会在上海市召开，农业农村部科技发展中心植物新品种保护处处长崔野韩、国家知识产权局保护司副处长朱晓东等领导以及新西兰驻华大使傅恩莱、新西兰佳沛奇异果全球CEO Daniel Mathieson出席会议并致辞。

9—21日　在海南省儋州市举办第九期农业植物品种特异性、一致性和稳定性测试技术系统培训班。

16日　最高人民法院发布《最高人民法院关于知识产权民事诉讼证据的若干规定》，自2020年11月18日起施行。

25—26日　派员线上参加第13届东亚植物新品种保护论坛年会及植物新品种保护国际研讨会。

25—28日　在海南省海口市举办2020年农业植物新品种保护第4期培训班。

27日　在湖北省襄阳市举办观赏植物·果树·工具创新技术工作组培训研讨会。

11月30日至12月2日　与欧盟植物新品种保护办公室（CPVO）联合举办品种权实施与维权线上国际研讨会。这是中欧双方首次以“品种权实施与维权”为主题的国际研讨会。农业农村部种业管理司二级巡视员谢炎分别在开闭幕式上致辞，农业农村部科技发展中心崔野韩处长同CPVO主任马丁·埃科韦德先生共同主持会议。

12月

9日　在山东省寿光市举办2020年全国农业植物新品种保护研讨会。在此期间，发布了《2020年农业植物新品种保护十大典型案例》《农业植物新品种权转让合同范本》和《植物新品种权复审申请指南》。

19—20日	在湖南省长沙市举办第三届全国优质稻品种食味品质鉴评暨国家水稻良种重大科研联合攻关推进活动上，国家水稻良种重大科研联合攻关组率先试点实质性派生品种（EDV）制度，攻关成员单位签订实施协议，约定EDV判定阈值为遗传相似系数92%，试点自12月20日起正式实施，国家水稻良种重大科研联合攻关组率先试点的实质性派生品种（EDV）制度建立。
30日	组织召开《植物新品种保护条例》（《条例》）修订专家论证会，邀请全国人大农委、全国人大法工委、中国农科院作科所等有关专家，持续推进《条例》修订工作。
31日	发布中华人民共和国农业农村部公告第383号，授权品种权853件。

附录三　2020年农业植物新品种保护重要文件

农业农村部科技发展中心关于印发《DUS测试技术委员会章程（试行）》的通知

农科测试〔2020〕8号

各DUS测试技术委员会委员、特聘委员，各DUS测试技术工作组，有关单位：

《DUS测试技术委员会章程（试行）》已经第二届DUS测试技术委员会审议通过，现予印发，请遵照执行。

附件：DUS测试技术委员会章程（试行）

农业农村部科技发展中心

2020年1月10日

附件

DUS测试技术委员会章程（试行）

第一章　总则

第一条　为规范DUS测试技术委员会（以下简称“技术委员会”）工作，使技术委员会更好发挥作用，制定本章程。

第二条　技术委员会在农业农村部科技发展中心（农业农村部植物新品种测试中心）领导下开展工作，具体由农业农村部科技发展中心植物新品种测试处（以下简称“测试处”）牵头。

第二章　组织架构

第三条　技术委员会由不超过30名委员组成，设主任委员1名，副主任委员1～2名。委员由测试处从DUS测试机构和有关单位的专家中遴选提名，经上一届技术委员会全体委员1/2以上表决通过。

第四条　主任委员由测试处主要负责人职务出任，副主任委员由主任委员从委员中提名，经技术委员会全体委员1/2以上表决通过。

第五条　主任委员带领全体委员履行职责，负责委员会全面工作，副主任委员协助主任委员工作。主任委员不在岗时，由主任委员授权副主任委员履行职责。

第六条　经主任委员提名或至少3名委员共同提名，并经技术委员会全体委员1/2以上同意，可邀请相关专家作为特聘委员。

第七条　技术委员会下设大田作物组（CNTWA）、蔬菜组（CNTWV）、观赏作物组（CNTWO）、果树组（CNTWF）、信息技术组（CNTWC）、生物技术组（CNBMT）、工具创新组（CNTWT）等7个技术工作组。

第八条　每个技术工作组设组长1人，副组长1人。组长、副组长由测试处从DUS测试机构专职测试员中遴选提名，经技术委员会全体委员1/2以上表决通过。

第九条　技术工作组组长负责本组工作，副组长协助组长工作。组长根据需要，组织有关专家开展工作。组长不在岗时，授权副组长履行职责。

第十条　每个技术工作组设协调员1人，承担本组协调、联络、服务工作，与组内外相关人员保持联系，协助督促检查工作。协调员由测试处工作人员担任，由测试处主要负责人和技术工作组负责人商定。

第十一条　技术委员会、技术工作组每届任期5年。

第三章　职责和任务

第十二条　技术委员会是测试理论、技术、科研、仪器设备、质量评价等方面的技术组织。负责指导测试技术工作组开展工作；负责对测试体系申报立项的科研课题提出意见和建议；负责在测试指南、分子鉴定技术等测试技术标准研制过程中提出意见和建议；负责对测试机构开展质量评价；负责对测试检验中疑难杂症进行调查、鉴定和提出仲裁建议；负责DUS测试体系优秀论文、优秀摄影作品等评选；协助开展DUS自主测试监管；协助开展DUS测试现场考察。

第十三条 大田作物组、蔬菜组、观赏作物组、果树组分别负责跟踪和研究UPOV TWA、TWV、TWO、TWF最新进展；组织开展UPOV技术文件的编译；组织开展相关作物测试基础理论研究；组织开展测试指南、操作手册等技术规范的研制和审查等工作；组织申请相关课题研究；组织开展相关交流和培训活动。

第十四条 信息技术组负责跟踪和研究UPOV TWC最新进展；组织开展植物新品种测试审查办公自动化系统、已知品种数据库的维护、优化工作；组织测试标准化和自动化软件开发；组织开展图像分析技术研究；组织开展统计方法和数据处理技术研究；组织开展DNA指纹数据处理自动化分析技术研究；组织申请与本组相关的课题研究项目；组织开展相关交流和培训活动。

第十五条 生物技术组负责跟踪和研究UPOV BMT最新进展；组织开展分子和生化鉴定技术、方法和技术标准的研究、开发和应用；组织开展生物技术仪器设备和装置的应用研究；组织申请与本组相关的课题研究项目；组织开展相关交流和培训活动。

第十六条 工具创新组负责参加和跟踪国内外相关设施设备会议、展会；组织开展DUS测试专用工具、新技术研发和应用；组织开展DUS测试与自动化、智能化等其他领域的合作；组织申请相关课题研究；组织开展相关交流、培训和展示活动。

第十七条 技术委员会每年召开年会，审议技术委员会、技术工作组报告和重要技术议题，制定下一年度工作计划。技术工作组每年至少组织2次线上交流和1次现场交流。

第十八条 技术委员会委员、技术工作组负责人应积极参加技术委员会年会。连续2年无故不参加年会的，视为主动退出技术委员会和技术工作组。

第四章 附则

第十九条 测试处应积极支持技术委员会、技术工作组开展工作。技术委员会委员、技术工作组负责人应积极争取所在单位经费、条件支持，保证工作有效开展。

第二十条 本章程由技术委员会负责解释。

第二十一条 本章程自发布之日起实施。

农业农村部植物新品种测试中心关于印发《2020年DUS测试工作要点》的通知

各农业植物品种DUS测试机构，DUS测试技术委员会：

为落实农业农村部《2020年推进现代种业发展工作要点》（农办种〔2020〕1号）有关要求，做好2020年农业植物品种特异性、一致性、稳定性（以下称“DUS”）测试工作，我中心制定了《2020年DUS测试工作要点》。现印发给你们，请围绕工作要点，开展好DUS测试相关工作。

附件：2020年DUS测试工作要点

农业农村部植物新品种测试中心（代章）

2020年3月12日

附件

2020年DUS测试工作要点

一、扎实做好DUS测试审查

（一）**组织好官方集中测试**。明确各测试机构测试能力范围和数量，合理安排测试任务。及时完成测试安排、现场确认和现场考察。强化已知品种收集、数据采集、保藏和分发。加强测试过程监管和异常情况处理。严控测试报告质量和时效。

（二）**进一步规范委托测试**。启用委托测试线上系统，规范委托流程和数量。开展各机构测试结果比对分析。接受社会监督，开展委托测试满意度调查，不断提升服务水平。

（三）**加强自主测试监管**。做好自主测试备案工作，组织开展自主测试技术指导。印发监管方案，加强事中事后监管，继续开展报告复核。

（四）**探索第三方测试**。研究第三方承担DUS测试的可行性。适时遴选并启动1～2家第三方DUS测试机构培育。

二、强化测试质量管理

（一）**建立健全测试质量管理体系**。制定DUS测试质量评 审要求和质量评审程序，组建质量评审团队，建立定期复评审制度。发布DUS测试机构质量体系文件模板，指导各测试机构修改完善质量体系文件。

（二）**继续加强测试机构质量管理**。完成测试分中心评估整改复核。加大测试机构飞行检查。开展测试机构间测试能力比对。选择部分测试机构开展模拟质量评审。

三、推进测试体系建设

（一）**推进国家植物品种测试中心（徐州）建设**。推进国家 植物品种测试中心（徐州）基本建设项目立项及实施。制定建设项目管理办法和工作程序。组织国内外名特优品种展示示范。

（二）**推进测试分中心、测试站建设**。加强在建项目建设内容和进度监控。协助未立项单位申请立项。对6个专业测试站进行评定并挂牌。加快已知品种的中、短期保藏库建设和使用。

（三）**推进信息化建设**。谋划测试体系信息化发展计划。配合做好农业农村部种业管理司种业大数据平台相关工作和部办公厅政务平台有关品种保护方面的建设。完成测试中心改扩建项目中信息化内容。鼓励智能化、信息化技术的应用。启动已知品种、测试指南、现场考察等一系列数据库的建设和完善。

四、加强DUS测试技术支撑工作

（一）**加强技术研究和应用**。充分发挥测试中心检验检测机构功能作用。组织好指南、标准项目的申报和实施，严把审定关。启动DUS测试技术研究项目。加快测试工具的研发和推广。综合利用表型和分子技术筛选近似品种，跟踪和对比筛选效果。组织编写玉米、稻、普通小麦DUS测试各论。

（二）**充分发挥技术组织作用**。遴选一批技术委员会特聘委员。组织技术委员会积极参与测试机构质量管理、课题申报立项、指南标准制修订、技能竞赛评比等工作。指导各技术工作组做好国内外进展跟踪、技术文件制修订、指南审查等工作。完成植物新品种测试标委会换届，完善相关工作制度，加强测试指南、DNA指纹鉴定方法等技术标准研制管理。

（三）**加强培训、交流和宣传**。办好培训班和会议，开展人才先行计划，强化测试机构间测试人员交流与互学。开展主要农作物品种DUS测试标准照片技能竞赛。启动测试中心审查员与测试分中心测试员“同学习、同劳动、同吃住”行动。鼓励测试机构跟踪国内外会议。运维测试中心微信公众号。

关于新冠肺炎疫情防控期间农业植物新品种保护相关工作事项的通知

品保办〔2020〕2号

为落实党中央、国务院防控新冠染肺炎疫情的决策部署，切实维护当事人办理农业植物新品种权申请等事务的合法权益，根据《植物新品种保护条例》（以下称《条例》）及其《实施细则（农业部分）》等有关规定，现对农业植物新品种权申请等事务办理的相关事项通知如下：

当事人因受新冠肺炎疫情影响并耽误《条例》及其《实施细则（农业部分）》规定的期限或者农业农村部植物新品种保护办公室指定的期限，导致其权利丧失的，适用《植物新品种保护条例实施细则（农业部分）》第四十八条第一款的规定。当事人自新冠肺炎疫情消除之日起2个月内，最迟自期限届满之日起2年内，可以向品种保护办公室说明理由并附具有关证明文件，请求恢复其权利。

农业农村部植物新品种保护办公室

2020年4月24日

农业农村部种业管理司关于印发《2020年自主开展农业植物新品种特异性一致性 稳定性测试管理工作方案》的通知

农种品函〔2020〕6号

各省、自治区、直辖市农业农村（农牧）厅（局、委），新疆生产建设兵团农业农村局，有关单位：

根据《主要农作物品种审定办法》《非主要农作物品种登记办法》和《农业部办公厅关于做好主要农作物品种审定特异性 一致性 稳定性测试工作的通知》（农办种〔2017〕4号）有关规定，种业管理司制定了《2020年自主开展农业植物新品种特异性 一致性 稳定性测试管理工作方案》，现印发你们，请根据要求抓好落实，推进自主开展农业植物新品种特异性、一致性、稳定性测试（以下称"DUS测试"）工作。

联系人：

农业农村部种业管理司品种创新处　张凯淅

电话：010—59193142

农业农村部科技发展中心植物新品种测试处　邓　超

电话：010—59198193　邮箱：dusceshi@sina.com

全国农业技术推广服务中心品种区试处　张笑晴

电话：010—59194522

全国农业技术推广服务中心品种登记处　李荣德

电话：010—59194555

附件：1.2020年自主开展农业植物新品种特异性　一致性　稳定性测试管理工作方案

2.2018年主要农作物品种自主DUS测试备案单位

3.自主测试监管记录表

农业农村部种业管理司

2020年5月22日

附件1

2020年自主开展农业植物新品种特异性一致性 稳定性测试管理工作方案

一、基本原则

坚持全面覆盖，对所有申请国家级品种审定及登记自主开展DUS测试的品种进行随机抽检；坚持突出重点，对自主DUS测试品种数量较多的加强技术指导，对在2019年测试报告复核中存在问题较多的单位加强跟踪核查；坚持遵规守纪，工作中严格执行相关标准和技术要求，严格遵守各项纪律规定，确保公平公正公开。

二、开展对申请审定品种的检查

（一）**对测试过程进行监督检查**。根据作物种类和生态区域，在性状调查相对集中的时期进行现场检查（结合疫情形势，拟5—6月普通小麦和水稻早稻，6—9月玉米、水稻中晚稻）。

（二）**对样品进行抽查验证**。在现场检查过程中，随机抽取10% ~ 20%的品种（至少1个），采集田间样品进行DNA指纹检测，与区试样品进行比对。

（三）**对测试报告进行抽查验证**。对2018年备案并已完成自主DUS测试的品种，由自主测试备案单位提交样品进行DNA指纹检测，与区试样品和标准样品进行比对。随机抽取至少10%的品种样品，安排在适宜生态区的DUS测试机构进行1个生长周期的复核试验。备案单位清单见附件2。

三、开展对登记公告品种的检查

（一）**现场检查**。主要检查DUS测试原始记录，包括自主DUS测试的原始记录、田间栽培管理记录、性状照片等文件材料；核查自主测试能力和条件，包括技术人员、基地设施设备等情况。

（二）**对测试报告进行抽查验证**。抽取部分登记品种标准样品，安排在适宜生态区的DUS测试机构进行1个生长周期的复核试验。

四、加强技术指导服务

（一）**技术指导**。农业农村部将抽调专职测试人员参与现场监督检查，对自主测试人员在DUS测试过程中性状代码判定、观测方法、观测时期、照片拍摄、数据分析等方面进行技术指导。选择部分自主测试开展较多的省份，举办针对自主测试单位的DUS测试技术培训。

（二）**信息报送**。对于现场检查和抽样DNA验证，在检查后1个月内完成监督检查报告和DNA检测报告。对于表型性状的田间复核验证，在最后一个性状采集完成后2个月内出具复核报告。有关报告、材料报送农业农村部种业管理司、国家农作物品种审定委员会办公室并抄送被检查单位。已申请品种保护的主要农作物品种，相关信息同时抄送农业农村部植物新品种保护办公室。

（三）**结果处理**。对工作中发现的样品不真实、伪造试验数据等行为，按照《主要农作物品种审定办法》和《非主要农作物品种登记办法》中规定，撤销审定、登记，在行业媒体进行公开，加强后续监管，并进行相应惩戒。对复核通过的主要农作物品种，报告可用于申请植物新品种保护。

五、加强组织保障

（一）**成立检查组**。成立4个检查组，由农业农村部科技发展中心（农业农村部植物新品种测试中心）和全国农业技术推广服务中心有关人员担任检查组组长，成员包括DUS测试技术委员会有关专家和有关省（区、市）种业管理部门人员。其中1组主要负责北京、辽宁、河北等地，2组主要负责河南、山东等地，3组主要负责四川、重庆、广东等地，4组主要负责湖南、安徽、江苏等地。

（二）**明确责任分工**。纳入测试报告抽查验证范围主要农作物品种，由农业农村部科技发展中心通知有关单位提交1份自主DUS测试报告和繁殖材料，各单位对自主测试报告真实性负责，并保证所提交繁殖材料与自主DUS测试时所用繁殖材料相同。对于登记公告品种，样品从国家标样库提取。

（三）**规范现场检查**。检查组提前2 ~ 3天通知被抽查单位，现场检查时间半天到1天。对于申请审定品种，被检查单位负责该品种测试的测试员应在场，检查组检查并记录现场相关情况，填写“自主测试监管记录表”（附件3）。对于登记公告品种，检查组听取被抽查单位的汇报后，查阅相关档案材料，查看设施设备等条件。

（四）**严格遵守纪律**。监管过程严格遵守中央八项规定精神和农业农村部有关规定，轻车简从。

附件2

2018年主要农作物品种自主DUS测试备案单位

序号	单位名称	作物
1	北京新实泓丰种业有限公司	玉米
2	江苏沿江地区农业科学研究所	玉米
3	北京奥瑞金种业股份有限公司	玉米
4	北京金色农华种业科技股份有限公司	玉米
5	北京市农林科学院	玉米
6	中地种业（集团）有限公司	玉米
7	九圣禾种业股份有限公司	玉米
8	山东登海种业股份有限公司	玉米
9	江苏金华隆种子科技有限公司	玉米
10	安徽喜多收种业科技有限公司	水稻
11	四川农业大学水稻研究所	水稻
12	湖南袁创超级稻技术有限公司	水稻
13	西南科技大学水稻研究所	水稻
14	深圳市兆农农业科技有限公司	水稻
15	重庆中一种业有限公司	水稻
16	袁隆平农业高科技股份有限公司	水稻
17	酒泉市农业科学研究院	小麦
18	重庆市农业科学院	小麦
19	四川省农科院生物技术核技术研究所	小麦
20	四川省农业科学院作物研究所	小麦
21	云南省农业科学院粮食作物研究所	小麦
22	西南大学	小麦
23	绵阳市农业科学研究院	小麦

附件3

自主测试监管记录表

单位		时间	年 月 日	地点	
参加人员（角色）					

监督考察内容		检查结果
测试人员能力和数量	是否参加过DUS测试培训	□否 □是（填写最近一次参加时间、地点：）
	对特异性理解程度	（1～9）*
	对一致性理解程度	（1～9）
	对稳定性理解程度	（1～9）
	对性状的理解程度	（1～9）
	对观测方法的理解程度	（1～9）
	对观测时期的把握程度	（1～9）
	对观测部位的选择	（1～9）
	对测试指南的掌握程度	（1～9）
	拍摄技术	（1～9）
	异型株的判定	（1～9）
	标准差法的使用	（1～9）
	代码判断	（1～9）
	测试人员数量	□满足试验要求 □不满足试验要求
试验设计	株数	□符合 □不符合
	小区面积	□符合 □不符合
	重复	□有 □无
	近似品种相邻种植	□是 □否
	标准品种同一区组种植	□有 □无 （□完整 □有 个）

（续）

测试过程	田间测试数据的原始记录	□有　　□无 （□完整、规范　□不完整　□不规范）
	品种描述图片	□有　　□无 （□完整、规范　□不完整　□不规范）
	近似品种的选择	□合理　　□不合理
	仪器设备、试验场所和测量工具	□配套　　□不配套
	田间管理	□差　　□中等　　□较好
一致性	较好的品种	
	一般的品种	
	较差的品种	
样品采集	品种名称	

*填写1～9分。1为最低分。

关于变更农业品种权申请系统登录入口的通知

品保办〔2020〕2号

按照农业农村部政务服务平台系统单点登录的要求，农业品种权申请系统将于2020年6月16日变更登录入口。现将有关事项通知如下：

一、农业农村部政务服务平台为农业品种权申请系统唯一登录入口，具体登录网址：http://zwfw.moa.gov.cn/nyzw/index.html?redirectValue=63100#/homeList。

二、已在原农业品种权申请系统注册的用户，直接登录上述平台办理品种权相关事项；登录失败的，在原账户名后加上"_pvp"登录。例如，原账户名是"zhangsan"，需用"zhangsan_pvp"登录。

三、政务服务平台技术支持。电话：010-59191821/2774

农业农村部植物新品种保护办公室

2020年6月12日

中华人民共和国农业农村部公告

第318号

“中浙2A”等水稻、玉米、普通小麦、大豆、甘蓝型油菜、花生、甘薯、谷子、高粱、大麦、棉属、蚕豆、芝麻、甘蔗属、向日葵、大白菜、马铃薯、普通番茄、辣椒属、普通西瓜、普通结球甘蓝、茄子、不结球白菜、青花菜、菊属、兰属、百合属、非洲菊、花烛属、莲、蝴蝶兰属、秋海棠属、石斛属、萱草属、梨属、桃、苹果、柑橘属、香蕉、猕猴桃属、葡萄属、李、桑属、草莓、枇杷、樱桃、芒果、椰子、凤梨属、无花果、茶组、灵芝属、甜菊（甜叶菊）共53个植物属种1 035个品种，经审查，符合《植物新品种保护条例》和《植物新品种保护条例实施细则（农业部分）》的要求，现对其授予植物新品种权。

农业农村部

2020年7月27日

中华人民共和国农业农村部公告

第339号

“两优228”等水稻、玉米、普通小麦、大豆、甘蓝型油菜、甘薯、大麦、棉属、甘蔗属、大白菜、普通番茄、黄瓜、普通西瓜、普通结球甘蓝、食用萝卜、菜豆、大葱、西葫芦、花椰菜、甜瓜、不结球白菜、苦瓜、芥蓝、南瓜、青花菜、石竹属、兰属、花烛属、蝴蝶兰属、石斛属、梨属桃、苹果、柑橘属、猕猴桃属、桑属、草莓、柱花草属、茶组、美丽鸡血藤（牛大力）共40个植物属种661个品种，经审查，符合《植物新品种保护条例》《植物新品种保护条例实施细则（农业部分）》的要求，现对其授予植物新品种权。

特此公告。

农业农村部

2020年9月30日

合同编号：

农业植物新品种权转让合同范本

农业农村部科技发展中心 制
2020年11月 北京

编制说明

为减少品种权转让纠纷，本合同范本给出了农业植物新品种权转让合同要素和示范性文字，内容涉及转让品种的品种权信息、转让前品种权实施情况、转让后繁殖材料交付、技术服务和培训、后续知识产权归属约定、转让费及支付方式、中介费用、保密责任、违约责任、税费支付、纠纷解决、不可抗力的约定及处理、合同生效等。上述内容可以在一个合同约定，也可以通过多个合同约定。

本合同范本中具体条款的设立，旨在提示品种权转让中需要约定的相关事宜及法律风险，使用者可以根据自己的实际情况全部或部分选用，也可以本合同范本为基础进行改造。

编者

2020年11月

转让方（甲方）：______________________________

住　　所　　地：______________________________

法 定 代 表 人：______________________________

联　　系　　人：______________　联系电话：______________

通讯地址（含邮编）：______________________________

单位联系电话：______________　传真：______________

开　户　银　行：______________________________

账　　　　　号：______________________________

受让方（乙方）：______________________________

住　　所　　地：______________________________

法 定 代 表 人：______________________________

联　　系　　人：______________　联系电话：______________

通讯地址（含邮编）：______________________________

单位联系电话：______________　传真：______________

开　户　银　行：______________________________

账　　　　　号：______________________________

根据《中华人民共和国民法典》《中华人民共和国种子法》《中华人民共和国植物新品种保护条例》及相关法律法规，双方经平等协商，就______（植物种属）新品种_______（品种名称）的植物新品种权（以下简称品种权）的转让事宜，签订以下合同，由签约各方共同遵守。

注：2021年1月1日前用《中华人民共和国合同法》替代《中华人民共和国民法典》。

第一条　合同性质

本合同属 于品种权转让合同。

第二条　转让标的

2.1 甲方将___________（植物种属）新品种___________（品种名称）的品种权转让给乙方。

2.2 品种权基本信息。

品种权号：____；

培 育 人：____；

品种权人：____；

申请日：__________________________；授权日：__________________________；

品种权有效期至_______________年______________月______________日。

注：品种权基本信息应与品种权证书信息一致。

2.3 品种权申请保护过程中的特殊情况说明。

注：申请品种权过程是否有异议及处理情况等说明。

2.4 品种权年费缴纳情况。

品种权年费已交纳至______年______月______日，自______年______月______日起，由______负责继续交纳。

注：可附交纳费用发票或查询结果。

2.5 品种权变更登记事宜。

自本合同生效之日起______日内由______办理品种权转让变更登记手续，由______具体负责办理事宜并支付相应费用。

2.6 品种权对外转让审批事宜。

注：当甲方为中国的单位或者个人，乙方为外国人时，甲方就其在国内培育的植物新品种向乙方转让品种权，可约定由甲方负责向农业农村部办理转让审批手续，乙方做好配合工作。

2.7 将品种权申请有关的全部文件作为附件提供。

（1）甲方（品种权人）向农业农村部植物新品种保护办公室递交的全部品种权申请文件作为附件1，包括品种权申请请求书、说明书、照片及其简要说明、代理委托书、补正书、意见陈述书、恢复权利请求书、延长期限请求书、著录项目变更申报书、附页、品种权申请分案请求书、撤回品种权申请声明、放弃品种权声明、办理文件副本请求书等；

（2）农业农村部植物新品种保护办公室发给甲方的所有文件作为附件2，包括受理通知书、中间文件、授权决定、品种权证书及副本等。涉及对外转让品种权的，还应包括相应的审批文件。

第三条　授权品种情况说明

3.1 品种选育情况说明。

注：杂交品种应说明亲本的品种名称及来源。

3.2 品种的特征描述，必要时将详细说明作为附件3提供。

注：杂交品种还应对亲本的特征进行描述。

3.3 品种特征特性、适宜种植区域、自然条件要求及品种种植过程中其他特别注意事项说明，必要时将详细说明作为附件4提供。

第四条　品种审定或登记情况说明

4.1 本品种（是/否）（申请/通过）品种（审定/登记）。

4.2 国家（审定/登记）申请时间：_______年_______月_______日；国家（审定/登记）编号：_______；国家（审定/登记）通过时间：_______年_______月_______日。

4.3 省级品种审定情况。

注：通过多个省级审定的，可依次列表说明。

4.4 与审定或登记有关特殊情况的说明，必要时将详细说明作为附件5提供。

注1：条款4.4中的特殊情况是指品种审定和登记过程中是否有异议及处理情况等说明。

注2：不涉及审定或登记品种的，可不规定本条。

第五条　品种权权属和有效保证

5.1. 甲方保证本合同下的品种权不存在权属上的争议或者纠纷。如出现权属上的争议或者纠纷，甲方承担乙方因该争议或者纠纷引起的损失。

5.2 本合同下的品种权，自权利变更行为生效之日起归乙方所有。该品种的亲本品种为授权品种的，亲本品种权仍属于原品种权人所有。

5.2 本合同下的品种权，自权利变更行为生效之日起归乙方所有。乙方应自行解决生产经营本品种需要的亲本权利问题。

注：杂交品种的品种权转让，还应明确亲本的权利情况，如亲本是否申请品种保护、亲本的品种权归属、保护期限以及乙方实施本品种权时是否需要另行获得亲本品种权许可等情况。

或者

5.3 生产经营本品种需要获得________专利权的许可。除为生产经营本品种外，未经许可，乙方不得实施该专利权，另有约定的除外。

或者

5.3 生产经营本品种需要获得________专利权的许可。乙方应自行解决生产经营本品种需要的专利权利许可问题。

注：生产经营本品种权需要获得特定专利权许可的，应在合同中明确所涉专利权的情况，如专利权人、专利保护期限、是否需要另行获得专利的许可等情况。

5.4 甲方应保证至本合同生效时转让的品种权没有进入品种权无效宣告程序，转让的品种权合法有效。

5.5 本品种权转让行为生效后，品种权被撤销、宣告无效的，甲方不承担法律责任。但因甲方的故意或者重大过失，没有告知农业农村部植物新品种保护办公室有关申请品种相关事项，或者没有告知乙方该品种涉诉相关事项，给乙方造成损失的，由甲方承担乙方因此引起的损失。

5.6 品种权转让行为生效后，品种权被撤销、宣告无效的，甲方不返还品种权转让费，但明显违反公平原则的，应当全部或者部分返还。

第六条　品种权实施情况说明

方式一

6.1 甲方自行实施品种权的情况。

注：按照时间、范围、方式依次列明。

6.2 甲方许可他人实施品种权的情况。

注：按照时间、范围、方式依次列明。

6.3 甲方将上述品种权实施行为有关的文件作为附件6提供。

方式二

6.1 甲方保证在本合同签订之前没有自己实施或者给予任何第三方该品种的开发经营许可，否则乙方可解除合同，甲方承担违约金。

注1：方式一考虑到转让前存在实施品种权的情形；方式二考虑到转让前没有实施品种权的情形。

注2：本条款的编写并不限于上述两种方式，可根据实际情况对上述具体条款进行重新组合和改造。

第七条　品种权转让前实施许可的履行

7.1 甲方在本品种权转让前自行实施品种权的，应保证将本品种权转让的事实告知原品种权实施行为涉及的当事人，并就相关行为与乙方约定解决方案；乙方在本合同生效后，应根据约定保证原品种权实施合同的有效履行。

7.2 甲方在本品种权转让前许可他人实施品种权的，应保证将本品种权的转让的事实告知原品种权许可合同的当事人，并就相关行为与乙方约定解决方案，确保被许可人在原许可合同中的权利得到有效保障；乙方应当在本合同生效后，根据约定保证原品种权实施合同的履行，并根据约定接受原品种权实施许可合同中甲方的权利与义务。

7.3 将甲方许可他人实施的品种权实施许可合同书等与实施该品种权申请有关的技术文件作为附件7提供。

注：品种权转让前没有实施品种权的，可不规定本条。

第八条　技术资料和基础种的交付

8.1 技术资料的交付。

本合同生效后，甲方收到乙方支付的转让费用后________日内，甲方向乙方交付本合同所列的全部技术资料，包括但不限于品种权申请全部材料、品种审定全部材料、品种相关的繁制种、栽培技术资料。

或者

本合同生效后________日内，甲方向乙方交付本合同的全部或部分技术资料。如果是部分技术资料，待乙方将转让费交付给甲方________日后，甲方向乙方交付其余技术资料。

8.2 基础种/生产用种的交付。

合同生效后，______年______月______日之前，甲方向乙方交付本合同项下授权品种的基础种。

或者

合同生效后，______年______月______日之前，甲方向乙方交付该品种______（繁殖材料）公斤。

注1：根据作物类型、繁殖材料类型、双方的技术水平，双方协商确定合适的条款内容。

注2：如果是杂交品种，应约定交付亲本的数量。

注3：基础种和生产用种的交付可根据实际情况约定多次。

8.3 交付方式与地点。

（1）技术资料交付

甲方将技术资料、资料清单和签收单以__________方式递交给乙方，并将交付凭证以__________方式递交给乙方。

乙方将书面签收的签收单以__________方式递交给甲方。

注：相关资料和凭证可以面交、传真、邮寄、快递等方式交付。

（2）基础种的交付

基础种交付地点为__________，运达交付地点的运输工具及费用由__________方承担。基础种由甲方以当年__________月份__________（品种名称）种子市场价格的__________倍向乙方提供，乙方按照甲方提供的基础种数量支付交款。甲方提供的基础种应当具备一致性和稳定性，质量符合__________（用种标准）。

甲方交付给乙方的基础种，应共同取样封存并盖章。

（3）生产用种的交付

生产用种交付的履行地为__________方住所地。运输工具及费用由　方承担。甲方提供的生产用种应当具备一致性和稳定性，质量符合__________（用种标准）。甲方交付给乙方的生产用种，双方应共同取样封存并盖章。

注：涉及杂交品种时，基础种和生产用种的交付应对亲本用种的用种标准进行规定，如玉米亲本种子质量符合《GB4404.1—2008》原种标准。

8.4 双方可就本合同下转让品种的标准样品存留等事项作出约定。

第九条　技术服务与培训

方式一

9.1 合同生效后，甲方应根据乙方要求向乙方提供合同相关的技术，包括基础种生产技术等，并解答乙方提出的有关实施合同的技术问题。

在乙方实施该品种权时，甲方应根据乙方要求派出合格的技术人员到乙方现场进行技术指导，并负责培训乙方的具体工作人员。乙方接受培训的人员应符合甲方提出的合理要求。

9.2 乙方可派出人员到甲方接受培训和技术指导。

技术服务与培训的质量，应以被培训人员能够掌握该技术为准。

技术服务与培训所发生的一切费用，如差旅费，伙食费等均由乙方承担。

9.3 甲方完成技术服务与培训后，经双方验收合格后共同签署验收证明文件。

方式二

9.1 本合同生效之日起__________日内，甲方应当指定专人对乙方给予技术指导、培训，使乙方生产的种子应当达到生产用种的相应标准。

注：涉及杂交品种的生产和交付的，需要注明杂交品种和亲本材料的质量标准，如《GB 4404.1—2008》单交种二级标准和自交系良种等标准。

9.2 应乙方要求，甲方应协助乙方每隔 年对该品种提纯，以保持某特性，乙方生产过程中遇到技术问题时甲方应积极予以协助。

注：杂交品种可对亲本的提纯进行约定。

9.3 双方还可根据不同作物繁制种的技术特点规定相应的内容。

注：本条款的编写并不限于上述两种方式，可根据实际情况对上述具体条款进行重新组合和改造。

第十条　后续知识产权归属约定

10.1 双方可就利用本合同下植物新品种的育种创新问题作出约定；如没有约定，表明合同双方均有权利用该植物新品种进行育种创新并依法获得保护。

10.2 双方可就本合同中植物新品种的亲本利用问题作出约定；如没有约定，表明合同双方均有权利用合法获得的亲本进行育种创新并获得依法保护。

第十一条　转让费用及支付方式

方式一

11.1 本合同下的品种权转让费用共计____________万元人民币，大写____________万元人民币。

注：杂交品种的品种权转让费应明确是否包含亲本的使用费用。

11.2 本合同费用，按以下第____________种方式支付。

（1）一次支付，支付时间和方式：

转让价款采用一次付清方式的，自合同生效起____________日内，乙方将转让价款全额汇至乙方指定的结算账户。

分期支付，支付时间和方式：

转让价款采用分期付款方式，合同生效后____________日内，乙方即付转让价款的百分之____________即____________万元人民币给甲方。待甲方指导乙方生产出合格的生产用种____________公斤后再支付剩余价款的百分之____________即____________万元人民币。乙方将转让价款汇至甲方指定结算账户。

或者

转让价款采用分期付款方式，合同生效起____________日内支付____________万元人民币，____________个月内支付____________万元人民币，最后于____________年____________月____________日前支付____________万元人民币，直至全部付清。乙方将转让价款汇至甲方指定结算账户。

（2）其他方式约定如下：

____

11.3 甲方收到付款后，应出具税务部门认可的正式发票。

11.4 乙方按照甲方要求支付的保证金，折抵为转让价款的一部分。

方式二

11.1 转让价款

本合同所涉转让价款由入门费__________万元人民币和按照合同产品的实际销售额的百分之__________的提成两部分组成。

11.2 付款方式

合同生效之日支付入门费共计__________万元人民币，大写__________万元人民币，销售额提成每（月/季度/半年/年）结算一次。乙方将转让价款汇至甲方指定结算账户。

11.3 乙方按照甲方要求支付的保证金，折抵为转让价款的一部分。

11.4 甲方有权查阅乙方实施合同品种的有关账目。

方式三

11.1 转让价款

本合同所涉转让价款以折价入股方式计算，乙方与甲方共同出资__________万元人民币联合生产该合同品种，甲方以品种权入股，股份占总投资的百分之__________。

11.2 付款方式

利润采取按股分红制，每__________年结算一次。乙方将转让价款全部汇至甲方指定结算账户。

11.3 乙方按照甲方要求支付的保证金，折抵为转让价款的一部分。

11.4 甲方有权查阅乙方实施合同品种的有关账目。

注1：方式一考虑到一次支付和分期支付的情形；方式二考虑到以入门费和提成费形式支付的情形；方式三考虑到以折价入股形式支付的情形。

注2：本条款的编写并不限于上述三种方式，可根据实际情况对上述具体条款进行重新组合和改造。

第十二条　中介服务费的支付

12.1 本合同经__________中介服务达成，其服务费用由__________方负责支付。

12.2 本合同中介服务费用，按以下第__________方式支付。

（1）一次支付，支付时间和方式：

（2）分期支付，支付时间和方式：

（3）其他方式约定如下：

____

12.3 __________方支付费用后，收到费用的中介方__________应出具税务部门认可的正式发票。

第十三条　保密责任

方式一

13.1 本合同及所涉及品种的所有资料均属于保密范围，甲乙双方均应采取相应措施，防止泄密；未经书面同意，不论合同是否处于有效期内，任何一方不得向第三方透露本合同相关的信息，不得将该品种的技术资料提供给第三方阅读、使用。

13.2 甲乙双方因签订本合同的需要，需要第三方提供服务，包括但不限于中介服务、鉴定等，需要签订委托合同的，应在委托合同中签订保密条款，要求第三方对涉及服务的相关信息负有保密义务，不向其他方透露服务涉及的相关信息，也不得将相关信息资料提供给其他方阅读和使用。

13.3 乙方接触甲方商业秘密的人员均要同乙方签订保密合同，保证不违反本合同项下的保密要求。

13.4 在乙方交足转让价款____________万元人民币后，或交足转让价款总额的百分之____________后，可自繁基础种，否则不得私自繁殖基础种。制种期间，乙方应做好制种方法及亲本的保密措施。

方式二

13.1 乙方在合同有效期内以及在有效期后的任何时候，都不得将甲方的商业秘密和基础种泄露给本合同当事人以外的任何第三方。

13.2 乙方接触甲方商业秘密的人员均要同乙方签订保密合同，保证不违反前款要求。

13.3 在乙方交足转让价款____________ 万元人民币后，或交足转让价款总额的百分之____________后，可自繁基础种，否则不得私自繁殖基础种。制种期间，乙方应做好制种方法及亲本的保密措施。

注1：方式一强调了对双方保密责任的约定，方式二强调了对乙方保密责任的约定。

注2：本条款的编写并不限于上述两种方式，可根据实际情况对上述具体条款进行重新组合和改造。

第十四条　违约责任

14.1 甲方对本合同第一条至第九条规定的信息提供不实，即使没有造成乙方损失的，仍可以约定按以下第____________ 种方式承担违约责任。

（1）支付____________ 元人民币违约金；

（2）按合同总标的百分之____________ 支付违约金。

14.2 该品种存在权属纠纷或者侵犯他人合法权益的，由甲方负责解决并承担责任；造成乙方损失的，甲方应当赔偿乙方由此造成的全部损失，以及合理的律师费用，实际损失的范围和计算方法为____________ 。

注：涉及杂交品种时，还应对其亲本进行约定。

14.3 甲方无正当理由逾期向乙方交付技术资料和基础种，办理品种权转让手续，提供技术服务与培训的，每逾期____________ 周，应向乙方支付违约金____________ 万元人民币，逾期超过____________ 个月，乙方有权解除合同，并要求返还转让价款，同时支付违约金____________ 万元人民币。

14.4 甲方交给乙方的品种不真实或者不符合质量要求，乙方可以解除合同，甲方应退还已经支付的转让费，同时承担本合同转让费百分之____________ 的违约金，若违约金低于实际损失，乙方有权要求赔偿全部损失，实际损失的范围和计算方法为____________ 。

14.5 乙方未按期支付转让费，未支付部分按__________的利息向甲方承担逾期违约金。

或者

14.5 乙方拒付转让价款的，甲方有权解除合同，要求返还全部技术资料和基础种，并要求其赔偿损失，并支付违约金__________万元人民币。

或者

14.5 乙方延期支付转让价款的，每逾期__________周要支付给甲方违约金__________

万元人民币；逾期超过__________个月，即视为乙方拒付，甲方有权解除合同，要求返还全部技术资料和基础种，并要求其赔偿损失，并支付违约金__________万元人民币。

14.6 在转让价款未付满之前，乙方生产合同产品的基础种只能由甲方提供，乙方不能自己培育或以其他渠道获得基础种，否则视为违约，甲方有权要求乙方支付违约金__________万元人民币，并有权解除合同。

14.7 乙方违反合同中的保密责任，致使甲方的技术秘密泄露，甲方有权要求乙方立即停止违约行为，并支付违约金__________万元人民币。

14.8 违约方承担违约责任后，签约方约定本合同内容__________。

（1）继续履行；

（2）不再履行；

（3）是否履行再行协商。

第十五条　税费

15.1 甲方和乙方均为中国单位或个人的，本合同所涉及的转让价款需纳的税，依《中华人民共和国税法》，由甲方承担。

15.2 甲方是境外单位或个人的，按《中华人民共和国个人所得税法》或《中华人民共和国企业所得税法》由甲方向中国税务机关纳税。

15.3 甲方是中国的单位或个人，而乙方是境外单位或个人的，则按乙方国家或地区税法纳税。

15.4 乙方有义务配合甲方签订经技术市场认定可申请减免税的技术合同。

第十六条　合同的解除与终止

16.1 当事人双方协商一致，可以变更或解除本合同。

16.2 发生下列情况之一时，一方可以解除本合同。

（1）由于不可抗力或不可归责于双方的原因致使本合同的目的无法实现的；

（2）另一方丧失实际履约能力的；

（3）另一方严重违约致使不能实现合同目的的。

16.3 以下情况之一的，本合同终止，甲方退还乙方的转让费或其经乙方同意甲方继续提供乙方认可的品种。

（1）该品种未通过审定，或者该品种权自合同生效后1年内丧失品种权的；

（2）该品种通过审定后两年内发现重大缺陷的，严重影响生产经营；

（3）在甲方的技术指导下，杂交品种生产困难或大面积产量达不到__________公斤/亩。

注：品种有重大缺陷是指品种存在严重倒伏或致命性病虫害等严重问题。

第十七条　不可抗力

17.1 本合同甲乙双方中的任何一方，由于战争、自然灾害等不可抗力影响不能履行本合同，不视为违约。

17.2 受不可抗力影响一方应在战争、自然灾害等事件发生________个工作日内将不能履行本合同的原因书面通知对方，并提供有关证明文件。

17.3 不可抗力影响结束后，受不可抗力影响一方应在____个工作日内书面通知对方。

17.4 经另外一方确定的不可抗力影响时间，不计入本合同执行时间，本合同执行时间相应顺延。

17.5 如果不可抗力影响超过_____日，甲乙双方可协商解决此后的合同执行问题。如果甲乙双方在相应顺延的_____日内未能协商一致，甲乙双方均有权解除合同。

注：合同中如果没有规定关于不可抗力处理的内容，可直接适用《民法典》合同编中不可抗力条款，但建议约定发生不可抗力事项时如何处理。

第十八条　纠纷解决

履行本合同发生争议，双方友好协商；协商不成的，双方同意采用以下第_____种方式解决纠纷。

（1）申请由_____仲裁委员会仲裁；

（2）向_____人民法院起诉。

注：可选择合同签订地、履行地、合同当事人住所地等的人民法院。

第十九条　术语解释

19.1 亲本是指授权品种的父本或母本或兼具指两者。

19.2 基础种，是指甲方提供给乙方用于繁殖_____（品种名称）生产用种的繁殖材料。

19.3 生产用种，是指乙方向农民或其他消费者提供用于生产作为非种子用途_______（品种名称）的种子或者繁殖材料。

19.4 品种不真实是指交付的亲本并非该品种的亲本，或交付的品种及亲本与品种审定或品种保护的样品不一致，或者交付的品种与品种审定公告的相关性状不符。

19.5 不可抗力指不能预见、不能避免、不能克服的一些客观情况，包括自然灾害如台风、洪水、地震等，政府行为如征收、征用，以及社会异常事件如罢工、骚乱等。

第二十条　通知与送达

20.1 甲、乙双方指定以下联系人及地址接收本合同项下双方发出的与本合同有关的通知、回复、文件。

甲方的联系方式

联系人：

联系电话：

地址：

乙方的联系方式

联系人：

联系电话：

地址：

20.2 如以邮寄或快递方式送达，在寄出后第三日将被视为已送达另一方；如以面交方式送达，则于另一方签收日视为送达日。任何一方不得拒绝签收。

注1：与本合同有关的通知、回复、文件寄出日以邮戳或快递寄出的日期为准。

注2：与本合同有关的通知、回复、文件的签收仅证明收到，不能被认为是对文件内容的同意。

20.3 在合同履行期间，双方联系人、联系地址及联系方式有变化的，应及时通知对方。如未及时通知，应承担相应的法律后果。

第二十一条　签约与生效

21.1 本合同由上述签约方于________年________月________日在________签订。

21.2 本合同一式_________份，双方各执_________份，经双方法定代表人（或负责人）或授权代表签字并加盖公章（或合同专用章）之日起生效。

21.3 本合同下的品种权转让行为自农业农村部植物新品种保护办公室的品种权转让公告日起生效。

第二十二条　其他

本合同未尽事宜将由各方另行协商并签订书面补充合同。补充合同与本合同具有同等法律效力，补充合同与本合同表述不一致的，以补充合同为准。

（以下无正文）

【本页无正文，为合同签署页。】

甲方（转让方）：

法定代表人（签字）：

_______年____月____日

乙方（受让方）：

法定代表人（签字）：

______年____月____日

植物新品种复审申请指南

第一条 为便利植物新品种复审请求人，提高复审申请和审理效率，根据《中华人民共和国植物新品种保护条例》《农业部植物新品种复审委员会审理规定》等，结合复审申请中的常见问题，制定本指南。指南作为复审申请人申请时的技术指引，不具强制性。

第二条 复审请求书需按照指定文书格式填写提交，文书下载地址为农业农村部种业管理司子网站公示公告子栏目（http://www.zys.moa.gov.cn/gsgg）或农业农村部科技发展中心网站（http://www.nybkjfzzx.cn）。

第三条 复审请求书中的内容应全面、准确、规范，不应出现漏填、错填等现象。特别注意应准确填写第四项“农业部植物新品种保护办公室发出品种权申请驳回决定”的时间、第五项“事实与理由”和第七项“请求人或者代理机构签章”等。

复审请求材料是英文等外国语言的，需提供对应的中文翻译及翻译情况说明。

第四条 复审请求人是个人的，应当提交个人身份证复印件。

复审请求人是单位的，应当提交该单位主体资格证明文件的复印件、法定代表人或者负责人的任职证明及身份证复印件，并加盖单位公章。

复审请求人委托代理机构或者本单位工作人员代为办理的，应当提交代理人委托书（授权委托书）并写明委托内容和权限，同时应提交代理人身份证复印件。

上述身份证明材料要求真实、准确、规范。证件应在有效期限内，复印内容应清晰、易于辨认、内容完整。

第五条 驳回品种权复审请求书中的请求人应当是被驳回品种权申请时的全体申请人。

复审请求人是法人单位的，复审请求书中请求人名称要与营业执照中名称一致。

如果复审请求人名称存在工商登记信息变更的，需及时提交工商登记信息变更说明。

第六条 复审请求材料除了符合格式要求的复审请求书外，还应有支持复审请求的相关证据材料。提交的证据应当具备合法性、真实性和关联性。

证据材料应满足如下要求：

（一）请求人是个人的，应在提交的证据材料上签名；请求人为单位的，应加盖单位公章；

（二）提交的证据为复印件的，复印件应当表明“与原件一致，核对无误”并按照上述要求签名或盖章；

（三）提交一份以上证据材料的，要附有证据目录，进行序号编号，并写明证据名称和证明目的。

（四）提交证据之间的关联性说明。

第七条 品种名称一旦确定，原则上不予更改。确需申请品种更名的，应提交拟更名品种与审定品种、登记品种或其他已知品种为同一品种的证据材料。

如申请更名的品种已经通过品种审定（登记），应当提交申请保护时该品种的育种过程和系谱图以及申请品种审定（登记）时的育种过程和系谱图、相关公告，在育种过程和系谱图一致、相关公告对该品种的描述一致的情况下，提供两品种的DNA指纹图谱或DUS测试报告等能够证明两品种为同一品种的证明材料。

第八条 对驳回品种权申请提出复审的，应注意：

（一）特异性鉴定通常采用田间测试，若品种的DNA鉴定结果与田间测试结果不同，则以田间测试结果为准。请求人提出采用DNA鉴定的方式进行重新测试的，一般情况下不予采纳。

（二）对现行测试标准的指标设置等提出异议的，一般情况下不予采纳。

（三）提出现行测试标准之外的品种特性，据此特性申请复审的，应出具具有相应检测资质机构的检测（测试）报告。

（四）要求更换标准样品重新测试的，一般情况下不予采纳。

第九条 以品种发生实质性扩散而不具备新颖性为由提出品种权无效宣告复审请求的，应提交该品种在规定的时间之外已发生实质性扩散的完整证据链，包括但不限于该品种的种子生产合同、销售发票、买卖合同、出入库单等证据材料。

第十条 需要出具DNA指纹图谱或DUS测试报告的单位或个人，应当请第三方机构（法院、行政单位、测试机构）向农业农村部种业管理司申请提取标准样品，开展有关测试。

第十一条 复审申请材料接收机构、地址及联系方式如下：

（一）材料接收机构为农业农村部植物新品种复审委员会秘书处；

（二）邮寄地址为北京市农展馆南里11号种业管理司植物新品种复审委员会秘书处，邮政编码为100125；

（三）联系电话：010-59192079，010-59193114。

中华人民共和国农业农村部公告

第383号

"忠香A"等水稻、玉米、普通小麦、大豆、甘蓝型油菜、花生、甘薯、高粱、大麦、棉属、向日葵、大白菜、马铃薯、普通番茄、黄瓜、辣椒属、普通西瓜、普通结球甘蓝、西葫芦、甜瓜、苦瓜、芥菜、莴苣、咖啡黄葵、菊属、石竹属、兰属、花烛属、蝴蝶兰属、秋海棠属、矮牵牛（碧冬茄）、葡萄属、枇杷、凤梨属、量天尺属、香菇、灵芝属共37个植物属种853个品种，经审查，符合《植物新品种保护条例》《植物新品种保护条例实施细则（农业部分）》的要求，现对其授予植物新品种权。

特此公告。

农业农村部

2020年12月31日

附录四　2020年授权品种名单

公告号	品种权号	植物种类	品种名称	品种权人	授权日
CNA014284G	CNA20130666.6	水稻	中浙2A	中国水稻研究所、浙江勿忘农种业股份有限公司	2020.7.27
CNA014285G	CNA20140435.5	水稻	海稻86	谢小青	2020.7.27
CNA014286G	CNA20150550.3	水稻	L21S	罗　琳、罗崇善	2020.7.27
CNA014287G	CNA20150989.4	水稻	春江29A	中国水稻研究所	2020.7.27
CNA014288G	CNA20151810.7	水稻	5561S	中国种子集团有限公司	2020.7.27
CNA014289G	CNA20151931.1	水稻	五优粤农丝苗	江西先农种业有限公司	2020.7.27
CNA014290G	CNA20152009.6	水稻	N198	广东省农业科学院水稻研究所	2020.7.27
CNA014291G	CNA20152019.4	水稻	黄泰占	江苏红旗种业股份有限公司	2020.7.27
CNA014292G	CNA20152061.1	水稻	鑫满6号	广西象州黄氏水稻研究所	2020.7.27
CNA014293G	CNA20160350.4	水稻	F136S	合肥丰乐种业股份有限公司	2020.7.27
CNA014294G	CNA20160650.1	水稻	嘉育938	浙江省嘉兴市农业科学研究院（所）	2020.7.27
CNA014295G	CNA20160871.4	水稻	金早239	金华市农业科学研究院	2020.7.27
CNA014296G	CNA20161030.0	水稻	C两优粤农丝苗	北京金色农华种业科技股份有限公司	2020.7.27
CNA014297G	CNA20161187.1	水稻	F两优6876	信阳市农业科学院	2020.7.27
CNA014298G	CNA20161309.4	水稻	隆粳772	国家粳稻工程技术研究中心、天津天隆科技股份有限公司	2020.7.27
CNA014299G	CNA20161683.0	水稻	鑫晟稻3号	黑龙江省巨基农业科技开发有限公司	2020.7.27
CNA014300G	CNA20161948.1	水稻	徽两优粤农丝苗	北京金色农华种业科技股份有限公司、安徽省农业科学院水稻研究所、广东省农业科学院水稻研究所	2020.7.27
CNA014301G	CNA20170132.8	水稻	广泰优粤农丝苗	北京金色农华种业科技股份有限公司、广东省农业科学院水稻研究所	2020.7.27
CNA014302G	CNA20170133.7	水稻	广8优粤农丝苗	北京金色农华种业科技股份有限公司、广东省农业科学院水稻研究所	2020.7.27
CNA014303G	CNA20170138.2	水稻	昌盛优粤农丝苗	北京金色农华种业科技股份有限公司	2020.7.27
CNA014304G	CNA20170319.3	水稻	旺恢685	云南省国有资本运营金鼎禾朴农业科技有限公司、文山壮族苗族自治州农业科学院	2020.7.27
CNA014305G	CNA20170325.5	水稻	绿糯3号	安徽绿雨种业股份有限公司	2020.7.27
CNA014306G	CNA20171679.5	水稻	隆两优1319	袁隆平农业高科技股份有限公司、湖南隆平高科种业科学研究院有限公司	2020.7.27
CNA014307G	CNA20171689.3	水稻	隆晶优534	袁隆平农业高科技股份有限公司、湖南亚华种业科学研究院	2020.7.27

（续）

公告号	品种权号	植物种类	品种名称	品种权人	授权日
CNA014308G	CNA20172220.7	水稻	龙垦229	北大荒垦丰种业股份有限公司	2020.7.27
CNA014309G	CNA20172221.6	水稻	龙垦227	北大荒垦丰种业股份有限公司	2020.7.27
CNA014310G	CNA20172224.3	水稻	龙垦223	北大荒垦丰种业股份有限公司	2020.7.27
CNA014311G	CNA20172274.2	水稻	吉田优粤农丝苗	北京金色农华种业科技股份有限公司	2020.7.27
CNA014312G	CNA20173199.2	水稻	龙粳3407	黑龙江省农业科学院水稻研究所、佳木斯龙粳种业有限公司	2020.7.27
CNA014313G	CNA20173350.7	水稻	浙沣糯188	宣城市水阳江种业有限责任公司	2020.7.27
CNA014314G	CNA20173409.8	水稻	龙粳3001	黑龙江省农业科学院水稻研究所	2020.7.27
CNA014315G	CNA20173410.5	水稻	龙粳3040	黑龙江省农业科学院水稻研究所	2020.7.27
CNA014316G	CNA20173411.4	水稻	龙粳3095	黑龙江省农业科学院水稻研究所	2020.7.27
CNA014317G	CNA20173624.7	水稻	旺两优959	湖南袁创超级稻技术有限公司	2020.7.27
CNA014318G	CNA20173625.6	水稻	旺两优1577	湖南袁创超级稻技术有限公司	2020.7.27
CNA014319G	CNA20180932.9	水稻	龙粳1615	黑龙江省农业科学院水稻研究所	2020.7.27
CNA014320G	CNA20180933.8	水稻	龙粳1624	黑龙江省农业科学院水稻研究所	2020.7.27
CNA014321G	CNA20180935.6	水稻	龙粳1656	黑龙江省农业科学院水稻研究所	2020.7.27
CNA014322G	CNA20180936.5	水稻	龙粳1665	黑龙江省农业科学院水稻研究所	2020.7.27
CNA014323G	CNA20181282.3	水稻	低谷软香5号	江苏省农业科学院	2020.7.27
CNA014324G	CNA20181283.2	水稻	南粳56	江苏省农业科学院	2020.7.27
CNA014325G	CNA20181284.1	水稻	南粳58	江苏省农业科学院	2020.7.27
CNA014326G	CNA20181285.0	水稻	南粳60	江苏省农业科学院	2020.7.27
CNA014327G	CNA20181286.9	水稻	南粳9036	江苏省农业科学院	2020.7.27
CNA014328G	CNA20181287.8	水稻	宁6820	江苏省农业科学院	2020.7.27
CNA014329G	CNA20181289.6	水稻	宁7817	江苏省农业科学院	2020.7.27
CNA014330G	CNA20182210.8	水稻	兆优6319	四川国豪种业股份有限公司	2020.7.27
CNA014331G	CNA20182674.7	水稻	龙垦257	北大荒垦丰种业股份有限公司	2020.7.27
CNA014332G	CNA20182675.6	水稻	龙垦263	北大荒垦丰种业股份有限公司	2020.7.27
CNA014333G	CNA20182903.0	水稻	扬籼优919	江苏里下河地区农业科学研究所、湖北省种子集团有限公司	2020.7.27
CNA014334G	CNA20183043.9	水稻	航57S	华南农业大学	2020.7.27
CNA014335G	CNA20183476.5	水稻	航93S	华南农业大学	2020.7.27
CNA014336G	CNA20183776.2	水稻	壮两优911	湖南袁创超级稻技术有限公司	2020.7.27
CNA014337G	CNA20183893.0	水稻	内优6183	四川农业大学	2020.7.27

（续）

公告号	品种权号	植物种类	品种名称	品种权人	授权日
CNA014338G	CNA20183953.7	水稻	欣两优2172	安徽荃银欣隆种业有限公司	2020.7.27
CNA014339G	CNA20184538.9	水稻	W031	南京农业大学	2020.7.27
CNA014340G	CNA20184544.1	水稻	玖两优29	湖南省水稻研究所	2020.7.27
CNA014341G	CNA20184640.4	水稻	光伟11号	张友光	2020.7.27
CNA014342G	CNA20191000024	水稻	龙粳3020	黑龙江省农业科学院水稻研究所	2020.7.27
CNA014343G	CNA20191000025	水稻	广优7289	信阳市农业科学院	2020.7.27
CNA014344G	CNA20191000125	水稻	龙粳3021	黑龙江省农业科学院水稻研究所	2020.7.27
CNA014345G	CNA20191000166	水稻	湘农大194B	湖南农业大学、华智水稻生物技术有限公司	2020.7.27
CNA014346G	CNA20191000198	水稻	龙粳3025	黑龙江省农业科学院水稻研究所	2020.7.27
CNA014347G	CNA20191000232	水稻	龙粳4569	黑龙江省农业科学院水稻研究所	2020.7.27
CNA014348G	CNA20191000333	水稻	郑稻C10	河南省农业科学院粮食作物研究所	2020.7.27
CNA014349G	CNA20191000337	水稻	郑稻C42	河南省农业科学院粮食作物研究所	2020.7.27
CNA014350G	CNA20191000340	水稻	郑稻201	河南省农业科学院粮食作物研究所	2020.7.27
CNA014351G	CNA20191000344	水稻	郑稻C44	河南省农业科学院粮食作物研究所	2020.7.27
CNA014352G	CNA20191000388	水稻	龙粳2315	黑龙江省农业科学院水稻研究所	2020.7.27
CNA014353G	CNA20191000393	水稻	龙粳2314	黑龙江省农业科学院水稻研究所	2020.7.27
CNA014354G	CNA20191000463	水稻	春江151	中国水稻研究所	2020.7.27
CNA014355G	CNA20191000510	水稻	龙粳3027	黑龙江省农业科学院水稻研究所	2020.7.27
CNA014356G	CNA20191000523	水稻	龙粳3024	黑龙江省农业科学院水稻研究所	2020.7.27
CNA014357G	CNA20191000528	水稻	荃优10号	安徽荃银高科种业股份有限公司	2020.7.27
CNA014358G	CNA20191000529	水稻	全两优1822	安徽荃银高科种业股份有限公司、安徽荃丰种业科技有限公司	2020.7.27
CNA014359G	CNA20191000543	水稻	荃优291	安徽荃银高科种业股份有限公司	2020.7.27
CNA014360G	CNA20191000583	水稻	龙粳4695	黑龙江省农业科学院水稻研究所	2020.7.27
CNA014361G	CNA20191000590	水稻	旭粳9号	公主岭市吉农研水稻研究所有限公司	2020.7.27
CNA014362G	CNA20191000619	水稻	广恢158	广东省农业科学院水稻研究所	2020.7.27
CNA014363G	CNA20191000661	水稻	辽粳168	辽宁省水稻研究所	2020.7.27
CNA014364G	CNA20191000778	水稻	宏科328	高玉森	2020.7.27
CNA014365G	CNA20191000788	水稻	M14252	江苏省农业科学院	2020.7.27
CNA014366G	CNA20191000820	水稻	宏科389	高玉森	2020.7.27
CNA014367G	CNA20191000828	水稻	龙粳3023	黑龙江省农业科学院水稻研究所	2020.7.27
CNA014368G	CNA20191000984	水稻	泗稻301	江苏省农业科学院宿迁农科所	2020.7.27

（续）

公告号	品种权号	植物种类	品种名称	品种权人	授权日
CNA014369G	CNA20191001030	水稻	粤禾优1002	广东华茂高科种业有限公司	2020.7.27
CNA014370G	CNA20191001142	水稻	龙庆稻8号	庆安县北方绿洲稻作研究所	2020.7.27
CNA014371G	CNA20191001189	水稻	龙粳3022	黑龙江省农业科学院水稻研究所	2020.7.27
CNA014372G	CNA20191001268	水稻	徽两优2628	安徽喜多收种业科技有限公司	2020.7.27
CNA014373G	CNA20191001324	水稻	华智193	华智水稻生物技术有限公司、湖南农业大学	2020.7.27
CNA014374G	CNA20191001397	水稻	隆两优1236	袁隆平农业高科技股份有限公司、湖南隆平高科种业科学研究院有限公司、湖南亚华种业科学研究院	2020.7.27
CNA014375G	CNA20191001400	水稻	隆晶优1187	袁隆平农业高科技股份有限公司、湖南隆平高科种业科学研究院有限公司、湖南亚华种业科学研究院	2020.7.27
CNA014376G	CNA20191001444	水稻	蒂占	湖南亚华种业科学研究院、湖南隆平高科种业科学研究院有限公司、袁隆平农业高科技股份有限公司	2020.7.27
CNA014377G	CNA20191001448	水稻	华恢3190	湖南亚华种业科学研究院、湖南隆平高科种业科学研究院有限公司、袁隆平农业高科技股份有限公司	2020.7.27
CNA014378G	CNA20191001453	水稻	华恢1957	湖南隆平高科种业科学研究院有限公司、湖南亚华种业科学研究院、袁隆平农业高科技股份有限公司	2020.7.27
CNA014379G	CNA20191001456	水稻	华恢765	湖南亚华种业科学研究院、湖南隆平高科种业科学研究院有限公司、袁隆平农业高科技股份有限公司	2020.7.27
CNA014380G	CNA20191001457	水稻	华恢6089	湖南亚华种业科学研究院、湖南隆平高科种业科学研究院有限公司、袁隆平农业高科技股份有限公司	2020.7.27
CNA014381G	CNA20191001458	水稻	R1319	湖南隆平高科种业科学研究院有限公司、湖南亚华种业科学研究院、袁隆平农业高科技股份有限公司	2020.7.27
CNA014382G	CNA20191001460	水稻	华恢4171	湖南隆平高科种业科学研究院有限公司、湖南亚华种业科学研究院、袁隆平农业高科技股份有限公司	2020.7.27
CNA014383G	CNA20191001461	水稻	华恢4013	湖南隆平高科种业科学研究院有限公司、湖南亚华种业科学研究院、袁隆平农业高科技股份有限公司	2020.7.27
CNA014384G	CNA20191001462	水稻	华恢1706	袁隆平农业高科技股份有限公司、湖南隆平高科种业科学研究院有限公司、湖南亚华种业科学研究院	2020.7.27
CNA014385G	CNA20191001474	水稻	华恢8669	袁隆平农业高科技股份有限公司、湖南隆平高科种业科学研究院有限公司、湖南亚华种业科学研究院	2020.7.27

（续）

公告号	品种权号	植物种类	品种名称	品种权人	授权日
CNA014386G	CNA20191001489	水稻	华恢3703	袁隆平农业高科技股份有限公司、湖南亚华种业科学研究院、湖南隆平高科种业科学研究院有限公司	2020.7.27
CNA014387G	CNA20191001491	水稻	华恢8401	袁隆平农业高科技股份有限公司、湖南亚华种业科学研究院、湖南隆平高科种业科学研究院有限公司	2020.7.27
CNA014388G	CNA20191001492	水稻	华恢2646	湖南亚华种业科学研究院、湖南隆平高科种业科学研究院有限公司、袁隆平农业高科技股份有限公司	2020.7.27
CNA014389G	CNA20191001493	水稻	华恢1234	湖南隆平高科种业科学研究院有限公司、湖南亚华种业科学研究院、袁隆平农业高科技股份有限公司	2020.7.27
CNA014390G	CNA20191001516	水稻	荃优523	安徽荃银高科种业股份有限公司、绵阳市农业科学研究院	2020.7.27
CNA014391G	CNA20191001518	水稻	荃优9028	安徽荃银高科种业股份有限公司	2020.7.27
CNA014392G	CNA20191001519	水稻	银312S	安徽荃银高科种业股份有限公司	2020.7.27
CNA014393G	CNA20191001520	水稻	绥稻616	绥化市盛昌种子繁育有限责任公司	2020.7.27
CNA014394G	CNA20191001549	水稻	吉粳811	吉林省农业科学院	2020.7.27
CNA014395G	CNA20191001555	水稻	Q两优851	安徽荃银高科种业股份有限公司	2020.7.27
CNA014396G	CNA20191001556	水稻	Q两优丝苗	安徽荃银高科种业股份有限公司、广东省农业科学院水稻研究所	2020.7.27
CNA014397G	CNA20191001575	水稻	绿亿香糯	安徽绿亿种业有限公司	2020.7.27
CNA014398G	CNA20191001585	水稻	吉优5618	广东省农业科学院水稻研究所	2020.7.27
CNA014399G	CNA20191001593	水稻	银两优851	安徽荃银高科种业股份有限公司	2020.7.27
CNA014400G	CNA20191001604	水稻	广泰优736	广东省农业科学院水稻研究所	2020.7.27
CNA014401G	CNA20191001619	水稻	吉农大667	吉林农业大学、吉林大农种业有限公司	2020.7.27
CNA014402G	CNA20191001621	水稻	振湘S	袁隆平农业高科技股份有限公司、湖南隆平高科种业科学研究院有限公司、湖南亚华种业科学研究院	2020.7.27
CNA014403G	CNA20191001625	水稻	勤77S	袁隆平农业高科技股份有限公司、湖南隆平高科种业科学研究院有限公司、湖南亚华种业科学研究院	2020.7.27
CNA014404G	CNA20191001652	水稻	潇湘828S	袁隆平农业高科技股份有限公司、湖南隆平高科种业科学研究院有限公司、湖南亚华种业科学研究院	2020.7.27
CNA014405G	CNA20191001657	水稻	华誉568S	袁隆平农业高科技股份有限公司、湖南隆平高科种业科学研究院有限公司、湖南亚华种业科学研究院	2020.7.27
CNA014406G	CNA20191001659	水稻	华炫302S	袁隆平农业高科技股份有限公司、湖南隆平高科种业科学研究院有限公司、湖南亚华种业科学研究院	2020.7.27

（续）

公告号	品种权号	植物种类	品种名称	品种权人	授权日
CNA014407G	CNA20191001660	水稻	华捷912S	袁隆平农业高科技股份有限公司、湖南隆平高科种业科学研究院有限公司、湖南亚华种业科学研究院	2020.7.27
CNA014408G	CNA20191001661	水稻	华捷221S	袁隆平农业高科技股份有限公司、湖南隆平高科种业科学研究院有限公司、湖南亚华种业科学研究院	2020.7.27
CNA014409G	CNA20191001669	水稻	泰丰优158	广东省农业科学院水稻研究所	2020.7.27
CNA014410G	CNA20191001715	水稻	徽两优福星占	湖北华田农业科技股份有限公司	2020.7.27
CNA014411G	CNA20191001766	水稻	春两优华占	中国农业科学院作物科学研究所、中国农业科学院深圳农业基因组研究所、中国水稻研究所	2020.7.27
CNA014412G	CNA20191001767	水稻	春两优534	中国农业科学院深圳农业基因组研究所、中国农业科学院作物科学研究所、广东省农业科学院水稻研究所	2020.7.27
CNA014413G	CNA20191001814	水稻	C两优新华粘	湖南永益农业科技发展有限公司	2020.7.27
CNA014414G	CNA20191001816	水稻	荣优新华粘	湖南永益农业科技发展有限公司	2020.7.27
CNA014415G	CNA20191001817	水稻	恒丰优银华粘	湖南永益农业科技发展有限公司	2020.7.27
CNA014416G	CNA20191001818	水稻	五优新华粘	湖南永益农业科技发展有限公司	2020.7.27
CNA014417G	CNA20191001819	水稻	泰优粤占	湖南永益农业科技发展有限公司	2020.7.27
CNA014418G	CNA20191001916	水稻	泸两优2840	四川川种种业有限责任公司、四川省农业科学院水稻高粱研究所	2020.7.27
CNA014419G	CNA20191002007	水稻	L6B	天津天隆科技股份有限公司	2020.7.27
CNA014420G	CNA20191002048	水稻	D两优722	袁隆平农业高科技股份有限公司、安徽隆平高科种业有限公司、湖南隆平高科种业科学研究院有限公司、湖南亚华种业科学研究院	2020.7.27
CNA014421G	CNA20191002061	水稻	泗稻18号	江苏省农业科学院宿迁农科所	2020.7.27
CNA014422G	CNA20191002073	水稻	华恢4456	袁隆平农业高科技股份有限公司、湖南亚华种业科学研究院、湖南隆平高科种业科学研究院有限公司	2020.7.27
CNA014423G	CNA20191002083	水稻	喜两优超占	安徽喜多收种业科技有限公司	2020.7.27
CNA014424G	CNA20191002092	水稻	龙粳1832	黑龙江省农业科学院水稻研究所	2020.7.27
CNA014425G	CNA20191002099	水稻	两优253	安徽绿亿种业有限公司	2020.7.27
CNA014426G	CNA20191002110	水稻	绿秀19	安徽绿亿种业有限公司	2020.7.27
CNA014427G	CNA20191002162	水稻	广恢466	广东省农业科学院水稻研究所	2020.7.27
CNA014428G	CNA20191002171	水稻	广恢792	广东省农业科学院水稻研究所	2020.7.27
CNA014429G	CNA20191002173	水稻	广恢5618	广东省农业科学院水稻研究所	2020.7.27

（续）

公告号	品种权号	植物种类	品种名称	品种权人	授权日
CNA014430G	CNA20191002178	水稻	广恢226	广东省农业科学院水稻研究所	2020.7.27
CNA014431G	CNA20191002179	水稻	2335S	武汉大学	2020.7.27
CNA014432G	CNA20191002210	水稻	龙粳2305	黑龙江省农业科学院水稻研究所	2020.7.27
CNA014433G	CNA20191002272	水稻	龙粳2317	黑龙江省农业科学院水稻研究所	2020.7.27
CNA014434G	CNA20191002318	水稻	龙粳2316	黑龙江省农业科学院水稻研究所	2020.7.27
CNA014435G	CNA20191002358	水稻	龙粳1833	黑龙江省农业科学院水稻研究所	2020.7.27
CNA014436G	CNA20191002361	水稻	龙粳1834	黑龙江省农业科学院水稻研究所	2020.7.27
CNA014437G	CNA20191002369	水稻	龙粳1841	黑龙江省农业科学院水稻研究所	2020.7.27
CNA014438G	CNA20191002371	水稻	龙粳1842	黑龙江省农业科学院水稻研究所	2020.7.27
CNA014439G	CNA20191002499	水稻	龙粳1837	黑龙江省农业科学院水稻研究所	2020.7.27
CNA014440G	CNA20191002683	水稻	神9优28	重庆中一种业有限公司	2020.7.27
CNA014441G	CNA20191002877	水稻	隆华703A	袁隆平农业高科技股份有限公司、湖南隆平高科种业科学研究院有限公司、湖南亚华种业科学研究院	2020.7.27
CNA014442G	CNA20191002878	水稻	晶锋8A	袁隆平农业高科技股份有限公司、湖南隆平高科种业科学研究院有限公司、湖南亚华种业科学研究院	2020.7.27
CNA014443G	CNA20191002879	水稻	隆锋18A	袁隆平农业高科技股份有限公司、湖南隆平高科种业科学研究院有限公司、湖南亚华种业科学研究院	2020.7.27
CNA014444G	CNA20191002880	水稻	晶沅42A	袁隆平农业高科技股份有限公司、湖南隆平高科种业科学研究院有限公司、湖南亚华种业科学研究院	2020.7.27
CNA014445G	CNA20191002881	水稻	晶湘57A	袁隆平农业高科技股份有限公司、湖南隆平高科种业科学研究院有限公司、湖南亚华种业科学研究院	2020.7.27
CNA014446G	CNA20191002882	水稻	锐5S	袁隆平农业高科技股份有限公司、湖南隆平高科种业科学研究院有限公司、湖南亚华种业科学研究院	2020.7.27
CNA014447G	CNA20191002883	水稻	华琦686S	袁隆平农业高科技股份有限公司、湖南隆平高科种业科学研究院有限公司、湖南亚华种业科学研究院	2020.7.27
CNA014448G	CNA20191002884	水稻	隆臻36S	袁隆平农业高科技股份有限公司、湖南隆平高科种业科学研究院有限公司、湖南亚华种业科学研究院	2020.7.27
CNA014449G	CNA20191002885	水稻	湘沅508S	袁隆平农业高科技股份有限公司、湖南隆平高科种业科学研究院有限公司、湖南亚华种业科学研究院	2020.7.27
CNA014450G	CNA20191002886	水稻	华泽621S	袁隆平农业高科技股份有限公司、湖南隆平高科种业科学研究院有限公司、湖南亚华种业科学研究院	2020.7.27

（续）

公告号	品种权号	植物种类	品种名称	品种权人	授权日
CNA014451G	CNA20191002902	水稻	龙粳1836	黑龙江省农业科学院水稻研究所	2020.7.27
CNA014452G	CNA20191002908	水稻	龙粳1831	黑龙江省农业科学院水稻研究所	2020.7.27
CNA014453G	CNA20191002968	水稻	龙粳1822	黑龙江省农业科学院水稻研究所	2020.7.27
CNA014454G	CNA20191003158	水稻	龙粳1823	黑龙江省农业科学院水稻研究所	2020.7.27
CNA014455G	CNA20191003162	水稻	龙粳1825	黑龙江省农业科学院水稻研究所	2020.7.27
CNA014456G	CNA20191003262	水稻	甜优1号	广西桂稻香农作物研究所有限公司	2020.7.27
CNA014457G	CNA20191003265	水稻	博Ⅲ优466	广东华茂高科种业有限公司	2020.7.27
CNA014458G	CNA20110281.3	玉米	京90110A2	北京市农林科学院	2020.7.27
CNA014459G	CNA20151127.5	玉米	A1789	中种国际种子有限公司	2020.7.27
CNA014460G	CNA20151161.2	玉米	迪卡110	中种国际种子有限公司	2020.7.27
CNA014461G	CNA20151162.1	玉米	迪卡638	中种国际种子有限公司	2020.7.27
CNA014462G	CNA20151623.4	玉米	辽3258	辽宁省农业科学院	2020.7.27
CNA014463G	CNA20151894.6	玉米	ZH08	南宁市正昊农业科学研究院、广西青青农业科技有限公司	2020.7.27
CNA014464G	CNA20151947.3	玉米	明科玉6号	江苏明天种业科技股份有限公司	2020.7.27
CNA014465G	CNA20151978.5	玉米	L236	安徽隆平高科种业有限公司	2020.7.27
CNA014466G	CNA20151995.4	玉米	敦玉323	中国农业科学院作物科学研究所	2020.7.27
CNA014467G	CNA20151996.3	玉米	中单105	中国农业科学院作物科学研究所	2020.7.27
CNA014468G	CNA20151999.0	玉米	CA345	中国农业科学院作物科学研究所	2020.7.27
CNA014469G	CNA20152000.5	玉米	CA364	中国农业科学院作物科学研究所	2020.7.27
CNA014470G	CNA20152001.4	玉米	CA622	中国农业科学院作物科学研究所	2020.7.27
CNA014471G	CNA20152002.3	玉米	CA810	中国农业科学院作物科学研究所	2020.7.27
CNA014472G	CNA20152059.5	玉米	H35499	丹东宏硕种业科技有限公司	2020.7.27
CNA014473G	CNA20160053.4	玉米	CB128	河北沧玉种业科技有限公司	2020.7.27
CNA014474G	CNA20160068.7	玉米	京SV19	北京市农林科学院	2020.7.27
CNA014475G	CNA20160069.6	玉米	京SV49	北京市农林科学院	2020.7.27
CNA014476G	CNA20160070.3	玉米	农科甜601	北京市农林科学院、深圳农科玉种业有限公司	2020.7.27
CNA014477G	CNA20160097.2	玉米	TQ5	沈阳特亦佳玉米科技有限公司	2020.7.27
CNA014478G	CNA20160098.1	玉米	TQ10	沈阳特亦佳玉米科技有限公司	2020.7.27
CNA014479G	CNA20160099.0	玉米	沈爆4号	沈阳农业大学	2020.7.27
CNA014480G	CNA20160131.0	玉米	H3356	莱州市太丰种业有限公司	2020.7.27
CNA014481G	CNA20160159.7	玉米	K253112	河南滑丰种业科技有限公司	2020.7.27

（续）

公告号	品种权号	植物种类	品种名称	品种权人	授权日
CNA014482G	CNA20160233.7	玉米	京科糯2000A	北京市农林科学院	2020.7.27
CNA014483G	CNA20160273.8	玉米	渝2676	重庆市农业科学院	2020.7.27
CNA014484G	CNA20160294.3	玉米	京B121142	北京市农林科学院	2020.7.27
CNA014485G	CNA20160295.2	玉米	京B120967	北京市农林科学院	2020.7.27
CNA014486G	CNA20160296.1	玉米	京B132952	北京市农林科学院	2020.7.27
CNA014487G	CNA20160297.0	玉米	京B133141	北京市农林科学院	2020.7.27
CNA014488G	CNA20160298.9	玉米	京B133186	北京市农林科学院	2020.7.27
CNA014489G	CNA20160299.8	玉米	京B133187	北京市农林科学院	2020.7.27
CNA014490G	CNA20160300.5	玉米	京B133283	北京市农林科学院	2020.7.27
CNA014491G	CNA20160301.4	玉米	京B133287	北京市农林科学院	2020.7.27
CNA014492G	CNA20160302.3	玉米	京B121378	北京市农林科学院	2020.7.27
CNA014493G	CNA20160303.2	玉米	京B121415	北京市农林科学院	2020.7.27
CNA014494G	CNA20160304.1	玉米	京B121602	北京市农林科学院	2020.7.27
CNA014495G	CNA20160305.0	玉米	京B122413	北京市农林科学院	2020.7.27
CNA014496G	CNA20160306.9	玉米	京B130255	北京市农林科学院	2020.7.27
CNA014497G	CNA20160307.8	玉米	京B130262	北京市农林科学院	2020.7.27
CNA014498G	CNA20160308.7	玉米	京B130269	北京市农林科学院	2020.7.27
CNA014499G	CNA20160309.6	玉米	京H113830	北京市农林科学院	2020.7.27
CNA014500G	CNA20160310.3	玉米	京H130199	北京市农林科学院	2020.7.27
CNA014501G	CNA20160311.2	玉米	京H130202	北京市农林科学院	2020.7.27
CNA014502G	CNA20160312.1	玉米	京H130295	北京市农林科学院	2020.7.27
CNA014503G	CNA20160313.0	玉米	京H130294	北京市农林科学院	2020.7.27
CNA014504G	CNA20160314.9	玉米	京科糯623	北京市农林科学院、深圳农科玉种业有限公司	2020.7.27
CNA014505G	CNA20160315.8	玉米	农科糯303	北京市农林科学院、深圳农科玉种业有限公司	2020.7.27
CNA014506G	CNA20160316.7	玉米	京科甜608	北京市农林科学院、深圳农科玉种业有限公司	2020.7.27
CNA014507G	CNA20160371.9	玉米	嫩单18号	黑龙江省农业科学院齐齐哈尔分院	2020.7.27
CNA014508G	CNA20160458.5	玉米	登科269	黑龙江省五大连池市富民种子集团有限公司	2020.7.27
CNA014509G	CNA20160490.5	玉米	NP2589	先正达参股股份有限公司	2020.7.27
CNA014510G	CNA20160494.1	玉米	美玉糯11号	海南绿川种苗有限公司	2020.7.27
CNA014511G	CNA20160548.7	玉米	MX1321	北京市农林科学院	2020.7.27

（续）

公告号	品种权号	植物种类	品种名称	品种权人	授权日
CNA014512G	CNA20160549.6	玉米	京X005	北京市农林科学院	2020.7.27
CNA014513G	CNA20160550.2	玉米	京X006	北京市农林科学院	2020.7.27
CNA014514G	CNA20160632.4	玉米	A11	济南安科种业有限公司	2020.7.27
CNA014515G	CNA20160740.3	玉米	HR7811	黑龙江省农业科学院玉米研究所	2020.7.27
CNA014516G	CNA20160742.1	玉米	HRU322	黑龙江省农业科学院玉米研究所	2020.7.27
CNA014517G	CNA20160761.7	玉米	京科糯2000K	北京市农林科学院、深圳农科玉种业有限公司	2020.7.27
CNA014518G	CNA20160782.2	玉米	秋乐308	河南秋乐种业科技股份有限公司	2020.7.27
CNA014519G	CNA20160783.1	玉米	秋乐368	河南秋乐种业科技股份有限公司	2020.7.27
CNA014520G	CNA20160856.3	玉米	HA5243	中地种业（集团）有限公司	2020.7.27
CNA014521G	CNA20160938.5	玉米	金镶玉302	郑州金镶玉种业科技有限公司	2020.7.27
CNA014522G	CNA20160942.9	玉米	Y1033	山东省农业科学院玉米研究所	2020.7.27
CNA014523G	CNA20160943.8	玉米	LxP4213	山东省农业科学院玉米研究所	2020.7.27
CNA014524G	CNA20160956.2	玉米	万盛69	河北冠虎农业科技有限公司	2020.7.27
CNA014525G	CNA20160959.9	玉米	OH1925	天津中天大地科技有限公司	2020.7.27
CNA014526G	CNA20161130.9	玉米	爱瑞特101	郑州爱瑞特生物科技有限公司	2020.7.27
CNA014527G	CNA20161132.7	玉米	爱瑞特394	郑州爱瑞特生物科技有限公司	2020.7.27
CNA014528G	CNA20161133.6	玉米	爱瑞特501	郑州爱瑞特生物科技有限公司	2020.7.27
CNA014529G	CNA20161176.4	玉米	DVS127	北京金色农华种业科技股份有限公司	2020.7.27
CNA014530G	CNA20161177.3	玉米	NS9097	北京金色农华种业科技股份有限公司	2020.7.27
CNA014531G	CNA20161272.7	玉米	T808	内蒙古蒙新农种业有限责任公司	2020.7.27
CNA014532G	CNA20161273.6	玉米	T808B	内蒙古蒙新农种业有限责任公司	2020.7.27
CNA014533G	CNA20161322.7	玉米	PH1W86	先锋国际良种公司	2020.7.27
CNA014534G	CNA20161419.1	玉米	先玉1553	先锋国际良种公司	2020.7.27
CNA014535G	CNA20161449.5	玉米	利单559	利马格兰欧洲	2020.7.27
CNA014536G	CNA20161450.1	玉米	利单588	利马格兰欧洲	2020.7.27
CNA014537G	CNA20161537.8	玉米	太玉811	山西中农赛博种业有限公司	2020.7.27
CNA014538G	CNA20161603.7	玉米	先达607	先正达（中国）投资有限公司	2020.7.27
CNA014539G	CNA20161748.3	玉米	DZ01	湖北腾龙种业有限公司	2020.7.27
CNA014540G	CNA20161838.4	玉米	峰单189	内蒙古蒙龙种业科技有限公司	2020.7.27
CNA014541G	CNA20162091.4	玉米	C1216	中种国际种子有限公司	2020.7.27
CNA014542G	CNA20162092.3	玉米	S1651	中种国际种子有限公司	2020.7.27

（续）

公告号	品种权号	植物种类	品种名称	品种权人	授权日
CNA014543G	CNA20170258.6	玉米	祺华703	北京联创种业有限公司、甘肃祺华种业有限公司	2020.7.27
CNA014544G	CNA20170259.5	玉米	嘉禧100	河南隆平联创农业科技有限公司、北京联创种业有限公司	2020.7.27
CNA014545G	CNA20170261.1	玉米	联创866	北京联创种业有限公司	2020.7.27
CNA014546G	CNA20170270.0	玉米	隆禧109	北京联创种业有限公司、河南隆平联创农业科技有限公司	2020.7.27
CNA014547G	CNA20170790.1	玉米	科沃674	科沃施种子欧洲股份两合公司	2020.7.27
CNA014548G	CNA20170916.0	玉米	联创796	北京联创种业有限公司	2020.7.27
CNA014549G	CNA20172057.5	玉米	迪卡012	中种国际种子有限公司	2020.7.27
CNA014550G	CNA20172232.3	玉米	禾茂808	河南宝景农业科技有限公司	2020.7.27
CNA014551G	CNA20173019.0	玉米	隆单1604	四川隆平高科种业有限公司	2020.7.27
CNA014552G	CNA20180973.9	玉米	新6	河南省新乡市农业科学院	2020.7.27
CNA014553G	CNA20181013.9	玉米	惠民380	湖北惠民农业科技有限公司	2020.7.27
CNA014554G	CNA20181328.9	玉米	九粟907	北京粒隆种业科技有限公司	2020.7.27
CNA014555G	CNA20181389.5	玉米	登海111	山东登海种业股份有限公司	2020.7.27
CNA014556G	CNA20181394.8	玉米	德科622	德农种业股份公司	2020.7.27
CNA014557G	CNA20181493.8	玉米	邢玉381	邢台市农业科学研究院	2020.7.27
CNA014558G	CNA20181841.7	玉米	北农青贮3651	北京农学院	2020.7.27
CNA014559G	CNA20181872.9	玉米	浚单1618	鹤壁市农业科学院	2020.7.27
CNA014560G	CNA20182068.1	玉米	统率001	石家庄市统帅农业科技有限公司	2020.7.27
CNA014561G	CNA20182069.0	玉米	宏瑞101	河北宏瑞种业有限公司	2020.7.27
CNA014562G	CNA20182070.7	玉米	宏瑞158	河北宏瑞种业有限公司	2020.7.27
CNA014563G	CNA20182071.6	玉米	宏瑞300	河北宏瑞种业有限公司	2020.7.27
CNA014564G	CNA20182072.5	玉米	宏瑞1788	河北宏瑞种业有限公司	2020.7.27
CNA014565G	CNA20182198.4	玉米	先玉1468	先锋国际良种公司	2020.7.27
CNA014566G	CNA20182199.3	玉米	先玉1561	先锋国际良种公司	2020.7.27
CNA014567G	CNA20182420.4	玉米	宽诚361	河北省宽城种业有限责任公司	2020.7.27
CNA014568G	CNA20182988.8	玉米	C783	河南省豫玉种业股份有限公司	2020.7.27
CNA014569G	CNA20183139.4	玉米	金博士873	河南金博士种业股份有限公司	2020.7.27
CNA014570G	CNA20183216.0	玉米	强盛557	山西强盛种业有限公司	2020.7.27
CNA014571G	CNA20183218.8	玉米	强盛559	山西强盛种业有限公司	2020.7.27
CNA014572G	CNA20183219.7	玉米	强盛538	山西强盛种业有限公司	2020.7.27

（续）

公告号	品种权号	植物种类	品种名称	品种权人	授权日
CNA014573G	CNA20183236.6	玉米	巡玉608	河北巡天农业科技有限公司、王　飞、李中华、周华安、郭泓鋆、王　一	2020.7.27
CNA014574G	CNA20183303.4	玉米	天宇502	河北巡天农业科技有限公司、四川天宇种业有限责任公司、何　松、王　飞、王　一、石玉琴、谢庆艳、何　新、陈常旭	2020.7.27
CNA014575G	CNA20183684.3	玉米	XHA01	南通大学、南通新禾生物技术有限公司	2020.7.27
CNA014576G	CNA20183685.2	玉米	XHB03	南通大学、南通新禾生物技术有限公司	2020.7.27
CNA014577G	CNA20183686.1	玉米	GBL05	南通大学、南通新禾生物技术有限公司	2020.7.27
CNA014578G	CNA20183687.0	玉米	GBL08	南通大学、南通新禾生物技术有限公司	2020.7.27
CNA014579G	CNA20183849.5	玉米	陕单650	西北农林科技大学	2020.7.27
CNA014580G	CNA20184198.0	玉米	永优1593	河南永优种业科技有限公司、鹤壁市农业科学院	2020.7.27
CNA014581G	CNA20184327.4	玉米	陕单619	西北农林科技大学	2020.7.27
CNA014582G	CNA20184328.3	玉米	陕单653	西北农林科技大学	2020.7.27
CNA014583G	CNA20184330.9	玉米	陕单638	西北农林科技大学	2020.7.27
CNA014584G	CNA20184332.7	玉米	陕单620	西北农林科技大学	2020.7.27
CNA014585G	CNA20184386.2	玉米	先达503	先正达参股股份有限公司	2020.7.27
CNA014586G	CNA20184415.7	玉米	A195	郑州爱瑞特生物科技有限公司	2020.7.27
CNA014587G	CNA20184416.6	玉米	A548	郑州爱瑞特生物科技有限公司	2020.7.27
CNA014588G	CNA20184564.6	玉米	先达103	先正达参股股份有限公司	2020.7.27
CNA014589G	CNA20184566.4	玉米	先达212	先正达参股股份有限公司	2020.7.27
CNA014590G	CNA20184613.7	玉米	SD375	绵阳市涪城区山地农作物研究所	2020.7.27
CNA014591G	CNA20184685.0	玉米	CM77	葫芦岛市明玉种业有限责任公司	2020.7.27
CNA014592G	CNA20184746.7	玉米	中农大678	中国农业大学	2020.7.27
CNA014593G	CNA20191000017	玉米	敦玉623	甘肃省敦煌种业集团股份有限公司	2020.7.27
CNA014594G	CNA20191000048	玉米	伟玉178	郑州伟玉良种科技有限公司	2020.7.27
CNA014595G	CNA20191000085	玉米	宏硕635	丹东市振安区丹兴玉米育种研究所	2020.7.27
CNA014596G	CNA20191000162	玉米	斯达甜220	北京中农斯达农业科技开发有限公司	2020.7.27
CNA014597G	CNA20191000172	玉米	U京科968	北京市农林科学院	2020.7.27
CNA014598G	CNA20191000174	玉米	Y京科968	北京市农林科学院	2020.7.27

（续）

公告号	品种权号	植物种类	品种名称	品种权人	授权日
CNA014599G	CNA20191000178	玉米	京科968C	北京市农林科学院	2020.7.27
CNA014600G	CNA20191000179	玉米	京92C	北京市农林科学院	2020.7.27
CNA014601G	CNA20191000191	玉米	敦玉28	甘肃省敦煌种业集团股份有限公司	2020.7.27
CNA014602G	CNA20191000230	玉米	豫丰10	河南省豫丰种业有限公司	2020.7.27
CNA014603G	CNA20191000243	玉米	先达712	先正达参股股份有限公司	2020.7.27
CNA014604G	CNA20191000286	玉米	伟玉611	郑州伟玉良种科技有限公司	2020.7.27
CNA014605G	CNA20191000302	玉米	MC979	北京市农林科学院	2020.7.27
CNA014606G	CNA20191000397	玉米	亨达568	吉林省亨达种业有限公司	2020.7.27
CNA014607G	CNA20191000473	玉米	京科978	北京市农林科学院、 内蒙古蒙龙种业科技有限公司	2020.7.27
CNA014608G	CNA20191000506	玉米	双惠90	山西省原平市双惠种业有限公司	2020.7.27
CNA014609G	CNA20191000566	玉米	庆玉9号	河南平安种业有限公司	2020.7.27
CNA014610G	CNA20191000567	玉米	美加605	中地种业（集团）有限公司	2020.7.27
CNA014611G	CNA20191000612	玉米	陕科16	宝鸡迪兴农业科技有限公司	2020.7.27
CNA014612G	CNA20191000688	玉米	滑玉698	河南滑丰种业科技有限公司	2020.7.27
CNA014613G	CNA20191000703	玉米	恒硕167	北京新实泓丰种业有限公司	2020.7.27
CNA014614G	CNA20191000706	玉米	丰乐367	合肥丰乐种业股份有限公司	2020.7.27
CNA014615G	CNA20191000747	玉米	兆育17	河北兆育种业有限公司、 石家庄高新区源申科技有限公司	2020.7.27
CNA014616G	CNA20191000748	玉米	兆育25	河北兆育种业有限公司、 石家庄高新区源申科技有限公司	2020.7.27
CNA014617G	CNA20191000749	玉米	兆育11	河北兆育种业有限公司、 石家庄高新区源申科技有限公司	2020.7.27
CNA014618G	CNA20191000784	玉米	漯玉16	漯河市农业科学院	2020.7.27
CNA014619G	CNA20191000789	玉米	登海6188	山东登海华玉种业有限公司、 河南登海正粮种业有限公司	2020.7.27
CNA014620G	CNA20191000790	玉米	来玉317	山东登海华玉种业有限公司	2020.7.27
CNA014621G	CNA20191000794	玉米	稳玉69	河南秀青种业有限公司	2020.7.27
CNA014622G	CNA20191000795	玉米	XQ78	河南秀青种业有限公司	2020.7.27
CNA014623G	CNA20191000801	玉米	裕华402	承德裕丰种业有限公司、 山东神华种业有限公司	2020.7.27
CNA014624G	CNA20191000802	玉米	玉丰613	承德裕丰种业有限公司	2020.7.27
CNA014625G	CNA20191000803	玉米	裕丰623	承德裕丰种业有限公司	2020.7.27
CNA014626G	CNA20191000804	玉米	裕丰621	承德裕丰种业有限公司	2020.7.27
CNA014627G	CNA20191000839	玉米	中农大787	中国农业大学	2020.7.27
CNA014628G	CNA20191000842	玉米	Q京科968	北京市农林科学院	2020.7.27

（续）

公告号	品种权号	植物种类	品种名称	品种权人	授权日
CNA014629G	CNA20191000850	玉米	龙垦1110	北大荒垦丰种业股份有限公司	2020.7.27
CNA014630G	CNA20191000859	玉米	中地103	中地种业（集团）有限公司	2020.7.27
CNA014631G	CNA20191000874	玉米	硕秋176	北京市农林科学院、德农种业股份公司	2020.7.27
CNA014632G	CNA20191000891	玉米	中农大918	中国农业大学	2020.7.27
CNA014633G	CNA20191000900	玉米	农华178	北京金色丰度种业科技有限公司、北京金色农华种业科技股份有限公司	2020.7.27
CNA014634G	CNA20191000931	玉米	耕玉337	中地种业（集团）有限公司	2020.7.27
CNA014635G	CNA20191000936	玉米	君实658	山西君实种业科技有限公司	2020.7.27
CNA014636G	CNA20191000937	玉米	君实618	山西君实种业科技有限公司	2020.7.27
CNA014637G	CNA20191000965	玉米	TML418	云南田瑞种业有限公司	2020.7.27
CNA014638G	CNA20191000988	玉米	江玉916	安徽源隆生态农业有限公司	2020.7.27
CNA014639G	CNA20191000992	玉米	渭玉321	陕西天丞禾农业科技有限公司	2020.7.27
CNA014640G	CNA20191001091	玉米	梅亚8022	黑龙江梅亚种业有限公司	2020.7.27
CNA014641G	CNA20191001095	玉米	粟丰698	河北粟神种子科技有限公司	2020.7.27
CNA014642G	CNA20191001163	玉米	垦玉1608	甘肃农垦良种有限责任公司	2020.7.27
CNA014643G	CNA20191001190	玉米	泽玉517	吉林省宏泽现代农业有限公司	2020.7.27
CNA014644G	CNA20191001206	玉米	新69	河南省新乡市农业科学院	2020.7.27
CNA014645G	CNA20191001216	玉米	中禾968	河南省中禾种业有限公司	2020.7.27
CNA014646G	CNA20191001226	玉米	云瑞1815	云南省农业科学院粮食作物研究所	2020.7.27
CNA014647G	CNA20191001238	玉米	云瑞668	云南田瑞种业有限公司	2020.7.27
CNA014648G	CNA20191001242	玉米	京品450	北京谷德玮国际农业技术研究院、河南平安种业有限公司	2020.7.27
CNA014649G	CNA20191001259	玉米	中元505	中地种业（集团）有限公司	2020.7.27
CNA014650G	CNA20191001318	玉米	晶白甜糯	江苏润扬种业股份有限公司、南京市蔬菜科学研究所	2020.7.27
CNA014651G	CNA20191001368	玉米	秋乐519	河南秋乐种业科技股份有限公司	2020.7.27
CNA014652G	CNA20191001382	玉米	秋乐117	河南秋乐种业科技股份有限公司	2020.7.27
CNA014653G	CNA20191001389	玉米	珺中707	河北珺中农业科技有限公司	2020.7.27
CNA014654G	CNA20191001394	玉米	金世纪3358	安徽金世纪农业科技有限公司	2020.7.27
CNA014655G	CNA20191001432	玉米	先达718	先正达参股股份有限公司	2020.7.27
CNA014656G	CNA20191001452	玉米	秀青871	河南秀青种业有限公司	2020.7.27
CNA014657G	CNA20191001482	玉米	豪威568	武威豪威田园种业有限责任公司	2020.7.27
CNA014658G	CNA20191001494	玉米	衡玉147	河北省农林科学院旱作农业研究所	2020.7.27
CNA014659G	CNA20191001499	玉米	棒博士76	河南秀青种业有限公司	2020.7.27

（续）

公告号	品种权号	植物种类	品种名称	品种权人	授权日
CNA014660G	CNA20191001523	玉米	庆红509	广西农业职业技术学院	2020.7.27
CNA014661G	CNA20191001547	玉米	北斗303	黑龙江天权农业科技有限公司	2020.7.27
CNA014662G	CNA20191001573	玉米	郑单2265	河南省农业科学院	2020.7.27
CNA014663G	CNA20191001587	玉米	黑3105	黑龙江省农业科学院玉米研究所	2020.7.27
CNA014664G	CNA20191001588	玉米	龙单81	黑龙江省农业科学院玉米研究所	2020.7.27
CNA014665G	CNA20191001591	玉米	晶彩甜糯	江苏润扬种业股份有限公司、南京市蔬菜科学研究所	2020.7.27
CNA014666G	CNA20191001592	玉米	九粟910	北京粒隆种业科技有限公司	2020.7.27
CNA014667G	CNA20191001595	玉米	宿单617	宿州市农业科学院	2020.7.27
CNA014668G	CNA20191001616	玉米	金泉768	广西万千种业有限公司	2020.7.27
CNA014669G	CNA20191001626	玉米	华皖279	安徽隆平高科种业有限公司	2020.7.27
CNA014670G	CNA20191001627	玉米	华皖280	安徽隆平高科种业有限公司	2020.7.27
CNA014671G	CNA20191001629	玉米	隆平205	安徽隆平高科种业有限公司	2020.7.27
CNA014672G	CNA20191001634	玉米	石玉15号	石家庄市农林科学研究院	2020.7.27
CNA014673G	CNA20191001635	玉米	德丰c919	石家庄市农林科学研究院	2020.7.27
CNA014674G	CNA20191001636	玉米	金玉151	石家庄市农林科学研究院	2020.7.27
CNA014675G	CNA20191001644	玉米	粒隆118	北京粒隆种业科技有限公司	2020.7.27
CNA014676G	CNA20191001645	玉米	九粟702	北京粒隆种业科技有限公司、河南省谷德丰农业科技有限公司	2020.7.27
CNA014677G	CNA20191001646	玉米	九粟904	北京粒隆种业科技有限公司、河南省谷德丰农业科技有限公司	2020.7.27
CNA014678G	CNA20191001647	玉米	粒隆128	北京粒隆种业科技有限公司	2020.7.27
CNA014679G	CNA20191001677	玉米	隆平938	安徽隆平高科种业有限公司	2020.7.27
CNA014680G	CNA20191001693	玉米	粒农16	新乡市粒丰农科有限公司	2020.7.27
CNA014681G	CNA20191001705	玉米	翔玉988	吉林省鸿翔农业集团鸿翔种业有限公司	2020.7.27
CNA014682G	CNA20191001759	玉米	GFY2378	白银谷丰源玉米种植研究所	2020.7.27
CNA014683G	CNA20191001768	玉米	必祥216	北京华农伟业种子科技有限公司	2020.7.27
CNA014684G	CNA20191001769	玉米	B6901	北京华农伟业种子科技有限公司	2020.7.27
CNA014685G	CNA20191001770	玉米	B2291	北京华农伟业种子科技有限公司	2020.7.27
CNA014686G	CNA20191001796	玉米	G2095	北京华农伟业种子科技有限公司	2020.7.27
CNA014687G	CNA20191001797	玉米	G3251	北京华农伟业种子科技有限公司	2020.7.27
CNA014688G	CNA20191001810	玉米	ZD533	中地种业（集团）有限公司	2020.7.27
CNA014689G	CNA20191001821	玉米	梅亚1602	黑龙江梅亚种业有限公司	2020.7.27
CNA014690G	CNA20191001830	玉米	兆育135	河北兆育种业有限公司	2020.7.27

（续）

公告号	品种权号	植物种类	品种名称	品种权人	授权日
CNA014691G	CNA20191001835	玉米	德科620	德农种业股份公司	2020.7.27
CNA014692G	CNA20191001837	玉米	统率707	石家庄市统帅农业科技有限公司	2020.7.27
CNA014693G	CNA20191001844	玉米	兆育162	河北兆育种业有限公司	2020.7.27
CNA014694G	CNA20191001849	玉米	兆育169	河北兆育种业有限公司	2020.7.27
CNA014695G	CNA20191001851	玉米	兆育160	河北兆育种业有限公司	2020.7.27
CNA014696G	CNA20191001855	玉米	中地159	中地种业（集团）有限公司	2020.7.27
CNA014697G	CNA20191001856	玉米	宏瑞401	河北宏瑞种业有限公司	2020.7.27
CNA014698G	CNA20191001898	玉米	德单126	德农种业股份公司	2020.7.27
CNA014699G	CNA20191001899	玉米	德单145	德农种业股份公司	2020.7.27
CNA014700G	CNA20191001934	玉米	陇青贮1号	甘肃省农业科学院作物研究所	2020.7.27
CNA014701G	CNA20191001935	玉米	德单160	德农种业股份公司	2020.7.27
CNA014702G	CNA20191001936	玉米	圣泰808	长春圣泰种业科技有限公司	2020.7.27
CNA014703G	CNA20191001973	玉米	陇单606	甘肃省农业科学院作物研究所	2020.7.27
CNA014704G	CNA20191002037	玉米	伟育601	郑州伟玉良种科技有限公司	2020.7.27
CNA014705G	CNA20191002039	玉米	漯7007	漯河市农业科学院	2020.7.27
CNA014706G	CNA20191002070	玉米	萃甜618	南京绿领种业有限公司	2020.7.27
CNA014707G	CNA20191002084	玉米	吉单868	长春圣泰种业科技有限公司	2020.7.27
CNA014708G	CNA20191002091	玉米	正红431	四川农大正红生物技术有限责任公司	2020.7.27
CNA014709G	CNA20191002095	玉米	萃甜216	南京绿领种业有限公司	2020.7.27
CNA014710G	CNA20191002103	玉米	农大383	宋国宏	2020.7.27
CNA014711G	CNA20191002150	玉米	中玉303	中国农业科学院作物科学研究所	2020.7.27
CNA014712G	CNA20191002172	玉米	冠玉507	山东冠丰种业科技有限公司	2020.7.27
CNA014713G	CNA20191002174	玉米	冠玉911	山东冠丰种业科技有限公司	2020.7.27
CNA014714G	CNA20191002204	玉米	惠农609	山东中农汇德丰种业科技有限公司	2020.7.27
CNA014715G	CNA20191002274	玉米	玉迪601	河南省中元种业科技有限公司	2020.7.27
CNA014716G	CNA20191002353	玉米	松玉435	长春圣泰种业科技有限公司	2020.7.27
CNA014717G	CNA20191002354	玉米	河洛158	洛阳农林科学院、 洛阳市中垦种业科技有限公司	2020.7.27
CNA014718G	CNA20191002357	玉米	金谷137	洛阳农林科学院	2020.7.27
CNA014719G	CNA20191002364	玉米	GRL73691	广西壮族自治区农业科学院玉米研究所	2020.7.27
CNA014720G	CNA20191002366	玉米	GRL117	广西壮族自治区农业科学院玉米研究所	2020.7.27
CNA014721G	CNA20191002367	玉米	GRL7310	广西壮族自治区农业科学院玉米研究所	2020.7.27
CNA014722G	CNA20191002368	玉米	GRL17901	广西壮族自治区农业科学院玉米研究所	2020.7.27

（续）

公告号	品种权号	植物种类	品种名称	品种权人	授权日
CNA014723G	CNA20191002381	玉米	迈新276	安徽隆平高科种业有限公司	2020.7.27
CNA014724G	CNA20191002385	玉米	智研288	安徽隆平高科种业有限公司	2020.7.27
CNA014725G	CNA20191002390	玉米	隆平638	安徽隆平高科种业有限公司	2020.7.27
CNA014726G	CNA20191002423	玉米	登海先锋161	先锋国际良种公司、山东登海种业股份有限公司	2020.7.27
CNA014727G	CNA20191002425	玉米	登海先锋165	先锋国际良种公司、山东登海种业股份有限公司	2020.7.27
CNA014728G	CNA20191002443	玉米	先玉1653	先锋国际良种公司	2020.7.27
CNA014729G	CNA20191002450	玉米	先玉1655	先锋国际良种公司	2020.7.27
CNA014730G	CNA20191002479	玉米	同玉008	山西省农业科学院高寒区作物研究所	2020.7.27
CNA014731G	CNA20191002502	玉米	秋乐107	河南秋乐种业科技股份有限公司	2020.7.27
CNA014732G	CNA20191002523	玉米	蠡玉135	石家庄蠡玉科技开发有限公司	2020.7.27
CNA014733G	CNA20191002530	玉米	榆单2275	陕西大地种业（集团）有限公司	2020.7.27
CNA014734G	CNA20191002584	玉米	先玉1715	先锋国际良种公司	2020.7.27
CNA014735G	CNA20191002585	玉米	先玉1781	先锋国际良种公司	2020.7.27
CNA014736G	CNA20191002586	玉米	先玉1718	先锋国际良种公司	2020.7.27
CNA014737G	CNA20191002587	玉米	先玉1710	先锋国际良种公司	2020.7.27
CNA014738G	CNA20191002593	玉米	先玉1739	先锋国际良种公司	2020.7.27
CNA014739G	CNA20191002628	玉米	蠡玉151	石家庄蠡玉科技开发有限公司	2020.7.27
CNA014740G	CNA20191002630	玉米	蠡玉126	石家庄蠡玉科技开发有限公司	2020.7.27
CNA014741G	CNA20191002655	玉米	兆育125	石家庄蠡玉科技开发有限公司	2020.7.27
CNA014742G	CNA20191002663	玉米	先玉1726	先锋国际良种公司	2020.7.27
CNA014743G	CNA20191002666	玉米	先玉1732	先锋国际良种公司	2020.7.27
CNA014744G	CNA20191002670	玉米	先玉1731	先锋国际良种公司	2020.7.27
CNA014745G	CNA20191002723	玉米	先玉1688	先锋国际良种公司	2020.7.27
CNA014746G	CNA20191002726	玉米	先玉1686	先锋国际良种公司	2020.7.27
CNA014747G	CNA20191002752	玉米	统率301	石家庄市统帅农业科技有限公司	2020.7.27
CNA014748G	CNA20191002756	玉米	华鲁9X	山东思农农业科技有限公司	2020.7.27
CNA014749G	CNA20191002770	玉米	统率798	石家庄市统帅农业科技有限公司	2020.7.27
CNA014750G	CNA20191002776	玉米	希普18	石家庄希普天苑种业有限公司	2020.7.27
CNA014751G	CNA20191002894	玉米	WZ018	陕西天丞禾农业科技有限公司	2020.7.27
CNA014752G	CNA20191003000	玉米	先玉1552	先锋国际良种公司	2020.7.27
CNA014753G	CNA20191003046	玉米	先玉1779	先锋国际良种公司	2020.7.27

（续）

公告号	品种权号	植物种类	品种名称	品种权人	授权日
CNA014754G	CNA20191003051	玉米	先玉1778	先锋国际良种公司	2020.7.27
CNA014755G	CNA20191003064	玉米	先玉1772	先锋国际良种公司	2020.7.27
CNA014756G	CNA20191003065	玉米	先玉1568	先锋国际良种公司	2020.7.27
CNA014757G	CNA20191003075	玉米	先玉1758	先锋国际良种公司	2020.7.27
CNA014758G	CNA20191003076	玉米	先玉1770	先锋国际良种公司	2020.7.27
CNA014759G	CNA20191003164	玉米	先玉1798	先锋国际良种公司	2020.7.27
CNA014760G	CNA20191003227	玉米	先玉1771	先锋国际良种公司	2020.7.27
CNA014761G	CNA20191003229	玉米	先玉1681	先锋国际良种公司	2020.7.27
CNA014762G	CNA20191003238	玉米	先玉1705	先锋国际良种公司	2020.7.27
CNA014763G	CNA20191003291	玉米	先玉1762	先锋国际良种公司	2020.7.27
CNA014764G	CNA20191003406	玉米	汉单175	湖北省种子集团有限公司	2020.7.27
CNA014765G	CNA20191003867	玉米	益嘉丰138	山西益嘉丰农业开发有限公司	2020.7.27
CNA014766G	CNA20141005.3	普通小麦	克春8号	黑龙江省农业科学院克山分院	2020.7.27
CNA014767G	CNA20150675.3	普通小麦	龙麦37	黑龙江省农业科学院作物育种研究所	2020.7.27
CNA014768G	CNA20150676.2	普通小麦	龙麦39	黑龙江省农业科学院作物育种研究所	2020.7.27
CNA014769G	CNA20151041.8	普通小麦	漯麦18	漯河市农业科学院	2020.7.27
CNA014770G	CNA20151241.6	普通小麦	宁麦资126	江苏省农业科学院	2020.7.27
CNA014771G	CNA20151319.3	普通小麦	宁麦资1146	江苏省农业科学院	2020.7.27
CNA014772G	CNA20151773.2	普通小麦	秦农578	宝鸡市农业科学研究所	2020.7.27
CNA014773G	CNA20160404.0	普通小麦	龙麦40	黑龙江省农业科学院作物育种研究所	2020.7.27
CNA014774G	CNA20160609.3	普通小麦	济麦32	山东省农业科学院作物研究所、山东鲁研农业良种有限公司	2020.7.27
CNA014775G	CNA20160758.2	普通小麦	淮麦38	江苏徐淮地区淮阴农业科学研究所	2020.7.27
CNA014776G	CNA20160784.0	普通小麦	泰科麦33	泰安市农业科学研究院	2020.7.27
CNA014777G	CNA20160873.2	普通小麦	红地166	济宁红地种业有限责任公司	2020.7.27
CNA014778G	CNA20160914.3	普通小麦	陈明9	陈　明	2020.7.27
CNA014779G	CNA20160934.9	普通小麦	泰农33	泰安登海五岳泰山种业有限公司	2020.7.27
CNA014780G	CNA20160946.5	普通小麦	安农1012糯	安徽农业大学	2020.7.27
CNA014781G	CNA20160947.4	普通小麦	安农1019糯	安徽农业大学	2020.7.27
CNA014782G	CNA20161048.0	普通小麦	荃麦725	安徽省农业科学院作物研究所	2020.7.27
CNA014783G	CNA20161095.2	普通小麦	泛麦7030	河南黄泛区地神种业有限公司	2020.7.27
CNA014784G	CNA20161124.7	普通小麦	金来32	山东金来种业有限公司	2020.7.27
CNA014785G	CNA20161136.3	普通小麦	苏麦11	江苏丰庆种业科技有限公司	2020.7.27

（续）

公告号	品种权号	植物种类	品种名称	品种权人	授权日
CNA014786G	CNA20161162.0	普通小麦	明麦133	江苏明天种业科技股份有限公司	2020.7.27
CNA014787G	CNA20161233.5	普通小麦	妹先超1号	刘善河	2020.7.27
CNA014788G	CNA20161303.0	普通小麦	淮麦40	江苏徐淮地区淮阴农业科学研究所	2020.7.27
CNA014789G	CNA20161312.9	普通小麦	新麦36	河南省新乡市农业科学院	2020.7.27
CNA014790G	CNA20161506.5	普通小麦	圣麦102	山东圣丰种业科技有限公司	2020.7.27
CNA014791G	CNA20161560.8	普通小麦	圣麦101	山东圣丰种业科技有限公司	2020.7.27
CNA014792G	CNA20161561.7	普通小麦	圣麦106	山东圣丰种业科技有限公司	2020.7.27
CNA014793G	CNA20161563.5	普通小麦	圣麦108	山东圣丰种业科技有限公司	2020.7.27
CNA014794G	CNA20161564.4	普通小麦	国红6号	合肥国丰农业科技有限公司	2020.7.27
CNA014795G	CNA20161595.7	普通小麦	乐麦Z807	合肥丰乐种业股份有限公司	2020.7.27
CNA014796G	CNA20161600.0	普通小麦	川麦603	四川省农业科学院作物研究所	2020.7.27
CNA014797G	CNA20161609.1	普通小麦	农麦126	江苏神农大丰种业科技有限公司	2020.7.27
CNA014798G	CNA20161613.5	普通小麦	菏麦19	山东科源种业有限公司	2020.7.27
CNA014799G	CNA20161619.9	普通小麦	太麦198	泰安市泰山区久和作物研究所	2020.7.27
CNA014800G	CNA20161684.9	普通小麦	晋麦101号	山西省农业科学院小麦研究所	2020.7.27
CNA014801G	CNA20161685.8	普通小麦	晋麦102号	山西省农业科学院小麦研究所	2020.7.27
CNA014802G	CNA20161687.6	普通小麦	郑品麦25号	河南金苑种业股份有限公司、 新乡市金苑邦达富农业科技有限公司	2020.7.27
CNA014803G	CNA20161689.4	普通小麦	郑品优9号	河南金苑种业股份有限公司、 河南省科学院同位素研究所有限责任公司、 新乡市金苑邦达富农业科技有限公司	2020.7.27
CNA014804G	CNA20161766.0	普通小麦	苏泰麦1号	江苏红旗种业股份有限公司	2020.7.27
CNA014805G	CNA20161803.5	普通小麦	皖新麦05012	房春兴	2020.7.27
CNA014806G	CNA20161809.9	普通小麦	亿麦88号	阳信亿兴粮食种植专业合作社	2020.7.27
CNA014807G	CNA20161847.3	普通小麦	镇麦15	江苏丘陵地区镇江农业科学研究所	2020.7.27
CNA014808G	CNA20161886.5	普通小麦	农丰111	山东圣丰种业科技有限公司	2020.7.27
CNA014809G	CNA20161946.3	普通小麦	邯115272	邯郸市农业科学院	2020.7.27
CNA014810G	CNA20162003.1	普通小麦	小偃153	中国科学院遗传与发育生物学研究所	2020.7.27
CNA014811G	CNA20162116.5	普通小麦	粮源A1	漯河市粮源农业科学院、 河南省粮源农业发展有限公司	2020.7.27
CNA014812G	CNA20162117.4	普通小麦	粮源A8	漯河市粮源农业科学院、 河南省粮源农业发展有限公司	2020.7.27
CNA014813G	CNA20162145.0	普通小麦	中麦247	中国农业科学院棉花研究所、 中国农业科学院作物科学研究所	2020.7.27

（续）

公告号	品种权号	植物种类	品种名称	品种权人	授权日
CNA014814G	CNA20162268.1	普通小麦	天谷2号	河南天之谷农业科技有限公司	2020.7.27
CNA014815G	CNA20162395.7	普通小麦	中信麦58	河北众人信农业科技股份有限公司	2020.7.27
CNA014816G	CNA20162397.5	普通小麦	中黑麦6号	河北众人信农业科技股份有限公司	2020.7.27
CNA014817G	CNA20162398.4	普通小麦	中蓝麦1号	河北众人信农业科技股份有限公司	2020.7.27
CNA014818G	CNA20162400.0	普通小麦	中信麦78	河北众人信农业科技股份有限公司	2020.7.27
CNA014819G	CNA20162401.9	普通小麦	西途555	河北众人信农业科技股份有限公司	2020.7.27
CNA014820G	CNA20162402.8	普通小麦	衡4568	河北省农林科学院旱作农业研究所	2020.7.27
CNA014821G	CNA20170026.7	普通小麦	泰科麦31	泰安市农业科学研究院	2020.7.27
CNA014822G	CNA20170120.2	普通小麦	恒进麦8号	河南开泉农业科学研究所有限公司、王　蕊	2020.7.27
CNA014823G	CNA20170571.6	普通小麦	轮选16	中国农业科学院作物科学研究所	2020.7.27
CNA014824G	CNA20170733.1	普通小麦	轮选146	中国农业科学院作物科学研究所、江苏金土地种业有限公司	2020.7.27
CNA014825G	CNA20170885.7	普通小麦	菏麦20	山东科源种业有限公司	2020.7.27
CNA014826G	CNA20171003.2	普通小麦	江麦23	江苏徐淮地区徐州农业科学研究所、江苏中江种业股份有限公司	2020.7.27
CNA014827G	CNA20171036.3	普通小麦	豫信11	漯河稞不赖种业有限公司	2020.7.27
CNA014828G	CNA20171172.7	普通小麦	鲁研888	安徽鲁研种业有限公司	2020.7.27
CNA014829G	CNA20171335.1	普通小麦	漯麦26号	漯河市农业科学院	2020.7.27
CNA014830G	CNA20171916.8	普通小麦	中麦578	中国农业科学院作物科学研究所、中国农业科学院棉花研究所	2020.7.27
CNA014831G	CNA20172025.4	普通小麦	山农999	山东农业大学	2020.7.27
CNA014832G	CNA20172026.3	普通小麦	山农998	山东农业大学	2020.7.27
CNA014833G	CNA20172149.5	普通小麦	科麦1606	安徽省高科种业有限公司	2020.7.27
CNA014834G	CNA20172472.2	普通小麦	才智566	河南省才智种子开发有限公司	2020.7.27
CNA014835G	CNA20172473.1	普通小麦	才智16号	河南省才智种子开发有限公司	2020.7.27
CNA014836G	CNA20172477.7	普通小麦	农大3486	中国农业大学	2020.7.27
CNA014837G	CNA20172847.0	普通小麦	豫农804	河南农业大学、许昌农科种业有限公司	2020.7.27
CNA014838G	CNA20172859.5	普通小麦	ZY855	中国农业科学院作物科学研究所	2020.7.27
CNA014839G	CNA20172958.5	普通小麦	农旱101	偃师市高优小麦育种研究所、河南农科豫玉种业有限公司	2020.7.27
CNA014840G	CNA20172961.0	普通小麦	森科093	偃师市高优小麦育种研究所	2020.7.27
CNA014841G	CNA20172963.8	普通小麦	中研麦6号	偃师市高优小麦育种研究所、河南农科豫玉种业有限公司	2020.7.27

（续）

公告号	品种权号	植物种类	品种名称	品种权人	授权日
CNA014842G	CNA20172966.5	普通小麦	华科016	偃师市高优小麦育种研究所、河南中颖农业科技有限公司	2020.7.27
CNA014843G	CNA20173027.0	普通小麦	郑麦925	河南省农业科学院小麦研究所	2020.7.27
CNA014844G	CNA20173104.6	普通小麦	扬辐麦9号	江苏金土地种业有限公司、江苏里下河地区农业科学研究所	2020.7.27
CNA014845G	CNA20173432.9	普通小麦	中育1526	中国农业科学院棉花研究所	2020.7.27
CNA014846G	CNA20173433.8	普通小麦	金丰麦1号	江苏金色农业股份有限公司	2020.7.27
CNA014847G	CNA20173532.8	普通小麦	襄麦D31	襄阳市农业科学院	2020.7.27
CNA014848G	CNA20180701.8	普通小麦	衡H16观44	河北省农林科学院旱作农业研究所	2020.7.27
CNA014849G	CNA20180702.7	普通小麦	衡H165171	河北省农林科学院旱作农业研究所	2020.7.27
CNA014850G	CNA20180703.6	普通小麦	衡H165087	河北省农林科学院旱作农业研究所	2020.7.27
CNA014851G	CNA20180819.7	普通小麦	白湖麦5号	安徽省农业科学院作物研究所、安徽省白湖种子公司	2020.7.27
CNA014852G	CNA20180820.4	普通小麦	白湖麦6号	安徽省农业科学院作物研究所、安徽省白湖种子公司	2020.7.27
CNA014853G	CNA20180944.5	普通小麦	郑麦20	河南省农业科学院小麦研究所	2020.7.27
CNA014854G	CNA20181002.2	普通小麦	农麦156	江苏神农大丰种业科技有限公司	2020.7.27
CNA014855G	CNA20181346.7	普通小麦	轮选6号	中国农业科学院作物科学研究所	2020.7.27
CNA014856G	CNA20181347.6	普通小麦	轮选45	中国农业科学院作物科学研究所	2020.7.27
CNA014857G	CNA20181348.5	普通小麦	轮选145	中国农业科学院作物科学研究所	2020.7.27
CNA014858G	CNA20181349.4	普通小麦	轮选166	中国农业科学院作物科学研究所	2020.7.27
CNA014859G	CNA20181350.0	普通小麦	轮选266	中国农业科学院作物科学研究所	2020.7.27
CNA014860G	CNA20181393.9	普通小麦	平麦189	平顶山市农业科学院	2020.7.27
CNA014861G	CNA20181421.5	普通小麦	新植716	河南科林种业有限公司、新乡市新植农业科技有限公司	2020.7.27
CNA014862G	CNA20181713.2	普通小麦	扶麦368	湖北扶轮农业科技开发有限公司	2020.7.27
CNA014863G	CNA20182187.7	普通小麦	濮麦087	濮阳市农业科学院	2020.7.27
CNA014864G	CNA20182188.6	普通小麦	濮麦117	濮阳市农业科学院	2020.7.27
CNA014865G	CNA20182189.5	普通小麦	濮麦118	濮阳市农业科学院	2020.7.27
CNA014866G	CNA20182190.2	普通小麦	濮麦168	濮阳市农业科学院	2020.7.27
CNA014867G	CNA20182193.9	普通小麦	濮麦137	濮阳市农业科学院	2020.7.27
CNA014868G	CNA20182245.7	普通小麦	金禾7102	河北省农林科学院遗传生理研究所、中国农业科学院作物科学研究所	2020.7.27
CNA014869G	CNA20182249.3	普通小麦	中麦523	中国农业科学院作物科学研究所	2020.7.27
CNA014870G	CNA20182250.9	普通小麦	中麦685	中国农业科学院作物科学研究所	2020.7.27

（续）

公告号	品种权号	植物种类	品种名称	品种权人	授权日
CNA014871G	CNA20182251.8	普通小麦	中麦703	中国农业科学院作物科学研究所	2020.7.27
CNA014872G	CNA20182252.7	普通小麦	中麦729	中国农业科学院作物科学研究所	2020.7.27
CNA014873G	CNA20182253.6	普通小麦	中麦6018	中国农业科学院作物科学研究所	2020.7.27
CNA014874G	CNA20182254.5	普通小麦	中麦6052	中国农业科学院作物科学研究所	2020.7.27
CNA014875G	CNA20182255.4	普通小麦	中麦6160	中国农业科学院作物科学研究所、河北省农林科学院遗传生理研究所	2020.7.27
CNA014876G	CNA20182256.3	普通小麦	中麦7068	中国农业科学院作物科学研究所	2020.7.27
CNA014877G	CNA20182257.2	普通小麦	中麦7083	中国农业科学院作物科学研究所	2020.7.27
CNA014878G	CNA20182926.3	普通小麦	太113	山西省农业科学院作物科学研究所	2020.7.27
CNA014879G	CNA20183085.8	普通小麦	菊城麦6号	开封市农林科学研究院	2020.7.27
CNA014880G	CNA20183114.3	普通小麦	汉麦008	湖北省农业科学院粮食作物研究所	2020.7.27
CNA014881G	CNA20183141.0	普通小麦	偃亳1886	河南省亳都种业有限公司	2020.7.27
CNA014882G	CNA20183227.7	普通小麦	晋麦105号	山西省农业科学院小麦研究所	2020.7.27
CNA014883G	CNA20183554.0	普通小麦	新春47号	新疆农业科学院核技术生物技术研究所、新疆金天山农业科技有限责任公司	2020.7.27
CNA014884G	CNA20183555.9	普通小麦	新春46号	新疆农业科学院核技术生物技术研究所、新疆金天山农业科技有限责任公司	2020.7.27
CNA014885G	CNA20183564.8	普通小麦	金瑞20	河北冀农种业有限责任公司	2020.7.27
CNA014886G	CNA20183565.7	普通小麦	瑞麦1号	河北冀农种业有限责任公司	2020.7.27
CNA014887G	CNA20184126.7	普通小麦	扬辐麦6号	江苏里下河地区农业科学研究所、江苏农科种业研究院有限公司	2020.7.27
CNA014888G	CNA20184127.6	普通小麦	隆麦39	江苏里下河地区农业科学研究所、江苏天隆科技有限公司	2020.7.27
CNA014889G	CNA20184180.0	普通小麦	新植9号	河南科林种业有限公司、新乡市新植农业科技有限公司	2020.7.27
CNA014890G	CNA20184529.0	普通小麦	隆平麦6号	安徽华皖种业有限公司	2020.7.27
CNA014891G	CNA20191000155	普通小麦	徽麦5号	安徽未来种业有限公司	2020.7.27
CNA014892G	CNA20191000200	普通小麦	天民304	河南天民种业有限公司	2020.7.27
CNA014893G	CNA20191000545	普通小麦	冀麦181	河北省农林科学院粮油作物研究所	2020.7.27
CNA014894G	CNA20191000620	普通小麦	冀星868	河北旺丰种业有限公司、河北省农林科学院遗传生理研究所、中国农业科学院作物科学研究所	2020.7.27
CNA014895G	CNA20191000701	普通小麦	绵麦902	绵阳市农业科学研究院	2020.7.27
CNA014896G	CNA20191000708	普通小麦	益科麦0732	安徽华成种业股份有限公司	2020.7.27
CNA014897G	CNA20191000751	普通小麦	豫农803	河南农业大学	2020.7.27

（续）

公告号	品种权号	植物种类	品种名称	品种权人	授权日
CNA014898G	CNA20191000878	普通小麦	运麦14观74	任文斌、谢三刚、王 倩、邱玉亮、吴翠翠	2020.7.27
CNA014899G	CNA20191001136	普通小麦	新春48号	新疆农业科学院粮食作物研究所、新疆九立禾种业有限公司	2020.7.27
CNA014900G	CNA20191001140	普通小麦	翔麦517	山西新翔丰农业科技有限公司	2020.7.27
CNA014901G	CNA20191001424	普通小麦	陇春41号	甘肃省农业科学院小麦研究所	2020.7.27
CNA014902G	CNA20191001430	普通小麦	宁麦28	江苏省农业科学院	2020.7.27
CNA014903G	CNA20191001665	普通小麦	济研麦10号	济源市农业科学院	2020.7.27
CNA014904G	CNA20191001703	普通小麦	翔麦23	山西新翔丰农业科技有限公司	2020.7.27
CNA014905G	CNA20191001704	普通小麦	长麦6197	山西省农业科学院谷子研究所	2020.7.27
CNA014906G	CNA20191002008	普通小麦	济麦54	山东省农业科学院作物研究所	2020.7.27
CNA014907G	CNA20191002032	普通小麦	菏麦22	山东科源种业有限公司	2020.7.27
CNA014908G	CNA20191002303	普通小麦	中麦30	中国农业科学院作物科学研究所	2020.7.27
CNA014909G	CNA20191002783	普通小麦	临旱8号	山西省农业科学院小麦研究所	2020.7.27
CNA014910G	CNA20191003078	普通小麦	百麦1811	河南百农种业有限公司	2020.7.27
CNA014911G	CNA20191003322	普通小麦	凌麦669	杨凌国瑞农业科技有限公司	2020.7.27
CNA014912G	CNA20160034.8	大麦属	龙啤麦4号	黑龙江省农业科学院作物育种研究所	2020.7.27
CNA014913G	CNA20170523.5	大麦属	浙细麦1号	浙江省农业科学院	2020.7.27
CNA014914G	CNA20150671.7	谷子	冀谷35	河北省农林科学院谷子研究所	2020.7.27
CNA014915G	CNA20151361.0	谷子	衡谷15号	河北省农林科学院旱作农业研究所	2020.7.27
CNA014916G	CNA20151795.6	谷子	济谷20	山东省农业科学院作物研究所	2020.7.27
CNA014917G	CNA20160015.1	谷子	HH0819	河北省农林科学院谷子研究所、邢台市自然农庄农产品有限公司	2020.7.27
CNA014918G	CNA20160041.9	谷子	衡绿谷1号	河北省农林科学院旱作农业研究所	2020.7.27
CNA014919G	CNA20160104.3	谷子	榆谷A1	郝治忠	2020.7.27
CNA014920G	CNA20160467.4	谷子	保谷22	保定市农业科学院、河北省农林科学院谷子研究所	2020.7.27
CNA014921G	CNA20161332.5	高粱	吉杂137	吉林省农业科学院	2020.7.27
CNA014922G	CNA20160483.4	大豆	嫩农豆1号	嫩江县凤祥种子科研所	2020.7.27
CNA014923G	CNA20160645.9	大豆	濉科20	濉溪县科技开发中心	2020.7.27
CNA014924G	CNA20161097.0	大豆	圣豆44	济宁得心种业有限公司	2020.7.27
CNA014925G	CNA20172215.4	大豆	龙垦316	北大荒垦丰种业股份有限公司	2020.7.27
CNA014926G	CNA20182669.4	大豆	龙垦309	北大荒垦丰种业股份有限公司	2020.7.27
CNA014927G	CNA20182678.3	大豆	垦豆94	北大荒垦丰种业股份有限公司	2020.7.27

（续）

公告号	品种权号	植物种类	品种名称	品种权人	授权日
CNA014928G	CNA20191000507	大豆	徐豆24	江苏徐淮地区徐州农业科学研究所	2020.7.27
CNA014929G	CNA20191000752	大豆	绥农76	黑龙江省农业科学院绥化分院	2020.7.27
CNA014930G	CNA20191000756	大豆	绥农56	黑龙江省农业科学院绥化分院	2020.7.27
CNA014931G	CNA20191000757	大豆	绥农53	黑龙江省农业科学院绥化分院	2020.7.27
CNA014932G	CNA20191001169	大豆	绥农49	黑龙江省农业科学院绥化分院	2020.7.27
CNA014933G	CNA20191001396	大豆	皖宿1019	宿州市农业科学院	2020.7.27
CNA014934G	CNA20191001407	大豆	皖宿1015	宿州市农业科学院	2020.7.27
CNA014935G	CNA20191001467	大豆	中黄215	中国农业科学院作物科学研究所	2020.7.27
CNA014936G	CNA20191001469	大豆	中黄216	中国农业科学院作物科学研究所	2020.7.27
CNA014937G	CNA20191001480	大豆	中黄217	中国农业科学院作物科学研究所	2020.7.27
CNA014938G	CNA20191001481	大豆	中黄218	中国农业科学院作物科学研究所	2020.7.27
CNA014939G	CNA20191001486	大豆	南农413	南京农业大学	2020.7.27
CNA014940G	CNA20191001497	大豆	濮豆820	濮阳市农业科学院	2020.7.27
CNA014941G	CNA20191001872	大豆	黑科77号	黑龙江省农业科学院黑河分院	2020.7.27
CNA014942G	CNA20191002071	大豆	长农54	长春市农业科学院	2020.7.27
CNA014943G	CNA20191002156	大豆	长农45	长春市农业科学院	2020.7.27
CNA014944G	CNA20191002231	大豆	黑龙501	哈尔滨市益农种业有限公司、黑龙江省农业科学院大豆研究所	2020.7.27
CNA014945G	CNA20191002233	大豆	益农豆510	哈尔滨市益农种业有限公司	2020.7.27
CNA014946G	CNA20191002240	大豆	中黄106	中国农业科学院作物科学研究所	2020.7.27
CNA014947G	CNA20191002241	大豆	中黄103	中国农业科学院作物科学研究所	2020.7.27
CNA014948G	CNA20191002267	大豆	红研7号	黑龙江省农垦总局红兴隆农业科学研究所	2020.7.27
CNA014949G	CNA20191002414	大豆	黑农80	黑龙江省农业科学院大豆研究所	2020.7.27
CNA014950G	CNA20191002678	大豆	黑农82	黑龙江省农业科学院大豆研究所	2020.7.27
CNA014951G	CNA20191002679	大豆	黑农86	黑龙江省农业科学院大豆研究所	2020.7.27
CNA014952G	CNA20191002680	大豆	黑农93	黑龙江省农业科学院大豆研究所	2020.7.27
CNA014953G	CNA20140519.4	甘蓝型油菜	沣油679	湖南省作物研究所	2020.7.27
CNA014954G	CNA20160596.8	甘蓝型油菜	宝油早12	贵州省油菜研究所、贵州禾睦福种子有限公司	2020.7.27
CNA014955G	CNA20160597.7	甘蓝型油菜	油研早18	贵州省油菜研究所	2020.7.27
CNA014956G	CNA20160903.6	甘蓝型油菜	德恒油900	南充市农业科学院	2020.7.27

（续）

公告号	品种权号	植物种类	品种名称	品种权人	授权日
CNA014957G	CNA20160904.5	甘蓝型油菜	长江早油3号	南充市农业科学院	2020.7.27
CNA014958G	CNA20161201.3	甘蓝型油菜	阳光1601	中国农业科学院油料作物研究所	2020.7.27
CNA014959G	CNA20161202.2	甘蓝型油菜	阳光1602	中国农业科学院油料作物研究所	2020.7.27
CNA014960G	CNA20161207.7	甘蓝型油菜	邡牌油555	四川邡牌种业有限公司	2020.7.27
CNA014961G	CNA20161361.9	甘蓝型油菜	中双3370	中国农业科学院油料作物研究所	2020.7.27
CNA014962G	CNA20161362.8	甘蓝型油菜	ZYP77	中国农业科学院油料作物研究所	2020.7.27
CNA014963G	CNA20161363.7	甘蓝型油菜	中油白花1号	中国农业科学院油料作物研究所	2020.7.27
CNA014964G	CNA20161424.4	甘蓝型油菜	双油195	河南省农业科学院经济作物研究所	2020.7.27
CNA014965G	CNA20161513.6	甘蓝型油菜	双油10号	河南省农业科学院经济作物研究所	2020.7.27
CNA014966G	CNA20161830.2	甘蓝型油菜	油肥1号	湖南省作物研究所	2020.7.27
CNA014967G	CNA20161979.3	甘蓝型油菜	6019A	中国农业科学院油料作物研究所、武汉中油科技新产业有限公司、武汉中油大地希望种业有限公司	2020.7.27
CNA014968G	CNA20162131.6	甘蓝型油菜	绵邦油1号	绵阳友邦农业开发有限公司	2020.7.27
CNA014969G	CNA20162309.2	甘蓝型油菜	DW871	贵州省油菜研究所	2020.7.27
CNA014970G	CNA20162310.9	甘蓝型油菜	黔油早1号	贵州省油料研究所	2020.7.27
CNA014971G	CNA20162389.5	甘蓝型油菜	1019A	武汉中油科技新产业有限公司、中国农业科学院油料作物研究所、武汉中油大地希望种业有限公司	2020.7.27
CNA014972G	CNA20172269.9	甘蓝型油菜	徽油808	安徽农业大学	2020.7.27
CNA014973G	CNA20172270.6	甘蓝型油菜	杂优15	安徽农业大学	2020.7.27
CNA014974G	CNA20172271.5	甘蓝型油菜	徽油杂511	安徽农业大学	2020.7.27
CNA014975G	CNA20172272.4	甘蓝型油菜	徽油杂521	安徽农业大学	2020.7.27
CNA014976G	CNA20182873.6	甘蓝型油菜	HF08	上海市农业科学院	2020.7.27

（续）

公告号	品种权号	植物种类	品种名称	品种权人	授权日
CNA014977G	CNA20182874.5	甘蓝型油菜	核杂19号	上海市农业科学院	2020.7.27
CNA014978G	CNA20191000884	花生	商花26号	商丘市农林科学院	2020.7.27
CNA014979G	CNA20191000885	花生	商花22号	商丘市农林科学院	2020.7.27
CNA014980G	CNA20191000919	花生	商花25号	商丘市农林科学院	2020.7.27
CNA014981G	CNA20191000330	芝麻	郑芝HL06	河南省农业科学院芝麻研究中心	2020.7.27
CNA014982G	CNA20191000331	芝麻	郑芝HL05	河南省农业科学院芝麻研究中心	2020.7.27
CNA014983G	CNA20161011.3	甘薯	苏薯28	江苏省农业科学院	2020.7.27
CNA014984G	CNA20191000089	马铃薯	中加16	内蒙古中加农业生物科技有限公司	2020.7.27
CNA014985G	CNA20183963.5	棉属	湘K27	湖南省棉花科学研究所	2020.7.27
CNA014986G	CNA20183964.4	棉属	湘K26	湖南省棉花科学研究所	2020.7.27
CNA014987G	CNA20191000043	棉属	鲁棉338	山东棉花研究中心	2020.7.27
CNA014988G	CNA20191000624	棉属	运B259	山西省农业科学院棉花研究所	2020.7.27
CNA014989G	CNA20191000626	棉属	运H13	山西省农业科学院棉花研究所	2020.7.27
CNA014990G	CNA20191000704	棉属	鲁棉1141	山东棉花研究中心、新疆金博种业有限责任公司	2020.7.27
CNA014991G	CNA20191000987	棉属	鲁棉1127	山东棉花研究中心	2020.7.27
CNA014992G	CNA20191000996	棉属	中棉所96A	中国农业科学院棉花研究所	2020.7.27
CNA014993G	CNA20191001191	棉属	运H11160	山西省农业科学院棉花研究所	2020.7.27
CNA014994G	CNA20191001193	棉属	运H4R	山西省农业科学院棉花研究所	2020.7.27
CNA014995G	CNA20191001199	棉属	中棉9101	中国农业科学院棉花研究所	2020.7.27
CNA014996G	CNA20191001200	棉属	中棉9934	中国农业科学院棉花研究所	2020.7.27
CNA014997G	CNA20191001249	棉属	鲁棉1143	山东棉花研究中心	2020.7.27
CNA014998G	CNA20191001392	棉属	鲁杂2138	山东棉花研究中心	2020.7.27
CNA014999G	CNA20191001582	棉属	聊棉15号	聊城市农业科学研究院	2020.7.27
CNA015000G	CNA20191001600	棉属	中棉所96B	中国农业科学院棉花研究所	2020.7.27
CNA015001G	CNA20191001608	棉属	鲁棉1131	山东棉花研究中心	2020.7.27
CNA015002G	CNA20191001739	棉属	K2725	新疆合信科技发展有限公司	2020.7.27
CNA015003G	CNA20191001825	棉属	湘K645	湖南省棉花科学研究所	2020.7.27
CNA015004G	CNA20191001866	棉属	金垦杂1062	新疆农垦科学院棉花研究所	2020.7.27
CNA015005G	CNA20191001871	棉属	金垦1565	新疆农垦科学院棉花研究所	2020.7.27
CNA015006G	CNA20191001946	棉属	冀968	河北省农林科学院棉花研究所、河北澳金种业有限公司	2020.7.27
CNA015007G	CNA20191002055	棉属	冀172	河北省农林科学院棉花研究所	2020.7.27

（续）

公告号	品种权号	植物种类	品种名称	品种权人	授权日
CNA015008G	CNA20191002269	棉属	鲁棉691	山东棉花研究中心	2020.7.27
CNA015009G	CNA20191002340	棉属	中棉9421	中国农业科学院棉花研究所	2020.7.27
CNA015010G	CNA20191002356	棉属	金垦1442	新疆农垦科学院	2020.7.27
CNA015011G	CNA20191002396	棉属	邯棉5019	邯郸市农业科学院	2020.7.27
CNA015012G	CNA20191002597	棉属	金垦1402	新疆农垦科学院棉花研究所	2020.7.27
CNA015013G	CNA20191002685	棉属	冀杂287	河北省农林科学院棉花研究所	2020.7.27
CNA015014G	CNA20151785.8	甘蔗属	桂糖47号	广西壮族自治区农业科学院甘蔗研究所	2020.7.27
CNA015015G	CNA20151786.7	甘蔗属	桂糖48号	广西壮族自治区农业科学院甘蔗研究所	2020.7.27
CNA015016G	CNA20161377.1	甘蔗属	云蔗02588	云南省农业科学院甘蔗研究所、云南云蔗科技开发有限公司	2020.7.27
CNA015017G	CNA20161379.9	甘蔗属	云蔗072178	云南省农业科学院甘蔗研究所、云南云蔗科技开发有限公司	2020.7.27
CNA015018G	CNA20161380.6	甘蔗属	云蔗081460	云南省农业科学院甘蔗研究所、云南云蔗科技开发有限公司	2020.7.27
CNA015019G	CNA20161381.5	甘蔗属	云蔗082068	云南省农业科学院甘蔗研究所、云南云蔗科技开发有限公司	2020.7.27
CNA015020G	CNA20161382.4	甘蔗属	云蔗091028	云南省农业科学院甘蔗研究所、云南云蔗科技开发有限公司	2020.7.27
CNA015021G	CNA20161383.3	甘蔗属	云蔗091601	云南省农业科学院甘蔗研究所、云南云蔗科技开发有限公司	2020.7.27
CNA015022G	CNA20161384.2	甘蔗属	云蔗101666	云南省农业科学院甘蔗研究所、云南云蔗科技开发有限公司	2020.7.27
CNA015023G	CNA20161385.1	甘蔗属	云蔗102099	云南省农业科学院甘蔗研究所、云南云蔗科技开发有限公司	2020.7.27
CNA015024G	CNA20161386.0	甘蔗属	云蔗102760	云南省农业科学院甘蔗研究所、云南云蔗科技开发有限公司	2020.7.27
CNA015025G	CNA20161773.1	甘蔗属	热甘1462	中国热带农业科学院南亚热带作物研究所	2020.7.27
CNA015026G	CNA20191000573	大白菜	鲁秋白1号	山东省农业科学院蔬菜花卉研究所	2020.7.27
CNA015027G	CNA20184452.1	普通结球甘蓝	中甘588	中国农业科学院蔬菜花卉研究所	2020.7.27
CNA015028G	CNA20184453.0	普通结球甘蓝	中甘590	中国农业科学院蔬菜花卉研究所	2020.7.27
CNA015029G	CNA20161146.1	不结球白菜	广府35	广东省良种引进服务公司	2020.7.27
CNA015030G	CNA20170127.5	不结球白菜	金品558	福建金品农业科技股份有限公司	2020.7.27
CNA015031G	CNA20170128.4	不结球白菜	金品537	福建金品农业科技股份有限公司	2020.7.27

（续）

公告号	品种权号	植物种类	品种名称	品种权人	授权日
CNA015032G	CNA20171306.6	不结球白菜	金品555	福建金品农业科技股份有限公司	2020.7.27
CNA015033G	CNA20171307.5	不结球白菜	金品冬春33	福建金品农业科技股份有限公司	2020.7.27
CNA015034G	CNA20171309.3	不结球白菜	金品CX105	福建金品农业科技股份有限公司	2020.7.27
CNA015035G	CNA20171310.0	不结球白菜	金品008	福建金品农业科技股份有限公司	2020.7.27
CNA015036G	CNA20171311.9	不结球白菜	金品1614	福建金品农业科技股份有限公司	2020.7.27
CNA015037G	CNA20180462.7	不结球白菜	金品552	福建金品农业科技股份有限公司	2020.7.27
CNA015038G	CNA20180513.6	不结球白菜	金品577	福建金品农业科技股份有限公司	2020.7.27
CNA015039G	CNA20180514.5	不结球白菜	金品581	福建金品农业科技股份有限公司	2020.7.27
CNA015040G	CNA20180516.3	不结球白菜	金品907	福建金品农业科技股份有限公司	2020.7.27
CNA015041G	CNA20191000270	不结球白菜	金品814	福建金品农业科技股份有限公司	2020.7.27
CNA015042G	CNA20191002972	不结球白菜	金品101	福建金品农业科技股份有限公司	2020.7.27
CNA015043G	CNA20161785.7	普通番茄	宝禄	山东省寿光市三木种苗有限公司	2020.7.27
CNA015044G	CNA20161786.6	普通番茄	多利亚	山东省寿光市三木种苗有限公司	2020.7.27
CNA015045G	CNA20161788.4	普通番茄	中宝	山东省寿光市三木种苗有限公司	2020.7.27
CNA015046G	CNA20170991.8	普通番茄	宝禄6号	山东省寿光市三木种苗有限公司	2020.7.27
CNA015047G	CNA20170993.6	普通番茄	宝禄2号	山东省寿光市三木种苗有限公司	2020.7.27
CNA015048G	CNA20170994.5	普通番茄	宝禄5号	山东省寿光市三木种苗有限公司	2020.7.27
CNA015049G	CNA20170995.4	普通番茄	宝禄7号	山东省寿光市三木种苗有限公司	2020.7.27
CNA015050G	CNA20170996.3	普通番茄	宝禄9号	山东省寿光市三木种苗有限公司	2020.7.27
CNA015051G	CNA20180188.0	普通番茄	戴安娜	寿光市旺林农业发展有限公司	2020.7.27
CNA015052G	CNA20191001069	茄子	乾德长茄550	上海乾德种业有限公司	2020.7.27
CNA015053G	CNA20161790.0	辣椒属	长松	山东省寿光市三木种苗有限公司	2020.7.27
CNA015054G	CNA20161791.9	辣椒属	欢乐	山东省寿光市三木种苗有限公司	2020.7.27
CNA015055G	CNA20172474.0	辣椒属	天姿	山东省寿光市三木种苗有限公司	2020.7.27
CNA015056G	CNA20172475.9	辣椒属	艳丽	山东省寿光市三木种苗有限公司	2020.7.27
CNA015057G	CNA20172479.5	辣椒属	艳火	山东省寿光市三木种苗有限公司	2020.7.27

（续）

公告号	品种权号	植物种类	品种名称	品种权人	授权日
CNA015058G	CNA20191000920	辣椒属	圣椒	上海乾德种业有限公司	2020.7.27
CNA015059G	CNA20191002261	辣椒属	博收15708	寿光博收种业有限公司	2020.7.27
CNA015060G	CNA20191002262	辣椒属	博收15707	寿光博收种业有限公司	2020.7.27
CNA015061G	CNA20191002263	辣椒属	博收15706	寿光博收种业有限公司	2020.7.27
CNA015062G	CNA20191002264	辣椒属	博收15705	寿光博收种业有限公司	2020.7.27
CNA015063G	CNA20191002336	辣椒属	乾德红椒	上海乾德种业有限公司	2020.7.27
CNA015064G	CNA20191004861	辣椒属	博收悦甜7号	寿光博收种业有限公司	2020.7.27
CNA015065G	CNA20191004862	辣椒属	诺椒101	寿光博收种业有限公司	2020.7.27
CNA015066G	CNA20191004863	辣椒属	卡罗拉	寿光博收种业有限公司	2020.7.27
CNA015067G	CNA20191004864	辣椒属	京红1号	寿光博收种业有限公司	2020.7.27
CNA015068G	CNA20191004865	辣椒属	博收15709	寿光博收种业有限公司	2020.7.27
CNA015069G	CNA20151301.3	蚕豆	通蚕鲜6号	江苏沿江地区农业科学研究所	2020.7.27
CNA015070G	CNA20141066.9	普通西瓜	格美	河南鼎优农业科技有限公司	2020.7.27
CNA015071G	CNA20172329.7	普通西瓜	苏梦9号	江苏徐淮地区淮阴农业科学研究所	2020.7.27
CNA015072G	CNA20172466.0	普通西瓜	黑田	山东省寿光市三木种苗有限公司	2020.7.27
CNA015073G	CNA20172490.0	普通西瓜	潍研2号	山东省寿光市三木种苗有限公司	2020.7.27
CNA015074G	CNA20172493.7	普通西瓜	潍研5号	山东省寿光市三木种苗有限公司	2020.7.27
CNA015075G	CNA20172495.5	普通西瓜	潍研7号	山东省寿光市三木种苗有限公司	2020.7.27
CNA015076G	CNA20172496.4	普通西瓜	潍研8号	山东省寿光市三木种苗有限公司	2020.7.27
CNA015077G	CNA20172498.2	普通西瓜	潍研11号	山东省寿光市三木种苗有限公司	2020.7.27
CNA015078G	CNA20172500.8	普通西瓜	潍研13号	山东省寿光市三木种苗有限公司	2020.7.27
CNA015079G	CNA20172501.7	普通西瓜	潍研14号	山东省寿光市三木种苗有限公司	2020.7.27
CNA015080G	CNA20172946.0	兰属	金秋荷	浙江省农业科学院	2020.7.27
CNA015081G	CNA20141170.2	蝴蝶兰属	牛记红蝴蝶2号	牛记兰花科技股份有限公司	2020.7.27
CNA015082G	CNA20172555.2	蝴蝶兰属	昌新小樱桃	厦门和鸣花卉科技有限公司	2020.7.27
CNA015083G	CNA20173172.3	蝴蝶兰属	珐尔茨梅	荷兰安祖公司	2020.7.27
CNA015084G	CNA20173173.2	蝴蝶兰属	珐克尼兹	荷兰安祖公司	2020.7.27
CNA015085G	CNA20173174.1	蝴蝶兰属	珐达普客	荷兰安祖公司	2020.7.27
CNA015086G	CNA20173175.0	蝴蝶兰属	珐代姆斯	荷兰安祖公司	2020.7.27
CNA015087G	CNA20173176.9	蝴蝶兰属	珐椎比普	荷兰安祖公司	2020.7.27
CNA015088G	CNA20173177.8	蝴蝶兰属	珐尔杜凯	荷兰安祖公司	2020.7.27

（续）

公告号	品种权号	植物种类	品种名称	品种权人	授权日
CNA015089G	CNA20173179.6	蝴蝶兰属	珐尤福来	荷兰安祖公司	2020.7.27
CNA015090G	CNA20182908.5	蝴蝶兰属	缤纷欢乐颂	中山缤纷园艺有限公司	2020.7.27
CNA015091G	CNA20182910.1	蝴蝶兰属	缤纷咖啡星	中山缤纷园艺有限公司	2020.7.27
CNA015092G	CNA20182912.9	蝴蝶兰属	缤纷年吉	中山缤纷园艺有限公司	2020.7.27
CNA015093G	CNA20182913.8	蝴蝶兰属	缤纷柠星	中山缤纷园艺有限公司	2020.7.27
CNA015094G	CNA20182914.7	蝴蝶兰属	缤纷潘多丽	中山缤纷园艺有限公司	2020.7.27
CNA015095G	CNA20182915.6	蝴蝶兰属	缤纷鹊桥	中山缤纷园艺有限公司	2020.7.27
CNA015096G	CNA20182916.5	蝴蝶兰属	缤纷热恋	中山缤纷园艺有限公司	2020.7.27
CNA015097G	CNA20182918.3	蝴蝶兰属	缤纷太阳	中山缤纷园艺有限公司	2020.7.27
CNA015098G	CNA20182921.8	蝴蝶兰属	缤纷小老虎	中山缤纷园艺有限公司	2020.7.27
CNA015099G	CNA20182922.7	蝴蝶兰属	缤纷紫色糖果	中山缤纷园艺有限公司	2020.7.27
CNA015100G	CNA20182938.9	蝴蝶兰属	新天使	漳州新镇宇生物科技有限公司	2020.7.27
CNA015101G	CNA20182939.8	蝴蝶兰属	乔伊爱丽丝	漳州新镇宇生物科技有限公司	2020.7.27
CNA015102G	CNA20182940.5	蝴蝶兰属	一线天	漳州新镇宇生物科技有限公司	2020.7.27
CNA015103G	CNA20183169.7	蝴蝶兰属	珐菲科达	荷兰安祖公司	2020.7.27
CNA015104G	CNA20183203.5	蝴蝶兰属	珐弗拉巴	荷兰安祖公司	2020.7.27
CNA015105G	CNA20183359.7	蝴蝶兰属	珐垅呐赫	荷兰安祖公司	2020.7.27
CNA015106G	CNA20183360.4	蝴蝶兰属	珐砝普祖	荷兰安祖公司	2020.7.27
CNA015107G	CNA20183361.3	蝴蝶兰属	珐考珐卡	荷兰安祖公司	2020.7.27
CNA015108G	CNA20183381.9	蝴蝶兰属	珐德西姆	荷兰安祖公司	2020.7.27
CNA015109G	CNA20183398.0	蝴蝶兰属	珐砝莫扎	荷兰安祖公司	2020.7.27
CNA015110G	CNA20183399.9	蝴蝶兰属	珐杜厄拉	荷兰安祖公司	2020.7.27
CNA015111G	CNA20183400.6	蝴蝶兰属	珐弗西琪	荷兰安祖公司	2020.7.27
CNA015112G	CNA20183442.6	蝴蝶兰属	金霞蝶飞	山东省烟台市农业科学研究院	2020.7.27
CNA015113G	CNA20183463.0	蝴蝶兰属	珐费淇滨	荷兰安祖公司	2020.7.27
CNA015114G	CNA20183464.9	蝴蝶兰属	珐弗尤歇	荷兰安祖公司	2020.7.27
CNA015115G	CNA20183545.2	蝴蝶兰属	科隆雪花am9405	科隆国际生物科技股份有限公司	2020.7.27
CNA015116G	CNA20183843.1	蝴蝶兰属	双霞	山东省烟台市农业科学研究院	2020.7.27
CNA015117G	CNA20191003111	蝴蝶兰属	同人梦女孩	江苏同人生物科技有限公司、宜兴宜康生物技术有限公司	2020.7.27
CNA015118G	CNA20170059.7	菊属	寒露紫光	北京市花木有限公司	2020.7.27
CNA015119G	CNA20170201.4	菊属	大丽斯特雷	荷兰德丽品种权公司	2020.7.27

（续）

公告号	品种权号	植物种类	品种名称	品种权人	授权日
CNA015120G	CNA20171328.0	菊属	菲克马普	荷兰多盟集团公司	2020.7.27
CNA015121G	CNA20171344.0	菊属	菲克品娜	荷兰多盟集团公司	2020.7.27
CNA015122G	CNA20172976.3	菊属	粉楼春色	东北林业大学	2020.7.27
CNA015123G	CNA20180897.2	菊属	大丽 步步高1	荷兰德丽品种权公司	2020.7.27
CNA015124G	CNA20180899.0	菊属	大丽 阿莫斯12	荷兰德丽品种权公司	2020.7.27
CNA015125G	CNA20180900.7	菊属	大丽奥里萨	荷兰德丽品种权公司	2020.7.27
CNA015126G	CNA20180902.5	菊属	大丽罗西塔	荷兰德丽品种权公司	2020.7.27
CNA015127G	CNA20180904.3	菊属	大丽莫托6	荷兰德丽品种权公司	2020.7.27
CNA015128G	CNA20180905.2	菊属	大丽 卡里索2	荷兰德丽品种权公司	2020.7.27
CNA015129G	CNA20180907.0	菊属	大丽克 罗诺斯	荷兰德丽品种权公司	2020.7.27
CNA015130G	CNA20180916.9	菊属	大丽 罗伊斯7	荷兰德丽品种权公司	2020.7.27
CNA015131G	CNA20181017.5	菊属	南农胭脂	南京农业大学	2020.7.27
CNA015132G	CNA20181018.4	菊属	南农霞珠	南京农业大学	2020.7.27
CNA015133G	CNA20181019.3	菊属	南农紫峰	南京农业大学	2020.7.27
CNA015134G	CNA20181020.0	菊属	南农峨眉	南京农业大学	2020.7.27
CNA015135G	CNA20181021.9	菊属	南农茑萝	南京农业大学	2020.7.27
CNA015136G	CNA20181022.8	菊属	南农松萝	南京农业大学	2020.7.27
CNA015137G	CNA20181023.7	菊属	南农丽风车	南京农业大学	2020.7.27
CNA015138G	CNA20181024.6	菊属	南农俏风车	南京农业大学	2020.7.27
CNA015139G	CNA20181025.5	菊属	南农衡春	南京农业大学	2020.7.27
CNA015140G	CNA20181026.4	菊属	南农岱华	南京农业大学	2020.7.27
CNA015141G	CNA20181027.3	菊属	南农极点	南京农业大学	2020.7.27
CNA015142G	CNA20181028.2	菊属	南农白点点	南京农业大学	2020.7.27
CNA015143G	CNA20181029.1	菊属	南农红点点	南京农业大学	2020.7.27
CNA015144G	CNA20181030.8	菊属	南农似红点	南京农业大学	2020.7.27
CNA015145G	CNA20181098.7	菊属	紫霞傲霜	北京天卉源绿色科技研究院有限公司	2020.7.27
CNA015146G	CNA20181099.6	菊属	绚秋醉玉	北京天卉源绿色科技研究院有限公司	2020.7.27
CNA015147G	CNA20180001.5	非洲菊	婉约	云南省农业科学院花卉研究所、 玉溪云星生物科技有限公司	2020.7.27
CNA015148G	CNA20180002.4	非洲菊	紫佳人	云南省农业科学院花卉研究所、 玉溪云星生物科技有限公司	2020.7.27

（续）

公告号	品种权号	植物种类	品种名称	品种权人	授权日
CNA015149G	CNA20180003.3	非洲菊	美阳阳	云南省农业科学院花卉研究所、玉溪云星生物科技有限公司	2020.7.27
CNA015150G	CNA20182761.1	百合属	霞光	云南省农业科学院花卉研究所	2020.7.27
CNA015151G	CNA20161972.0	花烛属	明农月华	三明市农业科学研究院	2020.7.27
CNA015152G	CNA20162141.4	花烛属	明农倾城	三明市农业科学研究院	2020.7.27
CNA015153G	CNA20171043.4	花烛属	摩洛卡	三明市农业科学研究院	2020.7.27
CNA015154G	CNA20171044.3	花烛属	超冠	三明市农业科学研究院	2020.7.27
CNA015155G	CNA20182544.5	花烛属	安祖尤丹木	荷兰安祖公司	2020.7.27
CNA015156G	CNA20182546.3	花烛属	安祖道斯拜克	荷兰安祖公司	2020.7.27
CNA015157G	CNA20182605.1	花烛属	安祖佛凡	荷兰安祖公司	2020.7.27
CNA015158G	CNA20182794.2	花烛属	安祖易克铎	荷兰安祖公司	2020.7.27
CNA015159G	CNA20182886.1	花烛属	安祖伊泽尔	荷兰安祖公司	2020.7.27
CNA015160G	CNA20182887.0	花烛属	安祖法布劳	荷兰安祖公司	2020.7.27
CNA015161G	CNA20182574.8	秋海棠属	画家调色板	特拉诺瓦苗圃有限公司	2020.7.27
CNA015162G	CNA20183362.2	莲	古都绛房	南京艺莲苑花卉有限公司、江苏省中国科学院植物研究所	2020.7.27
CNA015163G	CNA20183363.1	莲	绛罗袍	南京艺莲苑花卉有限公司、江苏省中国科学院植物研究所	2020.7.27
CNA015164G	CNA20183364.0	莲	振国黄	南京艺莲苑花卉有限公司、江苏省中国科学院植物研究所	2020.7.27
CNA015165G	CNA20183365.9	莲	如润莲	江苏省中国科学院植物研究所、南京艺莲苑花卉有限公司	2020.7.27
CNA015166G	CNA20183366.8	莲	柳腰莲脸	江苏省中国科学院植物研究所、南京艺莲苑花卉有限公司	2020.7.27
CNA015167G	CNA20183468.5	莲	石城锦绣	南京艺莲苑花卉有限公司、江苏省中国科学院植物研究所	2020.7.27
CNA015168G	CNA20183469.4	莲	霞光焕彩	江苏省中国科学院植物研究所、南京艺莲苑花卉有限公司	2020.7.27
CNA015169G	CNA20183680.7	莲	石城火把	江苏省中国科学院植物研究所、南京艺莲苑花卉有限公司	2020.7.27
CNA015170G	CNA20183934.1	莲	蝉烟	浙江伟达园林工程有限公司、浙江碧晟环境科技有限公司	2020.7.27
CNA015171G	CNA20183936.9	莲	红装披玉	浙江伟达园林工程有限公司、浙江碧晟环境科技有限公司	2020.7.27
CNA015172G	CNA20183937.8	莲	钱塘骄阳	浙江伟达园林工程有限公司、浙江碧晟环境科技有限公司	2020.7.27
CNA015173G	CNA20183938.7	莲	石城菊黄	南京艺莲苑花卉有限公司、江苏省中国科学院植物研究所	2020.7.27

（续）

公告号	品种权号	植物种类	品种名称	品种权人	授权日
CNA015174G	CNA20183996.6	莲	舒云	浙江伟达园林工程有限公司、浙江碧晟环境科技有限公司	2020.7.27
CNA015175G	CNA20172845.2	苹果属	鲁艳	山东省果树研究所	2020.7.27
CNA015176G	CNA20173453.3	苹果属	神富2号	烟台现代果业发展有限公司	2020.7.27
CNA015177G	CNA20180029.3	苹果属	玉玲珑2	中国农业大学、秦皇岛北戴河新区中保绿都农林科技有限公司	2020.7.27
CNA015178G	CNA20183605.9	苹果属	鲁苹1号	山东省果树研究所	2020.7.27
CNA015179G	CNA20183606.8	苹果属	鲁苹3号	山东省果树研究所	2020.7.27
CNA015180G	CNA20183607.7	苹果属	鲁苹5号	山东省果树研究所	2020.7.27
CNA015181G	CNA20183634.4	苹果属	秦脆	马锋旺	2020.7.27
CNA015182G	CNA20183635.3	苹果属	秦蜜	马锋旺	2020.7.27
CNA015183G	CNA20184366.6	苹果属	福美	青岛农业大学	2020.7.27
CNA015184G	CNA20184367.5	苹果属	福星	青岛农业大学	2020.7.27
CNA015185G	CNA20184368.4	苹果属	赛金	青岛农业大学	2020.7.27
CNA015186G	CNA20184370.0	苹果属	黄金脆	青岛农业大学	2020.7.27
CNA015187G	CNA20184371.9	苹果属	福九红	青岛农业大学	2020.7.27
CNA015188G	CNA20184423.7	苹果属	中农32	中国农业大学、秦皇岛北戴河新区中保绿都农林科技有限公司	2020.7.27
CNA015189G	CNA20184424.6	苹果属	中农33	中国农业大学、秦皇岛北戴河新区中保绿都农林科技有限公司	2020.7.27
CNA015190G	CNA20184425.5	苹果属	中农53	中国农业大学、秦皇岛北戴河新区中保绿都农林科技有限公司	2020.7.27
CNA015191G	CNA20184426.4	苹果属	玉玲珑3	中国农业大学、秦皇岛北戴河新区中保绿都农林科技有限公司	2020.7.27
CNA015192G	CNA20161545.8	梨属	金香	湖北省农业科学院果树茶叶研究所	2020.7.27
CNA015193G	CNA20180955.1	梨属	迎霜	河北省林业科学研究院	2020.7.27
CNA015194G	CNA20181083.4	梨属	美玉	河北省林业科学研究院	2020.7.27
CNA015195G	CNA20181084.3	梨属	冠玉	河北省林业科学研究院	2020.7.27
CNA015196G	CNA20181085.2	梨属	金光	河北省林业科学研究院	2020.7.27
CNA015197G	CNA20181086.1	梨属	迎秋	河北省林业科学研究院	2020.7.27
CNA015198G	CNA20181087.0	梨属	秋光	河北省林业科学研究院	2020.7.27
CNA015199G	CNA20181222.6	梨属	灿玉	河北省农林科学院昌黎果树研究所	2020.7.27

（续）

公告号	品种权号	植物种类	品种名称	品种权人	授权日
CNA015200G	CNA20181411.7	梨属	秋露	河北省林业科学研究院	2020.7.27
CNA015201G	CNA20182586.4	梨属	中加1号	中国农业科学院果树研究所	2020.7.27
CNA015202G	CNA20182602.4	梨属	中矮红梨	中国农业科学院果树研究所	2020.7.27
CNA015203G	CNA20183149.2	梨属	苏翠3号	江苏省农业科学院	2020.7.27
CNA015204G	CNA20183150.8	梨属	苏翠4号	江苏省农业科学院	2020.7.27
CNA015205G	CNA20170630.5	桃	中桃金钻	中国农业科学院郑州果树研究所	2020.7.27
CNA015206G	CNA20171325.3	桃	锦硕	上海市农业科学院	2020.7.27
CNA015207G	CNA20172273.3	桃	聊大红金桃	邢柱东、 吕福堂、 聊城大学	2020.7.27
CNA015208G	CNA20172640.9	桃	锦花	上海市农业科学院	2020.7.27
CNA015209G	CNA20173375.8	桃	甘峪秋蜜	西安丰园果业科技有限公司	2020.7.27
CNA015210G	CNA20182023.5	桃	中油蟠11号	中国农业科学院郑州果树研究所	2020.7.27
CNA015211G	CNA20182027.1	桃	中油金瑞	中国农业科学院郑州果树研究所	2020.7.27
CNA015212G	CNA20182028.0	桃	中油蜜玉	中国农业科学院郑州果树研究所	2020.7.27
CNA015213G	CNA20183556.8	桃	秋甜	山东省果树研究所	2020.7.27
CNA015214G	CNA20183558.6	桃	夏丽	山东省果树研究所	2020.7.27
CNA015215G	CNA20184435.3	桃	中蟠16号	中国农业科学院郑州果树研究所	2020.7.27
CNA015216G	CNA20184436.2	桃	中蟠18号	中国农业科学院郑州果树研究所	2020.7.27
CNA015217G	CNA20184447.9	桃	中桃金饴	中国农业科学院郑州果树研究所	2020.7.27
CNA015218G	CNA20184449.7	桃	中油金缘	中国农业科学院郑州果树研究所	2020.7.27
CNA015219G	CNA20184490.5	桃	陇油金蜜	甘肃省农业科学院林果花卉研究所	2020.7.27
CNA015220G	CNA20170101.5	草莓	阿莓1号	烟台青旗农业科技开发有限公司	2020.7.27
CNA015221G	CNA20171455.5	草莓	阿托莓1号	烟台青旗农业科技开发有限公司	2020.7.27
CNA015222G	CNA20171456.4	草莓	阿莓2号	烟台青旗农业科技开发有限公司	2020.7.27
CNA015223G	CNA20171457.3	草莓	阿莓3号	烟台青旗农业科技开发有限公司	2020.7.27
CNA015224G	CNA20171458.2	草莓	阿莓4号	烟台青旗农业科技开发有限公司	2020.7.27
CNA015225G	CNA20172084.2	草莓	阿托莓2号	烟台青旗农业科技开发有限公司	2020.7.27
CNA015226G	CNA20162372.4	柑橘属	中柑蜜橙	中国农业科学院柑橘研究所	2020.7.27
CNA015227G	CNA20171178.1	柑橘属	红韵香柑	中国农业科学院柑橘研究所	2020.7.27
CNA015228G	CNA20181330.5	柑橘属	翠指	浙江师范大学、 金华市金代园艺有限公司	2020.7.27
CNA015229G	CNA20151140.8	葡萄属	爱瑞十五	农业研究与发展有限责任公司	2020.7.27
CNA015230G	CNA20170873.1	葡萄属	天工彩玉	浙江省农业科学院	2020.7.27

（续）

公告号	品种权号	植物种类	品种名称	品种权人	授权日
CNA015231G	CNA20180130.9	葡萄属	红艳无核	中国农业科学院郑州果树研究所	2020.7.27
CNA015232G	CNA20180257.6	葡萄属	郑葡1号	中国农业科学院郑州果树研究所	2020.7.27
CNA015233G	CNA20181294.9	葡萄属	水晶红	中国农业科学院郑州果树研究所	2020.7.27
CNA015234G	CNA20181295.8	葡萄属	神州红	中国农业科学院郑州果树研究所	2020.7.27
CNA015235G	CNA20181316.3	葡萄属	玉波一号	韩玉波	2020.7.27
CNA015236G	CNA20181317.2	葡萄属	玉波二号	韩玉波	2020.7.27
CNA015237G	CNA20181743.6	葡萄属	葡先生4号	葡先生（天津）科技有限公司	2020.7.27
CNA015238G	CNA20181744.5	葡萄属	葡先生5号	葡先生（天津）科技有限公司	2020.7.27
CNA015239G	CNA20181932.7	葡萄属	葡先生3号	葡先生（天津）科技有限公司	2020.7.27
CNA015240G	CNA20184040.0	葡萄属	天工紫玉	浙江省农业科学院	2020.7.27
CNA015241G	CNA20184677.0	葡萄属	富通紫里红	北京中农富通园艺有限公司、中国农业大学	2020.7.27
CNA015242G	CNA20184683.2	李	陇缘红	甘肃省农业科学院林果花卉研究所	2020.7.27
CNA015243G	CNA20180984.6	香蕉	粤蕉2号	广东省农业科学院果树研究所	2020.7.27
CNA015244G	CNA20180987.3	香蕉	粤蕉1号	广东省农业科学院果树研究所	2020.7.27
CNA015245G	CNA20183054.5	香蕉	美食蕉1号	广东省农业科学院果树研究所	2020.7.27
CNA015246G	CNA20183055.4	香蕉	美食蕉2号	广东省农业科学院果树研究所	2020.7.27
CNA015247G	CNA20183676.3	香蕉	桂蕉9号	广西壮族自治区农业科学院生物技术研究所、广西植物组培苗有限公司、广西美泉新农业科技有限公司	2020.7.27
CNA015248G	CNA20160445.1	猕猴桃属	小紫晶	中国科学院武汉植物园、高祖平	2020.7.27
CNA015249G	CNA20170037.4	猕猴桃属	紫猕A12	中国科学院武汉植物园、高祖平	2020.7.27
CNA015250G	CNA20171329.9	猕猴桃属	桂红	广西壮族自治区中国科学院广西植物研究所	2020.7.27
CNA015251G	CNA20171342.2	猕猴桃属	桂翡	广西壮族自治区中国科学院广西植物研究所	2020.7.27
CNA015252G	CNA20171343.1	猕猴桃属	桂金	广西壮族自治区中国科学院广西植物研究所	2020.7.27
CNA015253G	CNA20172333.1	猕猴桃属	满天红2号	中国科学院武汉植物园	2020.7.27
CNA015254G	CNA20172334.0	猕猴桃属	RC197	中国科学院武汉植物园	2020.7.27
CNA015255G	CNA20183701.2	猕猴桃属	泉蜜	大连大学、大连大泉农场、大连森茂现代农业有限公司	2020.7.27
CNA015256G	CNA20172734.6	芒果	桂芒一号	广西壮族自治区农业科学院园艺研究所、苏伟强、任　惠	2020.7.27

（续）

公告号	品种权号	植物种类	品种名称	品种权人	授权日
CNA015257G	CNA20172136.0	枇杷	黔早1号	贵阳市农业试验中心	2020.7.27
CNA015258G	CNA20172137.9	枇杷	黔光2号	贵阳市农业试验中心	2020.7.27
CNA015259G	CNA20172738.2	樱桃	晚福1号	黑龙江省林业科学院研究所	2020.7.27
CNA015260G	CNA20182298.3	樱桃	香泉紫云	北京市林业果树科学研究院	2020.7.27
CNA015261G	CNA20182864.7	樱桃	蜜露	大连市农业科学研究院	2020.7.27
CNA015262G	CNA20191003208	茶组	华农181	华南农业大学	2020.7.27
CNA015263G	CNA20183649.7	桑属	桂诱2172	广西壮族自治区蚕业技术推广总站	2020.7.27
CNA015264G	CNA20183651.2	桑属	桂诱94168	广西壮族自治区蚕业技术推广总站	2020.7.27
CNA015265G	CNA20183736.1	桑属	桂椹94257	广西壮族自治区蚕业技术推广总站	2020.7.27
CNA015266G	CNA20160687.8	向日葵	0765A	巴彦淖尔市关尔农业发展有限责任公司	2020.7.27
CNA015267G	CNA20160690.3	向日葵	851R	巴彦淖尔市关尔农业发展有限责任公司	2020.7.27
CNA015268G	CNA20160691.2	向日葵	1065R	巴彦淖尔市关尔农业发展有限责任公司	2020.7.27
CNA015269G	CNA20160692.1	向日葵	A1136	巴彦淖尔市关尔农业发展有限责任公司	2020.7.27
CNA015270G	CNA20160693.0	向日葵	GL336	巴彦淖尔市关尔农业发展有限责任公司	2020.7.27
CNA015271G	CNA20160911.6	向日葵	AD7199	内蒙古西蒙种业有限公司	2020.7.27
CNA015272G	CNA20160912.5	向日葵	XM16	内蒙古西蒙种业有限公司	2020.7.27
CNA015273G	CNA20161039.1	向日葵	T338	赤峰市农牧科学研究院	2020.7.27
CNA015274G	CNA20161336.1	向日葵	天葵107A	北京天葵立德种子科技有限公司、吴天平、刘刃生	2020.7.27
CNA015275G	CNA20161337.0	向日葵	天葵1048A	北京天葵立德种子科技有限公司、吴天平、刘刃生	2020.7.27
CNA015276G	CNA20161338.9	向日葵	天葵1052A	北京天葵立德种子科技有限公司、吴天平、刘刃生	2020.7.27
CNA015277G	CNA20161339.8	向日葵	天葵1061A	北京天葵立德种子科技有限公司、吴天平、刘刃生	2020.7.27
CNA015278G	CNA20161340.5	向日葵	天葵1086A	北京天葵立德种子科技有限公司、吴天平、刘刃生	2020.7.27
CNA015279G	CNA20161341.4	向日葵	天葵1096A	北京天葵立德种子科技有限公司、吴天平、刘刃生	2020.7.27
CNA015280G	CNA20161342.3	向日葵	天葵1640A	北京天葵立德种子科技有限公司、吴天平、刘刃生	2020.7.27
CNA015281G	CNA20161343.2	向日葵	天葵1735A	北京天葵立德种子科技有限公司、吴天平、刘刃生	2020.7.27
CNA015282G	CNA20161344.1	向日葵	天葵2601A	北京天葵立德种子科技有限公司、吴天平、刘刃生	2020.7.27
CNA015283G	CNA20161345.0	向日葵	天葵2640A	北京天葵立德种子科技有限公司、吴天平、刘刃生	2020.7.27

（续）

公告号	品种权号	植物种类	品种名称	品种权人	授权日
CNA015284G	CNA20161346.9	向日葵	天葵2647A	北京天葵立德种子科技有限公司、吴天平、刘刃生	2020.7.27
CNA015285G	CNA20161347.8	向日葵	天葵1060R	北京天葵立德种子科技有限公司、吴天平、刘刃生	2020.7.27
CNA015286G	CNA20161348.7	向日葵	天葵1227R	北京天葵立德种子科技有限公司、吴天平、刘刃生	2020.7.27
CNA015287G	CNA20161349.6	向日葵	天葵1697R	北京天葵立德种子科技有限公司、吴天平、刘刃生	2020.7.27
CNA015288G	CNA20161350.2	向日葵	天葵54071R	北京天葵立德种子科技有限公司、吴天平、刘刃生	2020.7.27
CNA015289G	CNA20161351.1	向日葵	天葵88711R	北京天葵立德种子科技有限公司、吴天平、刘刃生	2020.7.27
CNA015290G	CNA20161352.0	向日葵	天葵H155A	北京天葵立德种子科技有限公司、吴天平、刘刃生	2020.7.27
CNA015291G	CNA20161353.9	向日葵	天葵R528	北京天葵立德种子科技有限公司、吴天平、刘刃生	2020.7.27
CNA015292G	CNA20161354.8	向日葵	天葵RLHB	北京天葵立德种子科技有限公司、吴天平、刘刃生	2020.7.27
CNA015293G	CNA20161355.7	向日葵	天葵TYORA	北京天葵立德种子科技有限公司、吴天平、刘刃生	2020.7.27
CNA015294G	CNA20161356.6	向日葵	天葵TY16A	北京天葵立德种子科技有限公司、吴天平、刘刃生	2020.7.27
CNA015295G	CNA20161493.0	向日葵	TK3103	北京天葵立德种子科技有限公司、吴天平、刘刃生	2020.7.27
CNA015296G	CNA20161495.8	向日葵	TK9102	北京天葵立德种子科技有限公司、吴天平、刘刃生	2020.7.27
CNA015297G	CNA20161496.7	向日葵	TK14013	北京天葵立德种子科技有限公司、吴天平、刘刃生	2020.7.27
CNA015298G	CNA20161497.6	向日葵	TK15601	北京天葵立德种子科技有限公司、吴天平、刘刃生	2020.7.27
CNA015299G	CNA20161783.9	向日葵	AD630	甘肃安达种业有限责任公司	2020.7.27
CNA015300G	CNA20172732.8	向日葵	NX53177	先正达参股股份有限公司	2020.7.27
CNA015301G	CNA20172733.7	向日葵	NX73008	先正达参股股份有限公司	2020.7.27
CNA015302G	CNA20181803.3	青花菜	青城7427	天津惠尔稼种业科技有限公司	2020.7.27
CNA015303G	CNA20181058.5	椰子	文椰5号	中国热带农业科学院椰子研究所	2020.7.27
CNA015304G	CNA20181059.4	椰子	文椰6号	中国热带农业科学院椰子研究所	2020.7.27
CNA015305G	CNA20183632.6	凤梨属	粤甜	广东省农业科学院果树研究所	2020.7.27
CNA015306G	CNA20184208.8	无花果	彩毅	东莞市农业科学研究中心、郑武林	2020.7.27
CNA015307G	CNA20172397.4	石斛属	白鸽	广东省农业科学院环境园艺研究所	2020.7.27

（续）

公告号	品种权号	植物种类	品种名称	品种权人	授权日
CNA015308G	CNA20181303.8	石斛属	紫霞	广东省农业科学院环境园艺研究所	2020.7.27
CNA015309G	CNA20183058.1	石斛属	法瑞莫	日本山本石斛兰株式会社	2020.7.27
CNA015310G	CNA20170689.5	萱草属	VER00112	荷兰希姆思科宿根花卉公司	2020.7.27
CNA015311G	CNA20170690.2	萱草属	VER00198	荷兰希姆思科宿根花卉公司	2020.7.27
CNA015312G	CNA20170691.1	萱草属	VER00204	荷兰希姆思科宿根花卉公司	2020.7.27
CNA015313G	CNA20170692.0	萱草属	VER00213	荷兰希姆思科宿根花卉公司	2020.7.27
CNA015314G	CNA20170693.9	萱草属	VER00322	荷兰希姆思科宿根花卉公司	2020.7.27
CNA015315G	CNA20170694.8	萱草属	VER00323	荷兰希姆思科宿根花卉公司	2020.7.27
CNA015316G	CNA20183072.3	灵芝属	禅芝	峨眉山国芝堂生物科技有限公司	2020.7.27
CNA015317G	CNA20183097.4	灵芝属	峨芝	峨眉山国芝堂生物科技有限公司	2020.7.27
CNA015318G	CNA20170210.3	甜菊（甜叶菊）	谱星3号	谱赛科（江西）生物技术有限公司	2020.7.27
CNA015319G	CNA20121238.4	水稻	两优228	安徽绿亿种业有限公司	2020.9.30
CNA015320G	CNA20130534.6	水稻	甬优538	宁波市种子有限公司	2020.9.30
CNA015321G	CNA20140570.0	水稻	嘉糯恢7号	福建农林大学	2020.9.30
CNA015322G	CNA20150399.8	水稻	喜06S	安徽喜多收种业科技有限公司	2020.9.30
CNA015323G	CNA20150400.5	水稻	喜08S	安徽喜多收种业科技有限公司	2020.9.30
CNA015324G	CNA20150486.2	水稻	徽敏S	安徽省农业科学院水稻研究所	2020.9.30
CNA015325G	CNA20151320.0	水稻	宁16S	江苏省农业科学院	2020.9.30
CNA015326G	CNA20160089.2	水稻	隆粳968	江苏徐淮地区淮阴农业科学研究所、安徽隆平高科种业有限公司、安徽赛诺种业有限公司	2020.9.30
CNA015327G	CNA20160155.1	水稻	05YP16	浙江省农业科学院	2020.9.30
CNA015328G	CNA20160362.0	水稻	吉大粳稻518	吉林大学	2020.9.30
CNA015329G	CNA20160498.7	水稻	福228S	湖南隆平种业有限公司	2020.9.30
CNA015330G	CNA20160511.0	水稻	金廊粳1号	上海市农业生物基因中心	2020.9.30
CNA015331G	CNA20160679.8	水稻	镇稻448	江苏丘陵地区镇江农业科学研究所	2020.9.30
CNA015332G	CNA20160731.4	水稻	中粳616	中国种子集团有限公司	2020.9.30
CNA015333G	CNA20160863.4	水稻	WYJ18	安徽皖垦种业股份有限公司	2020.9.30
CNA015334G	CNA20161058.7	水稻	香软早粳	上海师范大学	2020.9.30
CNA015335G	CNA20161204.0	水稻	武运粳80	江苏（武进）水稻研究所	2020.9.30
CNA015336G	CNA20161372.6	水稻	锦稻香103	盘锦北方农业技术开发有限公司	2020.9.30
CNA015337G	CNA20161462.7	水稻	福巨2号	福建农林大学、福建省农业科学院水稻研究所	2020.9.30

（续）

公告号	品种权号	植物种类	品种名称	品种权人	授权日
CNA015338G	CNA20161463.6	水稻	福巨4号	福建农林大学、福建省农业科学院水稻研究所	2020.9.30
CNA015339G	CNA20161582.2	水稻	苏秀125	南京苏乐种业科技有限公司	2020.9.30
CNA015340G	CNA20161584.0	水稻	苏秀8608	连云港市苏乐种业科技有限公司	2020.9.30
CNA015341G	CNA20161639.5	水稻	湘宁早3号	海南波莲水稻基因科技有限公司	2020.9.30
CNA015342G	CNA20161642.0	水稻	湘宁早4号	海南波莲水稻基因科技有限公司	2020.9.30
CNA015343G	CNA20162027.3	水稻	泰恢2547	江苏红旗种业股份有限公司	2020.9.30
CNA015344G	CNA20162028.2	水稻	松辽838	公主岭市松辽农业科学研究所	2020.9.30
CNA015345G	CNA20162299.4	水稻	科辐糯2号	中国科学院合肥物质科学研究院	2020.9.30
CNA015346G	CNA20162305.6	水稻	陵两优7717	袁隆平农业高科技股份有限公司、湖南亚华种业科学研究院、湖南隆平高科种业科学研究院有限公司	2020.9.30
CNA015347G	CNA20162326.1	水稻	申34A	上海市农业科学院	2020.9.30
CNA015348G	CNA20162327.0	水稻	申优415	上海市农业科学院	2020.9.30
CNA015349G	CNA20162329.8	水稻	沪软1212	上海市农业科学院	2020.9.30
CNA015350G	CNA20162332.3	水稻	两优6816	安徽省农业科学院水稻研究所	2020.9.30
CNA015351G	CNA20162366.2	水稻	金恢113号	福建农林大学、中国种子集团有限公司	2020.9.30
CNA015352G	CNA20162367.1	水稻	金恢114号	福建农林大学、中国种子集团有限公司	2020.9.30
CNA015353G	CNA20162368.0	水稻	金恢115号	福建农林大学、中国种子集团有限公司	2020.9.30
CNA015354G	CNA20162479.6	水稻	中秧A	中国水稻研究所	2020.9.30
CNA015355G	CNA20170001.6	水稻	信丰19	信阳市农业科学院、信阳师范学院	2020.9.30
CNA015356G	CNA20170044.5	水稻	中早51	中国水稻研究所	2020.9.30
CNA015357G	CNA20170093.5	水稻	锦瑞4号	云南金瑞种业有限公司	2020.9.30
CNA015358G	CNA20170144.4	水稻	中64A	中国水稻研究所	2020.9.30
CNA015359G	CNA20170183.6	水稻	润稻118	镇江润健农艺有限公司	2020.9.30
CNA015360G	CNA20170184.5	水稻	镇籼2S	江苏丘陵地区镇江农业科学研究所	2020.9.30
CNA015361G	CNA20170185.4	水稻	镇糯22号	江苏丘陵地区镇江农业科学研究所	2020.9.30
CNA015362G	CNA20170194.3	水稻	保丰1435	江苏保丰集团公司	2020.9.30
CNA015363G	CNA20170234.5	水稻	云恢68	云南金瑞种业有限公司、云南省低纬高原稻区两系杂交水稻种业工程研究中心	2020.9.30
CNA015364G	CNA20170241.6	水稻	龙粳1539	佳木斯龙粳种业有限公司、黑龙江省农业科学院佳木斯水稻研究所	2020.9.30

（续）

公告号	品种权号	植物种类	品种名称	品种权人	授权日
CNA015365G	CNA20170525.3	水稻	金粳667	江苏省金地种业科技有限公司、天津市金泰种业有限公司	2020.9.30
CNA015366G	CNA20170573.4	水稻	扬两优316	江苏里下河地区农业科学研究所	2020.9.30
CNA015367G	CNA20170579.8	水稻	C两优198	安徽喜多收种业科技有限公司	2020.9.30
CNA015368G	CNA20171179.0	水稻	星88S	安徽袁粮水稻产业有限公司	2020.9.30
CNA015369G	CNA20171555.4	水稻	中恢158	中国水稻研究所	2020.9.30
CNA015370G	CNA20171572.3	水稻	桃HS	安徽桃花源农业科技有限责任公司	2020.9.30
CNA015371G	CNA20171573.2	水稻	桃恢88	安徽桃花源农业科技有限责任公司	2020.9.30
CNA015372G	CNA20171880.0	水稻	八宝谷2号	广南县八宝米研究所	2020.9.30
CNA015373G	CNA20172287.7	水稻	裕两优华占	安徽喜多收种业科技有限公司	2020.9.30
CNA015374G	CNA20172289.5	水稻	深两优868	安徽喜多收种业科技有限公司	2020.9.30
CNA015375G	CNA20173191.0	水稻	凤稻30号	大理白族自治州农业科学推广研究院	2020.9.30
CNA015376G	CNA20173192.9	水稻	凤稻31号	大理白族自治州农业科学推广研究院	2020.9.30
CNA015377G	CNA20173245.6	水稻	浙17104	浙江省农业科学院	2020.9.30
CNA015378G	CNA20173351.6	水稻	亮两优423	合肥国丰农业科技有限公司	2020.9.30
CNA015379G	CNA20173352.5	水稻	红两优丝占	合肥国丰农业科技有限公司	2020.9.30
CNA015380G	CNA20173355.2	水稻	G两优6369	合肥国丰农业科技有限公司	2020.9.30
CNA015381G	CNA20173421.2	水稻	Z2028S	安徽省农业科学院水稻研究所	2020.9.30
CNA015382G	CNA20173496.2	水稻	雍丰香1号	安徽丰永种子有限责任公司	2020.9.30
CNA015383G	CNA20173634.5	水稻	科珍丝苗	安徽荃银种业科技有限公司	2020.9.30
CNA015384G	CNA20180056.9	水稻	圣稻1722	山东省水稻研究所	2020.9.30
CNA015385G	CNA20180062.1	水稻	圣稻31	山东省农业科学院生物技术研究中心、山东省水稻研究所	2020.9.30
CNA015386G	CNA20180094.3	水稻	9优智占	安徽华安种业有限责任公司、安徽荃银高科种业股份有限公司	2020.9.30
CNA015387G	CNA20180095.2	水稻	荃优280	安徽华安种业有限责任公司、安徽荃银高科种业股份有限公司	2020.9.30
CNA015388G	CNA20180097.0	水稻	R113	江苏瑞华农业科技有限公司	2020.9.30
CNA015389G	CNA20180139.0	水稻	圣稻28	山东省水稻研究所	2020.9.30
CNA015390G	CNA20180186.2	水稻	焦粳36	江苏焦点农业科技有限公司	2020.9.30
CNA015391G	CNA20184736.9	水稻	荃香优822	安徽荃银高科种业股份有限公司	2020.9.30
CNA015392G	CNA20184737.8	水稻	YR851	安徽荃银高科种业股份有限公司	2020.9.30
CNA015393G	CNA20184738.7	水稻	5HR004	安徽荃银高科种业股份有限公司	2020.9.30

（续）

公告号	品种权号	植物种类	品种名称	品种权人	授权日
CNA015394G	CNA20184739.6	水稻	5HR015	安徽荃银高科种业股份有限公司	2020.9.30
CNA015395G	CNA20184740.3	水稻	YR95占	安徽荃银高科种业股份有限公司	2020.9.30
CNA015396G	CNA20184749.4	水稻	5HR108	安徽荃银高科种业股份有限公司	2020.9.30
CNA015397G	CNA20191001053	水稻	华恢1195	袁隆平农业高科技股份有限公司、湖南隆平高科种业科学研究院有限公司、湖南亚华种业科学研究院	2020.9.30
CNA015398G	CNA20191001361	水稻	两优1314	武汉大学	2020.9.30
CNA015399G	CNA20191001455	水稻	R1199	湖南亚华种业科学研究院、湖南隆平高科种业科学研究院有限公司、袁隆平农业高科技股份有限公司	2020.9.30
CNA015400G	CNA20191001479	水稻	华恢1755	袁隆平农业高科技股份有限公司、湖南亚华种业科学研究院、湖南隆平高科种业科学研究院有限公司	2020.9.30
CNA015401G	CNA20191001488	水稻	华恢2017	袁隆平农业高科技股份有限公司、湖南亚华种业科学研究院、湖南隆平高科种业科学研究院有限公司	2020.9.30
CNA015402G	CNA20191001578	水稻	R340	武汉大学	2020.9.30
CNA015403G	CNA20191001579	水稻	R255	武汉大学	2020.9.30
CNA015404G	CNA20191001678	水稻	扬泰A	广东省农业科学院水稻研究所	2020.9.30
CNA015405G	CNA20191001680	水稻	象竹香丝苗	广东省农业科学院水稻研究所	2020.9.30
CNA015406G	CNA20191001684	水稻	华泰S	广东省农业科学院水稻研究所	2020.9.30
CNA015407G	CNA20191001700	水稻	禾福香占	广东省农业科学院水稻研究所	2020.9.30
CNA015408G	CNA20191001976	水稻	YR857	安徽荃银高科种业股份有限公司	2020.9.30
CNA015409G	CNA20191001977	水稻	银丝苗	安徽荃银高科种业股份有限公司	2020.9.30
CNA015410G	CNA20191001978	水稻	洁丰丝苗	安徽荃银高科种业股份有限公司	2020.9.30
CNA015411G	CNA20191002111	水稻	YR069	安徽荃银高科种业股份有限公司	2020.9.30
CNA015412G	CNA20191002176	水稻	广恢1055	广东省农业科学院水稻研究所	2020.9.30
CNA015413G	CNA20191002247	水稻	广雅S	广东省农业科学院水稻研究所	2020.9.30
CNA015414G	CNA20191002360	水稻	两优5311	武汉大学	2020.9.30
CNA015415G	CNA20191002434	水稻	两优2618	武汉大学	2020.9.30
CNA015416G	CNA20191003119	水稻	K516	袁隆平农业高科技股份有限公司、湖南民升种业科学研究院有限公司、湖南隆平种业有限公司	2020.9.30
CNA015417G	CNA20191003120	水稻	K526	袁隆平农业高科技股份有限公司、湖南民升种业科学研究院有限公司、湖南隆平种业有限公司	2020.9.30
CNA015418G	CNA20191003121	水稻	K531	袁隆平农业高科技股份有限公司、湖南民升种业科学研究院有限公司、湖南隆平种业有限公司	2020.9.30

（续）

公告号	品种权号	植物种类	品种名称	品种权人	授权日
CNA015419G	CNA20191003122	水稻	K3265	袁隆平农业高科技股份有限公司、湖南民升种业科学研究院有限公司、湖南隆平种业有限公司	2020.9.30
CNA015420G	CNA20191003123	水稻	K3287	袁隆平农业高科技股份有限公司、湖南民升种业科学研究院有限公司、湖南隆平种业有限公司	2020.9.30
CNA015421G	CNA20191003124	水稻	K3291	袁隆平农业高科技股份有限公司、湖南民升种业科学研究院有限公司、湖南隆平种业有限公司	2020.9.30
CNA015422G	CNA20191003126	水稻	R1624	袁隆平农业高科技股份有限公司、湖南民升种业科学研究院有限公司、湖南隆平种业有限公司	2020.9.30
CNA015423G	CNA20191003127	水稻	R1761	袁隆平农业高科技股份有限公司、湖南民升种业科学研究院有限公司、湖南隆平种业有限公司	2020.9.30
CNA015424G	CNA20191003128	水稻	R1777	袁隆平农业高科技股份有限公司、湖南民升种业科学研究院有限公司、湖南隆平种业有限公司	2020.9.30
CNA015425G	CNA20191003130	水稻	R2056	袁隆平农业高科技股份有限公司、湖南民升种业科学研究院有限公司、湖南隆平种业有限公司	2020.9.30
CNA015426G	CNA20191003134	水稻	冠S	袁隆平农业高科技股份有限公司、湖南民升种业科学研究院有限公司、湖南隆平种业有限公司	2020.9.30
CNA015427G	CNA20191003135	水稻	麟S	袁隆平农业高科技股份有限公司、湖南民升种业科学研究院有限公司、湖南隆平种业有限公司	2020.9.30
CNA015428G	CNA20191003137	水稻	平S	袁隆平农业高科技股份有限公司、湖南民升种业科学研究院有限公司、湖南隆平种业有限公司	2020.9.30
CNA015429G	CNA20191003139	水稻	味S	袁隆平农业高科技股份有限公司、湖南民升种业科学研究院有限公司、湖南隆平种业有限公司	2020.9.30
CNA015430G	CNA20191003143	水稻	彦S	袁隆平农业高科技股份有限公司、湖南民升种业科学研究院有限公司、湖南隆平种业有限公司	2020.9.30
CNA015431G	CNA20191003145	水稻	英S	袁隆平农业高科技股份有限公司、湖南民升种业科学研究院有限公司、湖南隆平种业有限公司	2020.9.30
CNA015432G	CNA20191003146	水稻	增S	袁隆平农业高科技股份有限公司、湖南民升种业科学研究院有限公司、湖南隆平种业有限公司	2020.9.30
CNA015433G	CNA20191003148	水稻	珍20S	袁隆平农业高科技股份有限公司、湖南民升种业科学研究院有限公司、湖南隆平种业有限公司	2020.9.30
CNA015434G	CNA20191003173	水稻	R322	武汉衍升农业科技有限公司	2020.9.30

（续）

公告号	品种权号	植物种类	品种名称	品种权人	授权日
CNA015435G	CNA20191003176	水稻	R224	武汉衍升农业科技有限公司	2020.9.30
CNA015436G	CNA20191003245	水稻	龙粳1824	黑龙江省农业科学院水稻研究所	2020.9.30
CNA015437G	CNA20191003283	水稻	润珠香	湖北省农业科学院粮食作物研究所	2020.9.30
CNA015438G	CNA20191003304	水稻	花香1R	天津天隆科技股份有限公司	2020.9.30
CNA015439G	CNA20191003526	水稻	琦S	袁隆平农业高科技股份有限公司、湖南民升种业科学研究院有限公司、湖南隆平种业有限公司	2020.9.30
CNA015440G	CNA20191003527	水稻	挺S	袁隆平农业高科技股份有限公司、湖南民升种业科学研究院有限公司、湖南隆平种业有限公司	2020.9.30
CNA015441G	CNA20191003531	水稻	赞6158S	袁隆平农业高科技股份有限公司、湖南民升种业科学研究院有限公司、湖南隆平种业有限公司	2020.9.30
CNA015442G	CNA20191003535	水稻	秀S	袁隆平农业高科技股份有限公司、湖南民升种业科学研究院有限公司、湖南隆平种业有限公司	2020.9.30
CNA015443G	CNA20191003581	水稻	泰优1627	湖南农业大学、中国种子集团有限公司	2020.9.30
CNA015444G	CNA20191003844	水稻	桂占151	广西壮族自治区农业科学院水稻研究所	2020.9.30
CNA015445G	CNA20191003845	水稻	桂占165	广西壮族自治区农业科学院水稻研究所	2020.9.30
CNA015446G	CNA20191003846	水稻	桂野4号	广西壮族自治区农业科学院水稻研究所	2020.9.30
CNA015447G	CNA20191004102	水稻	巨2优67	湖北省农业科学院粮食作物研究所	2020.9.30
CNA015448G	CNA20191004175	水稻	桂恢113	广西壮族自治区农业科学院水稻研究所	2020.9.30
CNA015449G	CNA20191004304	水稻	荆玉香丝	湖北省农业科学院粮食作物研究所	2020.9.30
CNA015450G	CNA20191004382	水稻	至427S	湖南农业大学	2020.9.30
CNA015451G	CNA20191004384	水稻	卓234S	湖南农业大学、湖南希望种业科技股份有限公司	2020.9.30
CNA015452G	CNA20191004386	水稻	湘农恢301	湖南农业大学	2020.9.30
CNA015453G	CNA20191004387	水稻	湘农恢161	湖南农业大学	2020.9.30
CNA015454G	CNA20191004388	水稻	湘农恢313	湖南农业大学	2020.9.30
CNA015455G	CNA20191004389	水稻	湘农恢1105	湖南农业大学	2020.9.30
CNA015456G	CNA20191004480	水稻	ZY532	湖北省农业科学院粮食作物研究所	2020.9.30
CNA015457G	CNA20191004566	水稻	桂R17	广西壮族自治区农业科学院水稻研究所	2020.9.30
CNA015458G	CNA20191004753	水稻	钱江101	浙江省农业科学院、浙江勿忘农种业股份有限公司	2020.9.30
CNA015459G	CNA20191004778	水稻	湘农恢009	湖南农业大学	2020.9.30
CNA015460G	CNA20191004808	水稻	桂恢251	广西壮族自治区农业科学院水稻研究所	2020.9.30

（续）

公告号	品种权号	植物种类	品种名称	品种权人	授权日
CNA015461G	CNA20191004816	水稻	那丰占	广西壮族自治区农业科学院水稻研究所	2020.9.30
CNA015462G	CNA20191004817	水稻	那谷香	广西壮族自治区农业科学院水稻研究所	2020.9.30
CNA015463G	CNA20191004819	水稻	那香丝苗	广西壮族自治区农业科学院水稻研究所	2020.9.30
CNA015464G	CNA20191004820	水稻	那玉香	广西壮族自治区农业科学院水稻研究所	2020.9.30
CNA015465G	CNA20191004831	水稻	浙粳78	浙江省农业科学院、浙江勿忘农种业股份有限公司	2020.9.30
CNA015466G	CNA20191004892	水稻	珞香1A	武汉衍升农业科技有限公司	2020.9.30
CNA015467G	CNA20191004960	水稻	禾香1A	浙江省嘉兴市农业科学研究院（所）、浙江勿忘农种业股份有限公司	2020.9.30
CNA015468G	CNA20191005128	水稻	浙香银针	浙江省农业科学院、浙江勿忘农种业股份有限公司	2020.9.30
CNA015469G	CNA20191005204	水稻	恢10	中国水稻研究所、浙江勿忘农种业股份有限公司	2020.9.30
CNA015470G	CNA20191005267	水稻	浙恢1578	浙江省农业科学院、浙江勿忘农种业股份有限公司	2020.9.30
CNA015471G	CNA20150922.4	玉米	QFD416	李庆锋	2020.9.30
CNA015472G	CNA20151557.4	玉米	KWCB1	科沃施种子欧洲股份两合公司	2020.9.30
CNA015473G	CNA20151558.3	玉米	KWMM31	科沃施种子欧洲股份两合公司	2020.9.30
CNA015474G	CNA20160201.5	玉米	冀农121	河北冀农种业有限责任公司	2020.9.30
CNA015475G	CNA20160241.7	玉米	天涯20	陕西秦龙绿色种业有限公司	2020.9.30
CNA015476G	CNA20160647.7	玉米	泰548	衣丰凡	2020.9.30
CNA015477G	CNA20161112.1	玉米	LS111	斯泰种业公司	2020.9.30
CNA015478G	CNA20161448.6	玉米	利单551	利马格兰欧洲	2020.9.30
CNA015479G	CNA20161474.3	玉米	先玉1532	先锋国际良种公司	2020.9.30
CNA015480G	CNA20161828.6	玉米	H2767	安徽隆平高科种业有限公司	2020.9.30
CNA015481G	CNA20162124.5	玉米	HF531	哈尔滨市德艺玉米研究所	2020.9.30
CNA015482G	CNA20162125.4	玉米	HF936	哈尔滨市德艺玉米研究所	2020.9.30
CNA015483G	CNA20162126.3	玉米	HF8335	哈尔滨市德艺玉米研究所	2020.9.30
CNA015484G	CNA20162184.2	玉米	SCML1312	四川农业大学	2020.9.30
CNA015485G	CNA20162185.1	玉米	SCML7275	四川农业大学	2020.9.30
CNA015486G	CNA20170760.7	玉米	YY02	河南省豫玉种业股份有限公司	2020.9.30
CNA015487G	CNA20170900.8	玉米	鼎玉808	北京金色农华种业科技股份有限公司	2020.9.30
CNA015488G	CNA20170902.6	玉米	锦华119	北京金色农华种业科技股份有限公司	2020.9.30
CNA015489G	CNA20170908.0	玉米	农华218	北京金色农华种业科技股份有限公司	2020.9.30
CNA015490G	CNA20170911.5	玉米	锦华313	北京金色丰度种业科技有限公司	2020.9.30

（续）

公告号	品种权号	植物种类	品种名称	品种权人	授权日
CNA015491G	CNA20170913.3	玉米	锦华228	北京金色丰度种业科技有限公司	2020.9.30
CNA015492G	CNA20171314.6	玉米	A22	德农种业股份公司	2020.9.30
CNA015493G	CNA20172438.5	玉米	JH2830	北京金色农华种业科技股份有限公司	2020.9.30
CNA015494G	CNA20172439.4	玉米	JH313085	北京金色农华种业科技股份有限公司	2020.9.30
CNA015495G	CNA20172440.1	玉米	NS0216	北京金色农华种业科技股份有限公司	2020.9.30
CNA015496G	CNA20172441.0	玉米	NS2825	北京金色农华种业科技股份有限公司	2020.9.30
CNA015497G	CNA20172451.7	玉米	JH0072	北京金色农华种业科技股份有限公司	2020.9.30
CNA015498G	CNA20172461.5	玉米	强盛389	山西福盛园科技发展有限公司	2020.9.30
CNA015499G	CNA20173043.0	玉米	NS7041	北京金色农华种业科技股份有限公司	2020.9.30
CNA015500G	CNA20182080.5	玉米	FL0409	湖北康农种业股份有限公司	2020.9.30
CNA015501G	CNA20182081.4	玉米	FL706	湖北康农种业股份有限公司	2020.9.30
CNA015502G	CNA20182082.3	玉米	FL3095	湖北康农种业股份有限公司	2020.9.30
CNA015503G	CNA20182083.2	玉米	华自011	湖北康农种业股份有限公司	2020.9.30
CNA015504G	CNA20184610.0	玉米	SD2208	绵阳市涪城区山地农作物研究所	2020.9.30
CNA015505G	CNA20191000173	玉米	U京92	北京市农林科学院	2020.9.30
CNA015506G	CNA20191001121	玉米	NF181	中国科学院东北地理与农业生态研究所	2020.9.30
CNA015507G	CNA20191001149	玉米	NM182	中国科学院东北地理与农业生态研究所	2020.9.30
CNA015508G	CNA20191001156	玉米	NM183	中国科学院东北地理与农业生态研究所	2020.9.30
CNA015509G	CNA20191001208	玉米	JH8118 X7808	莱州市金海作物研究所有限公司	2020.9.30
CNA015510G	CNA20191001209	玉米	JH322	莱州市金海作物研究所有限公司	2020.9.30
CNA015511G	CNA20191001210	玉米	JH456	莱州市金海作物研究所有限公司	2020.9.30
CNA015512G	CNA20191001860	玉米	新单88	河南省新乡市农业科学院	2020.9.30
CNA015513G	CNA20191002201	玉米	云瑞520	云南省农业科学院粮食作物研究所	2020.9.30
CNA015514G	CNA20191002349	玉米	松玉432	吉林市松花江种业有限责任公司	2020.9.30
CNA015515G	CNA20191002700	玉米	丹9255	辽宁丹玉种业科技股份有限公司	2020.9.30
CNA015516G	CNA20191002722	玉米	A87	河北省农林科学院粮油作物研究所	2020.9.30
CNA015517G	CNA20191002724	玉米	B132	河北省农林科学院粮油作物研究所	2020.9.30
CNA015518G	CNA20191003072	玉米	渝727	重庆市农业科学院	2020.9.30
CNA015519G	CNA20191003202	玉米	丹玉3191	丹东农业科学院	2020.9.30
CNA015520G	CNA20191003332	玉米	矮58	河北省农林科学院粮油作物研究所	2020.9.30
CNA015521G	CNA20191003456	玉米	TML11	云南田瑞种业有限公司	2020.9.30

（续）

公告号	品种权号	植物种类	品种名称	品种权人	授权日
CNA015522G	CNA20191003472	玉米	JH1115 B8009	莱州市金海作物研究所有限公司	2020.9.30
CNA015523G	CNA20191003474	玉米	JH1115 B8008	莱州市金海作物研究所有限公司	2020.9.30
CNA015524G	CNA20191003475	玉米	圣泰817	长春圣泰种业科技有限公司	2020.9.30
CNA015525G	CNA20191003582	玉米	百玉393	河南科技学院	2020.9.30
CNA015526G	CNA20191003588	玉米	渝豪单808	重庆市农业科学院	2020.9.30
CNA015527G	CNA20191003875	玉米	TML112	云南田瑞种业有限公司	2020.9.30
CNA015528G	CNA20191003974	玉米	浚1541	鹤壁市农业科学院	2020.9.30
CNA015529G	CNA20191003975	玉米	浚686K	鹤壁市农业科学院	2020.9.30
CNA015530G	CNA20191003976	玉米	浚单58	鹤壁市农业科学院	2020.9.30
CNA015531G	CNA20191003982	玉米	渝140	重庆市农业科学院	2020.9.30
CNA015532G	CNA20191005206	玉米	中单603	中国农业科学院作物科学研究所	2020.9.30
CNA015533G	CNA20161169.3	普通小麦	华成麦1688	安徽华成种业股份有限公司	2020.9.30
CNA015534G	CNA20161535.0	普通小麦	天民184	延津县帝益麦种业有限公司	2020.9.30
CNA015535G	CNA20162399.3	普通小麦	中信麦68	河北众人信农业科技股份有限公司	2020.9.30
CNA015536G	CNA20170363.8	普通小麦	阜麦9号	阜阳市农业科学院	2020.9.30
CNA015537G	CNA20160033.9	大麦属	龙啤麦3号	黑龙江省农业科学院作物育种研究所、中国农业科学院作物科学研究所	2020.9.30
CNA015538G	CNA20161014.0	大麦属	港啤3号	连云港市农业科学院	2020.9.30
CNA015539G	CNA20171254.8	大麦属	凤啤麦3号	大理白族自治州农业科学推广研究院	2020.9.30
CNA015540G	CNA20171255.7	大麦属	凤啤麦5号	大理白族自治州农业科学推广研究院	2020.9.30
CNA015541G	CNA20171256.6	大麦属	凤啤麦6号	大理白族自治州农业科学推广研究院	2020.9.30
CNA015542G	CNA20100084.3	大豆	黑科52号	黑龙江省农业科学院黑河分院	2020.9.30
CNA015543G	CNA20100085.2	大豆	黑科53号	黑龙江省农业科学院黑河分院	2020.9.30
CNA015544G	CNA20150418.5	大豆	徐豆21	江苏徐淮地区徐州农业科学研究所	2020.9.30
CNA015545G	CNA20151226.5	大豆	淮鲜豆5号	江苏徐淮地区淮阴农业科学研究所、淮阴师范学院	2020.9.30
CNA015546G	CNA20151344.2	大豆	开科源12号	辽宁开原市农科种苗有限公司	2020.9.30
CNA015547G	CNA20151845.6	大豆	龙小粒豆2号	黑龙江省农业科学院作物育种研究所	2020.9.30
CNA015548G	CNA20160384.4	大豆	中黄901	中国农业科学院作物科学研究所	2020.9.30
CNA015549G	CNA20162228.0	大豆	沧豆13	沧州市农林科学院	2020.9.30
CNA015550G	CNA20170055.1	大豆	皖豆37	安徽省农业科学院作物研究所	2020.9.30
CNA015551G	CNA20170090.8	大豆	津选豆1012	天津市农作物研究所	2020.9.30

（续）

公告号	品种权号	植物种类	品种名称	品种权人	授权日
CNA015552G	CNA20170097.1	大豆	辽鲜豆3号	辽宁省农业科学院	2020.9.30
CNA015553G	CNA20170186.3	大豆	皖豆38	安徽省农业科学院作物研究所	2020.9.30
CNA015554G	CNA20170187.2	大豆	皖豆20001	安徽省农业科学院作物研究所	2020.9.30
CNA015555G	CNA20171087.1	大豆	蒙豆1137	呼伦贝尔市农业科学研究所	2020.9.30
CNA015556G	CNA20171091.5	大豆	蒙豆42	呼伦贝尔市农业科学研究所	2020.9.30
CNA015557G	CNA20171092.4	大豆	蒙豆43	呼伦贝尔市农业科学研究所	2020.9.30
CNA015558G	CNA20171180.7	大豆	驻豆19	驻马店市农业科学院、河南驻研种业有限公司	2020.9.30
CNA015559G	CNA20171291.3	大豆	华成豆8号	安徽华成种业股份有限公司	2020.9.30
CNA015560G	CNA20171424.3	大豆	淮鲜豆6号	江苏徐淮地区淮阴农业科学研究所	2020.9.30
CNA015561G	CNA20171425.2	大豆	淮豆13	江苏徐淮地区淮阴农业科学研究所、江苏省农业科学院	2020.9.30
CNA015562G	CNA20172105.7	大豆	黔豆11号	贵州省油料研究所	2020.9.30
CNA015563G	CNA20172367.0	大豆	南农48	南京农业大学	2020.9.30
CNA015564G	CNA20172928.2	大豆	苏奎2号	江苏省农业科学院、铁岭市维奎大豆科学研究所、开原市雨农种业有限公司	2020.9.30
CNA015565G	CNA20173243.8	大豆	浙农9号	浙江省农业科学院	2020.9.30
CNA015566G	CNA20173244.7	大豆	浙农10号	浙江省农业科学院	2020.9.30
CNA015567G	CNA20180085.4	大豆	濉科43	濉溪县科技开发中心	2020.9.30
CNA015568G	CNA20180086.3	大豆	濉科23	濉溪县科技开发中心	2020.9.30
CNA015569G	CNA20180220.0	大豆	中黑豆42	中国农业科学院油料作物研究所	2020.9.30
CNA015570G	CNA20180256.7	大豆	濮豆1788	濮阳市农业科学院	2020.9.30
CNA015571G	CNA20182679.2	大豆	垦豆95	北大荒垦丰种业股份有限公司	2020.9.30
CNA015572G	CNA20191001468	大豆	吉育2511	吉林省农业科学院	2020.9.30
CNA015573G	CNA20191001471	大豆	吉育253	吉林省农业科学院	2020.9.30
CNA015574G	CNA20191001475	大豆	吉育557	吉林省农业科学院	2020.9.30
CNA015575G	CNA20191001868	大豆	南农60	南京农业大学、江苏徐淮地区淮阴农业科学研究所	2020.9.30
CNA015576G	CNA20191001996	大豆	南农57	南京农业大学、江苏徐淮地区淮阴农业科学研究所	2020.9.30
CNA015577G	CNA20191001997	大豆	南农55	南京农业大学、江苏徐淮地区淮阴农业科学研究所	2020.9.30
CNA015578G	CNA20191001999	大豆	南农54	南京农业大学、江苏徐淮地区淮阴农业科学研究所	2020.9.30
CNA015579G	CNA20191002009	大豆	辽豆59	辽宁省农业科学院	2020.9.30

（续）

公告号	品种权号	植物种类	品种名称	品种权人	授权日
CNA015580G	CNA20191002223	大豆	周豆33	周口市农业科学院	2020.9.30
CNA015581G	CNA20191002377	大豆	周豆35	周口市农业科学院	2020.9.30
CNA015582G	CNA20191002378	大豆	周豆42号	周口市农业科学院	2020.9.30
CNA015583G	CNA20191002853	大豆	吉育251	吉林省农业科学院	2020.9.30
CNA015584G	CNA20191002854	大豆	吉育3514	吉林省农业科学院	2020.9.30
CNA015585G	CNA20191002856	大豆	吉育3513	吉林省农业科学院	2020.9.30
CNA015586G	CNA20191002857	大豆	吉育3512	吉林省农业科学院	2020.9.30
CNA015587G	CNA20191002858	大豆	吉黑11	吉林省农业科学院	2020.9.30
CNA015588G	CNA20191002859	大豆	吉育258	吉林省农业科学院	2020.9.30
CNA015589G	CNA20191002861	大豆	吉育554	吉林省农业科学院	2020.9.30
CNA015590G	CNA20191002862	大豆	吉育555	吉林省农业科学院	2020.9.30
CNA015591G	CNA20191003773	大豆	NN恢1902	南京农业大学	2020.9.30
CNA015592G	CNA20191003808	大豆	合农126	黑龙江省农业科学院佳木斯分院	2020.9.30
CNA015593G	CNA20191003813	大豆	吉育645	黑龙江省农业科学院佳木斯分院	2020.9.30
CNA015594G	CNA20191003888	大豆	云黄14	云南省农业科学院粮食作物研究所	2020.9.30
CNA015595G	CNA20191003890	大豆	云黄15	云南省农业科学院粮食作物研究所	2020.9.30
CNA015596G	CNA20191004184	大豆	中黄320	中国农业科学院作物科学研究所、山东圣丰种业科技有限公司	2020.9.30
CNA015597G	CNA20191004185	大豆	中黄306	中国农业科学院作物科学研究所	2020.9.30
CNA015598G	CNA20191004186	大豆	中黄318	中国农业科学院作物科学研究所	2020.9.30
CNA015599G	CNA20162322.5	甘蓝型油菜	镇油8号	江苏丘陵地区镇江农业科学研究所、江苏丰源种业有限公司	2020.9.30
CNA015600G	CNA20160400.4	甘薯	宁紫薯4号	江苏省农业科学院	2020.9.30
CNA015601G	CNA20160288.1	棉属	苏远棉5037	江苏省农业科学院	2020.9.30
CNA015602G	CNA20161012.2	棉属	苏研608	江苏省农业科学院	2020.9.30
CNA015603G	CNA20161426.2	棉属	银山14号	河南省农业科学院经济作物研究所、河南大学	2020.9.30
CNA015604G	CNA20161566.2	棉属	创棉45号	创世纪种业有限公司	2020.9.30
CNA015605G	CNA20161567.1	棉属	创棉501号	创世纪种业有限公司	2020.9.30
CNA015606G	CNA20161568.0	棉属	创棉50号	创世纪种业有限公司	2020.9.30
CNA015607G	CNA20161569.9	棉属	华惠116	创世纪种业有限公司	2020.9.30
CNA015608G	CNA20161993.5	棉属	新陆早66号	奎屯万氏棉花种业有限责任公司	2020.9.30
CNA015609G	CNA20162137.0	棉属	GB819	中国农业科学院棉花研究所	2020.9.30
CNA015610G	CNA20162143.2	棉属	新陆早72号	新疆惠远种业股份有限公司	2020.9.30

（续）

公告号	品种权号	植物种类	品种名称	品种权人	授权日
CNA015611G	CNA20162468.9	棉属	新陆中73号	新疆农业科学院经济作物研究所	2020.9.30
CNA015612G	CNA20162469.8	棉属	新陆中76号	新疆农业科学院经济作物研究所	2020.9.30
CNA015613G	CNA20162470.5	棉属	新陆中77号	新疆农业科学院经济作物研究所	2020.9.30
CNA015614G	CNA20162522.3	棉属	新陆早70号	新疆石河子农业科学研究院	2020.9.30
CNA015615G	CNA20170131.9	棉属	冀石265	石家庄市农林科学研究院	2020.9.30
CNA015616G	CNA20170135.5	棉属	湘X1251	湖南省棉花科学研究所	2020.9.30
CNA015617G	CNA20170350.3	棉属	聊棉6号	聊城市农业科学研究院	2020.9.30
CNA015618G	CNA20170468.2	棉属	通謇1号	南通大学	2020.9.30
CNA015619G	CNA20170493.1	棉属	中MB11167	中国农业科学院棉花研究所	2020.9.30
CNA015620G	CNA20170609.2	棉属	冀农大23号	河北农业大学	2020.9.30
CNA015621G	CNA20170611.8	棉属	冀农大棉25号	河北农业大学	2020.9.30
CNA015622G	CNA20170627.0	棉属	源棉1号	新疆农业科学院经济作物研究所	2020.9.30
CNA015623G	CNA20171633.0	棉属	瑞杂818	济南鑫瑞种业科技有限公司、中国农业科学院生物技术研究所	2020.9.30
CNA015624G	CNA20171634.9	棉属	瑞棉1号	济南鑫瑞种业科技有限公司、中国农业科学院生物技术研究所	2020.9.30
CNA015625G	CNA20171635.8	棉属	瑞杂817	济南鑫瑞种业科技有限公司、中国农业科学院生物技术研究所	2020.9.30
CNA015626G	CNA20172416.1	棉属	源棉34号	新疆农业科学院经济作物研究所	2020.9.30
CNA015627G	CNA20172980.7	棉属	新陆早68号	新疆农垦科学院	2020.9.30
CNA015628G	CNA20173760.1	棉属	西农棉1008	西北农林科技大学	2020.9.30
CNA015629G	CNA20161378.0	甘蔗属	云蔗05326	云南省农业科学院甘蔗研究所、云南云蔗科技开发有限公司	2020.9.30
CNA015630G	CNA20160324.7	大白菜	京秋5号	北京市农林科学院、京研益农（北京）种业科技有限公司	2020.9.30
CNA015631G	CNA20161778.6	大白菜	锦绿2号	山东省潍坊市农业科学院	2020.9.30
CNA015632G	CNA20170007.0	大白菜	饺子白	济南鲁青种苗有限公司、冯锡鸿	2020.9.30
CNA015633G	CNA20170491.3	大白菜	吉红308	中国农业科学院蔬菜花卉研究所	2020.9.30
CNA015634G	CNA20170492.2	大白菜	绿笋70	中国农业科学院蔬菜花卉研究所	2020.9.30
CNA015635G	CNA20170538.8	大白菜	羞月1655	北京华耐农业发展有限公司	2020.9.30
CNA015636G	CNA20170539.7	大白菜	羞月1656	北京华耐农业发展有限公司	2020.9.30
CNA015637G	CNA20170684.0	大白菜	15WL83	辽宁省农业科学院	2020.9.30
CNA015638G	CNA20171454.6	大白菜	羞月158	北京华耐农业发展有限公司	2020.9.30
CNA015639G	CNA20172310.8	大白菜	德高CR69	德州市德高蔬菜种苗研究所	2020.9.30

（续）

公告号	品种权号	植物种类	品种名称	品种权人	授权日
CNA015640G	CNA20172554.3	大白菜	三口美	河北捷如美农业科技开发有限公司	2020.9.30
CNA015641G	CNA20172739.1	大白菜	西星快菜30	山东登海种业股份有限公司	2020.9.30
CNA015642G	CNA20181092.3	大白菜	金玉	坂田种苗（苏州）有限公司	2020.9.30
CNA015643G	CNA20181093.2	大白菜	黄洋洋	坂田种苗（苏州）有限公司	2020.9.30
CNA015644G	CNA20162029.1	普通结球甘蓝	苏甘55	江苏省农业科学院	2020.9.30
CNA015645G	CNA20170441.4	普通结球甘蓝	秋实1号	重庆市农业科学院	2020.9.30
CNA015646G	CNA20173483.7	普通结球甘蓝	草色烟光	宁波微萌种业有限公司	2020.9.30
CNA015647G	CNA20180229.1	普通结球甘蓝	春晖	温州市神鹿种业有限公司	2020.9.30
CNA015648G	CNA20181173.5	普通结球甘蓝	苏甘35	江苏省农业科学院	2020.9.30
CNA015649G	CNA20151139.1	不结球白菜	PC496	厦门华泰五谷种苗有限公司	2020.9.30
CNA015650G	CNA20160451.2	不结球白菜	京绿1号	北京市农林科学院、京研益农（北京）种业科技有限公司	2020.9.30
CNA015651G	CNA20160452.1	不结球白菜	春油4号	京研益农（北京）种业科技有限公司、北京市农林科学院	2020.9.30
CNA015652G	CNA20161110.3	不结球白菜	甬青805	宁波市农业科学研究院	2020.9.30
CNA015653G	CNA20161530.5	不结球白菜	PW14032	安徽省农业科学院园艺研究所	2020.9.30
CNA015654G	CNA20161531.4	不结球白菜	PW1413	安徽省农业科学院园艺研究所	2020.9.30
CNA015655G	CNA20162036.2	普通番茄	天正1567	山东鲁蔬种业有限责任公司	2020.9.30
CNA015656G	CNA20162169.1	普通番茄	东风189	寿光南澳绿亨农业有限公司	2020.9.30
CNA015657G	CNA20162170.8	普通番茄	冠群6号	寿光南澳绿亨农业有限公司	2020.9.30
CNA015658G	CNA20162171.7	普通番茄	冠群2号	寿光南澳绿亨农业有限公司	2020.9.30
CNA015659G	CNA20162172.6	普通番茄	冠群3号	寿光南澳绿亨农业有限公司	2020.9.30
CNA015660G	CNA20162173.5	普通番茄	冠群4号	寿光南澳绿亨农业有限公司	2020.9.30
CNA015661G	CNA20162174.4	普通番茄	冠群5号	寿光南澳绿亨农业有限公司	2020.9.30
CNA015662G	CNA20162175.3	普通番茄	冠夏	寿光南澳绿亨农业有限公司	2020.9.30
CNA015663G	CNA20162176.2	普通番茄	吉丽101	寿光南澳绿亨农业有限公司	2020.9.30
CNA015664G	CNA20162177.1	普通番茄	吉丽102	寿光南澳绿亨农业有限公司	2020.9.30
CNA015665G	CNA20162178.0	普通番茄	吉丽601	寿光南澳绿亨农业有限公司	2020.9.30

（续）

公告号	品种权号	植物种类	品种名称	品种权人	授权日
CNA015666G	CNA20162192.2	普通番茄	辽粉2号	辽宁省农业科学院	2020.9.30
CNA015667G	CNA20162475.0	普通番茄	欢喜	纽内姆（北京）种子有限公司	2020.9.30
CNA015668G	CNA20162477.8	普通番茄	纽内姆1618	纽内姆（北京）种子有限公司	2020.9.30
CNA015669G	CNA20162505.4	普通番茄	浙樱粉1号	浙江省农业科学院	2020.9.30
CNA015670G	CNA20170098.0	普通番茄	浙樱粉2号	浙江省农业科学院	2020.9.30
CNA015671G	CNA20170277.3	普通番茄	陆兴	厦门百利控股有限公司	2020.9.30
CNA015672G	CNA20170488.8	普通番茄	郑番12158	郑州市蔬菜研究所	2020.9.30
CNA015673G	CNA20170527.1	普通番茄	福瑞	瑞克斯旺种子种苗集团公司	2020.9.30
CNA015674G	CNA20170722.4	普通番茄	寿研77	中蔬生物科技（寿光）有限公司	2020.9.30
CNA015675G	CNA20170723.3	普通番茄	寿研79	中蔬生物科技（寿光）有限公司	2020.9.30
CNA015676G	CNA20170724.2	普通番茄	寿研550	中蔬生物科技（寿光）有限公司	2020.9.30
CNA015677G	CNA20170727.9	普通番茄	瑞粉	瑞克斯旺种子种苗集团公司	2020.9.30
CNA015678G	CNA20170728.8	普通番茄	佐菲亚	瑞克斯旺种子种苗集团公司	2020.9.30
CNA015679G	CNA20170992.7	普通番茄	粉丽亚	山东省寿光市三木种苗有限公司	2020.9.30
CNA015680G	CNA20171150.3	普通番茄	金红4号	酒泉庆和农业开发有限公司	2020.9.30
CNA015681G	CNA20171155.8	普通番茄	宝石捷5号	寿光市宏伟种业有限公司	2020.9.30
CNA015682G	CNA20171156.7	普通番茄	宝石捷K12	寿光市宏伟种业有限公司	2020.9.30
CNA015683G	CNA20171157.6	普通番茄	粉桃一号	寿光市宏伟种业有限公司	2020.9.30
CNA015684G	CNA20171158.5	普通番茄	金桃一号	寿光市宏伟种业有限公司	2020.9.30
CNA015685G	CNA20171160.1	普通番茄	紫贝贝	寿光市宏伟种业有限公司	2020.9.30
CNA015686G	CNA20171161.0	普通番茄	紫金香	寿光市宏伟种业有限公司	2020.9.30
CNA015687G	CNA20171450.0	普通番茄	乾德亮粉	上海乾德种业有限公司	2020.9.30
CNA015688G	CNA20171528.8	普通番茄	华美103	酒泉市华美种子有限责任公司	2020.9.30
CNA015689G	CNA20171529.7	普通番茄	PT1575	酒泉市华美种子有限责任公司	2020.9.30
CNA015690G	CNA20171599.2	普通番茄	红魔4号	安徽福斯特种苗有限公司	2020.9.30
CNA015691G	CNA20171600.9	普通番茄	红魔5号	安徽福斯特种苗有限公司	2020.9.30
CNA015692G	CNA20171899.9	普通番茄	迈乐迪	山东鲁寿种业有限公司	2020.9.30
CNA015693G	CNA20171900.6	普通番茄	皇金6号	山东鲁寿种业有限公司	2020.9.30
CNA015694G	CNA20171901.5	普通番茄	寿研1号	寿光市农业技术中心	2020.9.30
CNA015695G	CNA20171902.4	普通番茄	寿研2号	寿光市农业技术中心	2020.9.30
CNA015696G	CNA20171903.3	普通番茄	寿研3号	寿光市农业技术中心	2020.9.30
CNA015697G	CNA20171904.2	普通番茄	寿研4号	寿光市农业技术中心	2020.9.30

（续）

公告号	品种权号	植物种类	品种名称	品种权人	授权日
CNA015698G	CNA20171905.1	普通番茄	寿研5号	寿光市农业技术中心	2020.9.30
CNA015699G	CNA20171906.0	普通番茄	寿研6号	寿光市农业技术中心	2020.9.30
CNA015700G	CNA20171907.9	普通番茄	粉钻001	寿光市圣东种子有限公司	2020.9.30
CNA015701G	CNA20171908.8	普通番茄	粉钻002	寿光市圣东种子有限公司	2020.9.30
CNA015702G	CNA20171909.7	普通番茄	粉钻003	寿光市圣东种子有限公司	2020.9.30
CNA015703G	CNA20171910.4	普通番茄	粉钻004	寿光市圣东种子有限公司	2020.9.30
CNA015704G	CNA20172427.8	普通番茄	贝瑞	济南学超种业有限公司	2020.9.30
CNA015705G	CNA20172528.6	普通番茄	乾德L7	上海乾德种业有限公司	2020.9.30
CNA015706G	CNA20172762.1	普通番茄	华美168	酒泉市华美种子有限责任公司	2020.9.30
CNA015707G	CNA20172956.7	普通番茄	蜜恋1号	绿亨科技股份有限公司	2020.9.30
CNA015708G	CNA20173006.5	普通番茄	粉端三号	西安市蕃茄研究所	2020.9.30
CNA015709G	CNA20173007.4	普通番茄	粉端四号	西安市蕃茄研究所	2020.9.30
CNA015710G	CNA20173008.3	普通番茄	粉端五号	西安市蕃茄研究所	2020.9.30
CNA015711G	CNA20173009.2	普通番茄	粉娇	西安市蕃茄研究所	2020.9.30
CNA015712G	CNA20173331.1	普通番茄	粉仙女	山东省寿光市三木种苗有限公司	2020.9.30
CNA015713G	CNA20173332.0	普通番茄	粉小丫	山东省寿光市三木种苗有限公司	2020.9.30
CNA015714G	CNA20173361.4	普通番茄	金星1371	广东省农业科学院蔬菜研究所	2020.9.30
CNA015715G	CNA20162211.9	黄瓜	田骄七号	毛乃伟、李风杰	2020.9.30
CNA015716G	CNA20162213.7	黄瓜	田骄八号	毛乃伟、李风杰	2020.9.30
CNA015717G	CNA20162214.6	黄瓜	硕丰八号	毛乃伟、李风杰	2020.9.30
CNA015718G	CNA20162215.5	黄瓜	四季丰	毛乃伟、李风杰	2020.9.30
CNA015719G	CNA20170372.7	黄瓜	绿优一号	山东省华盛农业股份有限公司	2020.9.30
CNA015720G	CNA20171017.6	黄瓜	佩里	瑞克斯旺种子种苗集团公司	2020.9.30
CNA015721G	CNA20171018.5	黄瓜	玛香蒂	瑞克斯旺种子种苗集团公司	2020.9.30
CNA015722G	CNA20171323.5	黄瓜	秋美55	天津德瑞特种业有限公司	2020.9.30
CNA015723G	CNA20171447.6	黄瓜	乾德777	上海乾德种业有限公司	2020.9.30
CNA015724G	CNA20171485.9	黄瓜	津优315号	天津科润农业科技股份有限公司	2020.9.30
CNA015725G	CNA20171514.4	黄瓜	力丰2号	广东省农业科学院蔬菜研究所	2020.9.30
CNA015726G	CNA20171613.4	黄瓜	中荷17号	天津德瑞特种业有限公司	2020.9.30
CNA015727G	CNA20171614.3	黄瓜	德瑞特5号	天津德瑞特种业有限公司	2020.9.30
CNA015728G	CNA20171615.2	黄瓜	德瑞特111	天津德瑞特种业有限公司	2020.9.30
CNA015729G	CNA20171616.1	黄瓜	博新91	天津德瑞特种业有限公司	2020.9.30

（续）

公告号	品种权号	植物种类	品种名称	品种权人	授权日
CNA015730G	CNA20171617.0	黄瓜	德瑞特30号	天津德瑞特种业有限公司	2020.9.30
CNA015731G	CNA20172321.5	黄瓜	碧菲8号	广东现代金穗种业有限公司	2020.9.30
CNA015732G	CNA20172527.7	黄瓜	乾德456	上海乾德种业有限公司	2020.9.30
CNA015733G	CNA20150727.1	花椰菜	津品56	天津科润农业科技股份有限公司	2020.9.30
CNA015734G	CNA20151475.3	芥蓝	申蓝一号	上海市农业科学院、上海科园种子有限公司、上海市设施园艺技术重点实验室	2020.9.30
CNA015735G	CNA20161125.6	芥蓝	京紫1号	北京市农林科学院、京研益农（北京）种业科技有限公司	2020.9.30
CNA015736G	CNA20171847.2	菜豆	连农架豆36号	大连市农业科学研究院	2020.9.30
CNA015737G	CNA20172693.5	菜豆	蔬豆4号	中国农业科学院蔬菜花卉研究所、中蔬种业科技（北京）有限公司	2020.9.30
CNA015738G	CNA20172694.4	菜豆	蔬豆5号	中国农业科学院蔬菜花卉研究所、中蔬种业科技（北京）有限公司	2020.9.30
CNA015739G	CNA20172695.3	菜豆	蔬豆6号	中国农业科学院蔬菜花卉研究所、中蔬种业科技（北京）有限公司	2020.9.30
CNA015740G	CNA20172724.8	菜豆	西育22	佳木斯市西林种子有限公司	2020.9.30
CNA015741G	CNA20172841.6	菜豆	龙芸豆9号	黑龙江省农业科学院作物育种研究所	2020.9.30
CNA015742G	CNA20172842.5	菜豆	龙芸豆14	黑龙江省农业科学院作物育种研究所	2020.9.30
CNA015743G	CNA20172843.4	菜豆	龙芸豆15	黑龙江省农业科学院作物育种研究所	2020.9.30
CNA015744G	CNA20172844.3	菜豆	龙芸豆16	黑龙江省农业科学院作物育种研究所	2020.9.30
CNA015745G	CNA20161836.6	食用萝卜	CR捷如春4号	河北捷如美农业科技开发有限公司	2020.9.30
CNA015746G	CNA20170013.2	食用萝卜	捷秀美	河北捷如美农业科技开发有限公司	2020.9.30
CNA015747G	CNA20170520.8	食用萝卜	捷夏美45	河北捷如美农业科技开发有限公司	2020.9.30
CNA015748G	CNA20170521.7	食用萝卜	昆优2号	河北捷如美农业科技开发有限公司	2020.9.30
CNA015749G	CNA20170606.5	食用萝卜	义和青脆一号	青岛和丰种业有限公司	2020.9.30
CNA015750G	CNA20172456.2	食用萝卜	昆优3号	河北捷如美农业科技开发有限公司	2020.9.30
CNA015751G	CNA20180479.8	食用萝卜	捷夏美50	河北捷如美农业科技开发有限公司	2020.9.30
CNA015752G	CNA20141177.5	苦瓜	良苦1402	宁波微萌种业有限公司	2020.9.30
CNA015753G	CNA20171560.7	苦瓜	真功夫13号	广东和利农种业股份有限公司	2020.9.30
CNA015754G	CNA20171564.3	苦瓜	阿宝3号	广东和利农种业股份有限公司	2020.9.30
CNA015755G	CNA20173125.1	苦瓜	浣纱二号	宁波微萌种业有限公司	2020.9.30
CNA015756G	CNA20160996.4	西葫芦	林优8号	内蒙古西蒙种业有限公司	2020.9.30
CNA015757G	CNA20160997.3	西葫芦	林优88	内蒙古西蒙种业有限公司	2020.9.30

（续）

公告号	品种权号	植物种类	品种名称	品种权人	授权日
CNA015758G	CNA20170256.8	西葫芦	捷绿22	河北捷如美农业科技开发有限公司	2020.9.30
CNA015759G	CNA20170366.5	西葫芦	秀玉4408	山东省华盛农业股份有限公司	2020.9.30
CNA015760G	CNA20170367.4	西葫芦	秀玉4409	山东省华盛农业股份有限公司	2020.9.30
CNA015761G	CNA20170368.3	西葫芦	秀玉5089	山东省华盛农业股份有限公司	2020.9.30
CNA015762G	CNA20170497.7	西葫芦	鲁葫1号	山东省种子有限责任公司	2020.9.30
CNA015763G	CNA20170576.1	西葫芦	九园金丰968	包头市三主粮种业有限公司	2020.9.30
CNA015764G	CNA20171149.7	西葫芦	金贝8号	酒泉庆和农业开发有限公司	2020.9.30
CNA015765G	CNA20172145.9	西葫芦	迁葫2号	江苏省农业科学院宿迁农科所	2020.9.30
CNA015766G	CNA20160030.2	普通西瓜	RX2	北京华耐农业发展有限公司	2020.9.30
CNA015767G	CNA20160366.6	普通西瓜	众天2013	中国农业科学院郑州果树研究所、潍坊创科种苗有限公司	2020.9.30
CNA015768G	CNA20161306.7	普通西瓜	苏蜜9号	江苏省农业科学院	2020.9.30
CNA015769G	CNA20161327.2	普通西瓜	甜丰1号	安徽江淮园艺种业股份有限公司	2020.9.30
CNA015770G	CNA20161328.1	普通西瓜	艺甜2号	安徽江淮园艺种业股份有限公司	2020.9.30
CNA015771G	CNA20161831.1	普通西瓜	雪峰新二号	湖南雪峰种业有限责任公司	2020.9.30
CNA015772G	CNA20162190.4	普通西瓜	龙盛佳甜	黑龙江省农业科学院园艺分院	2020.9.30
CNA015773G	CNA20162191.3	普通西瓜	龙盛佳美	黑龙江省农业科学院园艺分院	2020.9.30
CNA015774G	CNA20162245.9	普通西瓜	中科6号	中国农业科学院郑州果树研究所	2020.9.30
CNA015775G	CNA20170012.3	普通西瓜	甜蜜蜜	济南鲁青种苗有限公司、冯锡鸿	2020.9.30
CNA015776G	CNA20170096.2	普通西瓜	京美	北京市农林科学院、京研益农（北京）种业科技有限公司	2020.9.30
CNA015777G	CNA20170103.3	普通西瓜	京美4K	北京市农林科学院、京研益农（北京）种业科技有限公司	2020.9.30
CNA015778G	CNA20170104.2	普通西瓜	京美6K	北京市农林科学院、京研益农（北京）种业科技有限公司	2020.9.30
CNA015779G	CNA20170105.1	普通西瓜	京美10K	北京市农林科学院、京研益农（北京）种业科技有限公司	2020.9.30
CNA015780G	CNA20170106.0	普通西瓜	京嘉2号	北京市农林科学院、京研益农（北京）种业科技有限公司	2020.9.30
CNA015781G	CNA20170189.0	普通西瓜	黛欣	合肥丰乐种业股份有限公司	2020.9.30
CNA015782G	CNA20170190.7	普通西瓜	丰乐腾龙	合肥丰乐种业股份有限公司	2020.9.30
CNA015783G	CNA20170191.6	普通西瓜	丰欣	合肥丰乐种业股份有限公司	2020.9.30
CNA015784G	CNA20170369.2	普通西瓜	蜜宝一号	山东省华盛农业股份有限公司	2020.9.30
CNA015785G	CNA20170370.9	普通西瓜	蜜宝三号	山东省华盛农业股份有限公司	2020.9.30

（续）

公告号	品种权号	植物种类	品种名称	品种权人	授权日
CNA015786G	CNA20170373.6	普通西瓜	珍甜1217	山东省华盛农业股份有限公司	2020.9.30
CNA015787G	CNA20170470.8	普通西瓜	西夏绿宝	宁夏农林科学院种质资源研究所	2020.9.30
CNA015788G	CNA20170574.3	普通西瓜	西砂宝	陈万灵、王在鸿	2020.9.30
CNA015789G	CNA20170575.2	普通西瓜	童叟吾琦	陈万灵、王在鸿	2020.9.30
CNA015790G	CNA20170936.6	普通西瓜	创研红元帅	安徽创研种业有限责任公司	2020.9.30
CNA015791G	CNA20170937.5	普通西瓜	创研金砂王	安徽创研种业有限责任公司	2020.9.30
CNA015792G	CNA20170939.3	普通西瓜	创研龙旋风	安徽创研种业有限责任公司	2020.9.30
CNA015793G	CNA20170944.6	普通西瓜	创研早红蜜	安徽创研种业有限责任公司	2020.9.30
CNA015794G	CNA20171206.7	普通西瓜	甬蜜3号	宁波市农业科学研究院	2020.9.30
CNA015795G	CNA20171568.9	普通西瓜	花冠	中国农业科学院郑州果树研究所	2020.9.30
CNA015796G	CNA20171871.1	普通西瓜	众天1293	中国农业科学院郑州果树研究所	2020.9.30
CNA015797G	CNA20171872.0	普通西瓜	朝霞	中国农业科学院郑州果树研究所	2020.9.30
CNA015798G	CNA20172101.1	普通西瓜	雅冠	中国农业科学院郑州果树研究所	2020.9.30
CNA015799G	CNA20172152.9	普通西瓜	盖地英雄	安徽兴大种业有限公司	2020.9.30
CNA015800G	CNA20172153.8	普通西瓜	金种缘金蜜	安徽兴大种业有限公司	2020.9.30
CNA015801G	CNA20172154.7	普通西瓜	金种缘五号	安徽兴大种业有限公司	2020.9.30
CNA015802G	CNA20172155.6	普通西瓜	金种缘一号	安徽兴大种业有限公司	2020.9.30
CNA015803G	CNA20172212.7	普通西瓜	锦霞八号	河南豫艺种业科技发展有限公司	2020.9.30
CNA015804G	CNA20172304.6	普通西瓜	梦兰	江苏里下河地区农业科学研究所	2020.9.30
CNA015805G	CNA20172489.3	普通西瓜	潍研1号	山东省寿光市三木种苗有限公司	2020.9.30
CNA015806G	CNA20172492.8	普通西瓜	潍研4号	山东省寿光市三木种苗有限公司	2020.9.30
CNA015807G	CNA20173111.7	普通西瓜	瑞龙	合肥丰乐种业股份有限公司	2020.9.30
CNA015808G	CNA20173123.3	普通西瓜	提味	宁波微萌种业有限公司	2020.9.30
CNA015809G	CNA20173124.2	普通西瓜	逾辉	宁波微萌种业有限公司	2020.9.30
CNA015810G	CNA20173267.9	普通西瓜	YY14B	河南豫艺种业科技发展有限公司	2020.9.30
CNA015811G	CNA20160966.0	甜瓜	金橙	合肥丰乐种业股份有限公司	2020.9.30
CNA015812G	CNA20161775.9	甜瓜	众天翠宝	中国农业科学院郑州果树研究所、潍坊创科种苗有限公司	2020.9.30
CNA015813G	CNA20161776.8	甜瓜	众天花宝	中国农业科学院郑州果树研究所、潍坊创科种苗有限公司	2020.9.30
CNA015814G	CNA20161777.7	甜瓜	众天翠雪	中国农业科学院郑州果树研究所、潍坊创科种苗有限公司	2020.9.30
CNA015815G	CNA20162038.0	甜瓜	东方花脆	山东鲁蔬种业有限责任公司	2020.9.30
CNA015816G	CNA20162040.6	甜瓜	厚甜新秀	山东鲁蔬种业有限责任公司	2020.9.30

（续）

公告号	品种权号	植物种类	品种名称	品种权人	授权日
CNA015	CNA20162041.5	甜瓜	东方脆蜜	山东鲁蔬种业有限责任公司	2020.9.30
CNA015818G	CNA20162441.1	甜瓜	红酥手16002号	宁波微萌种业有限公司	2020.9.30
CNA015819G	CNA20170581.4	甜瓜	银蜜58	宁波市农业科学研究院	2020.9.30
CNA015820G	CNA20170582.3	甜瓜	丰蜜29	宁波市农业科学研究院	2020.9.30
CNA015821G	CNA20170935.7	甜瓜	创研脆脆甜	安徽创研种业有限责任公司	2020.9.30
CNA015822G	CNA20171764.1	甜瓜	瑞雪19	河南省农业科学院园艺研究所	2020.9.30
CNA015823G	CNA20172156.5	甜瓜	赛香妃	安徽兴大种业有限公司	2020.9.30
CNA015824G	CNA20172180.5	甜瓜	优美	大庆市萨中种子有限公司	2020.9.30
CNA015825G	CNA20172188.7	甜瓜	地依	大庆市萨中种子有限公司	2020.9.30
CNA015826G	CNA20172200.1	甜瓜	恋美	山东省寿光市三木种苗有限公司	2020.9.30
CNA015827G	CNA20172201.0	甜瓜	富生	山东省寿光市三木种苗有限公司	2020.9.30
CNA015828G	CNA20172202.9	甜瓜	含笑	山东省寿光市三木种苗有限公司	2020.9.30
CNA015829G	CNA20172203.8	甜瓜	雪雁	山东省寿光市三木种苗有限公司	2020.9.30
CNA015830G	CNA20172204.7	甜瓜	白玉雪	山东省寿光市三木种苗有限公司	2020.9.30
CNA015831G	CNA20172207.4	甜瓜	雪岭	山东省寿光市三木种苗有限公司	2020.9.30
CNA015832G	CNA20172209.2	甜瓜	白公主	山东省寿光市三木种苗有限公司	2020.9.30
CNA015833G	CNA20172210.9	甜瓜	理想	山东省寿光市三木种苗有限公司	2020.9.30
CNA015834G	CNA20172211.8	甜瓜	梦想	山东省寿光市三木种苗有限公司	2020.9.30
CNA015835G	CNA20172318.0	甜瓜	脆禧	上海市农业科学院、上海科园种子有限公司	2020.9.30
CNA015836G	CNA20172332.2	甜瓜	众天5号	中国农业科学院郑州果树研究所、潍坊创科种苗有限公司	2020.9.30
CNA015837G	CNA20172350.9	甜瓜	博洋9	天津德瑞特种业有限公司	2020.9.30
CNA015838G	CNA20172352.7	甜瓜	博洋71	天津德瑞特种业有限公司	2020.9.30
CNA015839G	CNA20172354.5	甜瓜	博洋6	天津德瑞特种业有限公司	2020.9.30
CNA015840G	CNA20172355.4	甜瓜	博洋8	天津德瑞特种业有限公司	2020.9.30
CNA015841G	CNA20172722.0	甜瓜	天蜜28号	厦门圣地斯种苗有限公司	2020.9.30
CNA015842G	CNA20172833.6	甜瓜	众天9号	中国农业科学院郑州果树研究所、潍坊创科种苗有限公司	2020.9.30
CNA015843G	CNA20172834.5	甜瓜	七彩脆蜜	中国农业科学院郑州果树研究所、潍坊创科种苗有限公司	2020.9.30
CNA015844G	CNA20172835.4	甜瓜	众天10号	中国农业科学院郑州果树研究所、潍坊创科种苗有限公司	2020.9.30
CNA015845G	CNA20173369.6	甜瓜	红酥手15017号	宁波微萌种业有限公司	2020.9.30

（续）

公告号	品种权号	植物种类	品种名称	品种权人	授权日
CNA015846G	CNA20173370.3	甜瓜	红酥手16004号	宁波微萌种业有限公司	2020.9.30
CNA015847G	CNA20173371.2	甜瓜	红酥手16016号	宁波微萌种业有限公司	2020.9.30
CNA015848G	CNA20151552.9	大葱	青杂2号	石家庄市农林科学研究院	2020.9.30
CNA015849G	CNA20151556.5	大葱	08青601A	石家庄市农林科学研究院	2020.9.30
CNA015850G	CNA20171490.2	兰属	君豪兰	英德君泓兰花股份有限公司、华南农业大学	2020.9.30
CNA015851G	CNA20171629.6	兰属	沙阳奇蝶	三明市农业科学研究院、三明市森彩生态农业发展有限公司	2020.9.30
CNA015852G	CNA20172019.2	兰属	玉缘兰	华南农业大学、广州花卉研究中心	2020.9.30
CNA015853G	CNA20172021.8	兰属	玉叶兰	华南农业大学、广州花卉研究中心	2020.9.30
CNA015854G	CNA20172624.9	兰属	CR1309	无锡向山兰园科技有限公司	2020.9.30
CNA015855G	CNA20181691.8	兰属	CQ1165	无锡向山兰园科技有限公司	2020.9.30
CNA015856G	CNA20183566.6	兰属	玉坤兰	华南农业大学	2020.9.30
CNA015857G	CNA20183567.5	兰属	玉影兰	华南农业大学、广州花卉研究中心	2020.9.30
CNA015858G	CNA20183568.4	兰属	玉姬兰	华南农业大学、广州花卉研究中心	2020.9.30
CNA015859G	CNA20183569.3	兰属	玉亭兰	华南农业大学、广州花卉研究中心	2020.9.30
CNA015860G	CNA20183570.0	兰属	玉鑫兰	华南农业大学、英德君泓兰花股份有限公司	2020.9.30
CNA015861G	CNA20141169.5	蝴蝶兰属	芳美9812	周伯倚	2020.9.30
CNA015862G	CNA20150299.9	蝴蝶兰属	青春派对	漳州钜宝生物科技有限公司、黄瑞宝	2020.9.30
CNA015863G	CNA20150943.9	蝴蝶兰属	缤纷丽莎	中山缤纷园艺有限公司	2020.9.30
CNA015864G	CNA20150945.7	蝴蝶兰属	缤纷年华	中山缤纷园艺有限公司	2020.9.30
CNA015865G	CNA20161050.5	蝴蝶兰属	JB3224	漳州钜宝生物科技有限公司、黄瑞宝	2020.9.30
CNA015866G	CNA20161051.4	蝴蝶兰属	JB3698	漳州钜宝生物科技有限公司、黄瑞宝	2020.9.30
CNA015867G	CNA20161727.8	蝴蝶兰属	牛记胭脂	牛记兰花科技股份有限公司	2020.9.30
CNA015868G	CNA20161728.7	蝴蝶兰属	牛记夕阳	牛记兰花科技股份有限公司	2020.9.30
CNA015869G	CNA20161729.6	蝴蝶兰属	牛记白甜心	牛记兰花科技股份有限公司	2020.9.30
CNA015870G	CNA20170377.2	蝴蝶兰属	JB3052	漳州钜宝生物科技有限公司、黄瑞宝	2020.9.30

（续）

公告号	品种权号	植物种类	品种名称	品种权人	授权日
CNA015871G	CNA20170654.6	蝴蝶兰属	JB3802	漳州钜宝生物科技有限公司、黄瑞宝	2020.9.30
CNA015872G	CNA20170656.4	蝴蝶兰属	JB3696	漳州钜宝生物科技有限公司、黄瑞宝	2020.9.30
CNA015873G	CNA20171427.0	蝴蝶兰属	汕农中科荣耀	汕头市农业科学研究所、深圳市中科园林花卉有限公司	2020.9.30
CNA015874G	CNA20171848.1	蝴蝶兰属	JB3046	漳州钜宝生物科技有限公司、黄瑞宝	2020.9.30
CNA015875G	CNA20171849.0	蝴蝶兰属	JB2576	漳州钜宝生物科技有限公司、黄瑞宝	2020.9.30
CNA015876G	CNA20171850.6	蝴蝶兰属	JB3452	漳州钜宝生物科技有限公司、黄瑞宝	2020.9.30
CNA015877G	CNA20172502.6	蝴蝶兰属	缤纷喜洋洋	中山缤纷园艺有限公司	2020.9.30
CNA015878G	CNA20172503.5	蝴蝶兰属	缤纷小布丁	中山缤纷园艺有限公司	2020.9.30
CNA015879G	CNA20172512.4	蝴蝶兰属	缤纷紫晶	中山缤纷园艺有限公司	2020.9.30
CNA015880G	CNA20172513.3	蝴蝶兰属	缤纷美人	中山缤纷园艺有限公司	2020.9.30
CNA015881G	CNA20172517.9	蝴蝶兰属	缤纷紫烟	中山缤纷园艺有限公司	2020.9.30
CNA015882G	CNA20173180.3	蝴蝶兰属	珐尔佛斯	荷兰安祖公司	2020.9.30
CNA015883G	CNA20183519.4	蝴蝶兰属	霓虹5号	福建扬基生物科技股份有限公司	2020.9.30
CNA015884G	CNA20183520.1	蝴蝶兰属	绘声绘色	漳州大唐生物科技有限公司	2020.9.30
CNA015885G	CNA20183521.0	蝴蝶兰属	绿圣玫瑰	山东绿圣兰业花卉科技股份有限公司	2020.9.30
CNA015886G	CNA20183524.7	蝴蝶兰属	绿圣福星	山东绿圣兰业花卉科技股份有限公司	2020.9.30
CNA015887G	CNA20183532.7	蝴蝶兰属	科隆贝塔 CL361B	科隆国际生物科技股份有限公司	2020.9.30
CNA015888G	CNA20183533.6	蝴蝶兰属	科隆贵夫人 CL156	科隆国际生物科技股份有限公司	2020.9.30
CNA015889G	CNA20170438.9	石竹属	穗宝	张冬雪	2020.9.30
CNA015890G	CNA20170439.8	石竹属	冰茶	张冬雪	2020.9.30
CNA015891G	CNA20171544.8	石竹属	花梦	云南省农业科学院花卉研究所、云南集创园艺科技有限公司	2020.9.30
CNA015892G	CNA20171545.7	石竹属	晚霞	云南省农业科学院花卉研究所、云南集创园艺科技有限公司	2020.9.30
CNA015893G	CNA20171546.6	石竹属	玖红	云南省农业科学院花卉研究所、云南集创园艺科技有限公司	2020.9.30
CNA015894G	CNA20171800.7	石竹属	可韵	金子种苗株式会社	2020.9.30
CNA015895G	CNA20171801.6	石竹属	卡妮娜	金子种苗株式会社	2020.9.30
CNA015896G	CNA20171865.9	石竹属	紫红云	云南省农业科学院花卉研究所、云南集创园艺科技有限公司	2020.9.30

（续）

公告号	品种权号	植物种类	品种名称	品种权人	授权日
CNA015897G	CNA20172072.6	石竹属	希尔菲吉	荷兰希维达科易记花卉公司	2020.9.30
CNA015898G	CNA20172075.3	石竹属	希尔贝邦	荷兰希维达科易记花卉公司	2020.9.30
CNA015899G	CNA20172076.2	石竹属	希尔贝格莱	荷兰希维达科易记花卉公司	2020.9.30
CNA015900G	CNA20172077.1	石竹属	希尔匹西	荷兰希维达科易记花卉公司	2020.9.30
CNA015901G	CNA20172078.0	石竹属	希尔瑞斯	荷兰希维达科易记花卉公司	2020.9.30
CNA015902G	CNA20172642.7	石竹属	希尔贝恰朴	荷兰希维达科易记花卉公司	2020.9.30
CNA015903G	CNA20180392.2	石竹属	琉璃	张冬雪	2020.9.30
CNA015904G	CNA20180393.1	石竹属	康红4号	张冬雪	2020.9.30
CNA015905G	CNA20180394.0	石竹属	云粉2号	张冬雪	2020.9.30
CNA015906G	CNA20180395.9	石竹属	黄格	张冬雪	2020.9.30
CNA015907G	CNA20180396.8	石竹属	云桃1号	张冬雪	2020.9.30
CNA015908G	CNA20180397.7	石竹属	亚丁	张冬雪	2020.9.30
CNA015909G	CNA20180398.6	石竹属	紫星	张冬雪	2020.9.30
CNA015910G	CNA20180399.5	石竹属	竹红1号	张冬雪	2020.9.30
CNA015911G	CNA20182797.9	花烛属	安祖道特范	荷兰安祖公司	2020.9.30
CNA015912G	CNA20140589.9	苹果属	普瑞A17	普瑞华有限公司	2020.9.30
CNA015913G	CNA20181223.5	梨属	姬玉	河北省农林科学院昌黎果树研究所	2020.9.30
CNA015914G	CNA20184681.4	梨属	甘梨3号	甘肃省农业科学院林果花卉研究所	2020.9.30
CNA015915G	CNA20171324.4	桃	伏蜜	上海市农业科学院	2020.9.30
CNA015916G	CNA20160673.4	草莓	樱玉	李　健、北京奥仪凯源蔬菜种植专业合作社	2020.9.30
CNA015917G	CNA20162419.9	草莓	华艳	中国农业科学院郑州果树研究所	2020.9.30
CNA015918G	CNA20162420.6	草莓	中莓1号	中国农业科学院郑州果树研究所	2020.9.30
CNA015919G	CNA20162421.5	草莓	中莓3号	中国农业科学院郑州果树研究所	2020.9.30
CNA015920G	CNA20170315.7	草莓	夏怡	云南省农业科学院花卉研究所、玉溪云星生物科技有限公司	2020.9.30
CNA015921G	CNA20170316.6	草莓	秋香	云南省农业科学院花卉研究所、玉溪云星生物科技有限公司	2020.9.30
CNA015922G	CNA20170317.5	草莓	秋红	云南省农业科学院花卉研究所、玉溪云星生物科技有限公司	2020.9.30
CNA015923G	CNA20170318.4	草莓	秋怡	云南省农业科学院花卉研究所、玉溪云星生物科技有限公司	2020.9.30
CNA015924G	CNA20172166.3	草莓	紫金久红	江苏省农业科学院	2020.9.30
CNA015925G	CNA20172167.2	草莓	紫金早玉	江苏省农业科学院	2020.9.30
CNA015926G	CNA20172168.1	草莓	紫金粉玉	江苏省农业科学院	2020.9.30

（续）

公告号	品种权号	植物种类	品种名称	品种权人	授权日
CNA015927G	CNA20183662.9	柑橘属	龙回甜	赣州市南康区俊萍果业发展有限公司	2020.9.30
CNA015928G	CNA20172705.1	猕猴桃属	湘猕枣	湖南农业大学、浏阳市育林水果种植专业合作社	2020.9.30
CNA015929G	CNA20172755.0	柱花草属	粤研1号	广东省农业科学院动物科学研究所	2020.9.30
CNA015930G	CNA20141404.0	茶组	贵绿2号	贵州省茶叶研究所	2020.9.30
CNA015931G	CNA20141405.9	茶组	贵绿3号	贵州省茶叶研究所	2020.9.30
CNA015932G	CNA20141406.8	茶组	高原绿	贵州省茶叶研究所	2020.9.30
CNA015933G	CNA20141407.7	茶组	格绿	贵州省茶叶研究所	2020.9.30
CNA015934G	CNA20141408.6	茶组	一味	贵州省茶叶研究所	2020.9.30
CNA015935G	CNA20141409.5	茶组	流芳	贵州省茶叶研究所	2020.9.30
CNA015936G	CNA20141410.2	茶组	千江月	贵州省茶叶研究所	2020.9.30
CNA015937G	CNA20141411.1	茶组	贵绿1号	贵州省茶叶研究所	2020.9.30
CNA015938G	CNA20150215.0	茶组	韩冠茶	福建省农业科学院茶叶研究所	2020.9.30
CNA015939G	CNA20150216.9	茶组	皇冠茶	福建省农业科学院茶叶研究所	2020.9.30
CNA015940G	CNA20150859.1	茶组	北茶36	张续周	2020.9.30
CNA015941G	CNA20151256.8	茶组	皖黄一号	广德泰和祥茶叶销售有限公司	2020.9.30
CNA015942G	CNA20151398.7	茶组	中茗1号	中国农业科学院茶叶研究所	2020.9.30
CNA015943G	CNA20151399.6	茶组	中茗6号	中国农业科学院茶叶研究所	2020.9.30
CNA015944G	CNA20151400.3	茶组	中茗7号	中国农业科学院茶叶研究所	2020.9.30
CNA015945G	CNA20151673.3	茶组	杭茶11号	杭州市农业科学研究院	2020.9.30
CNA015946G	CNA20151732.2	茶组	0309B	福建省农业科学院茶叶研究所	2020.9.30
CNA015947G	CNA20151734.0	茶组	茗铁0319	福建省农业科学院茶叶研究所	2020.9.30
CNA015948G	CNA20161832.0	茶组	中茗22号	中国农业科学院茶叶研究所	2020.9.30
CNA015949G	CNA20161833.9	茶组	中茗66号	中国农业科学院茶叶研究所	2020.9.30
CNA015950G	CNA20161834.8	茶组	云白1号	中国农业科学院茶叶研究所、丽水市农业科学研究院、张祖云	2020.9.30
CNA015951G	CNA20161835.7	茶组	望海茶1号	宁海县农业产业化办公室、中国农业科学院茶叶研究所、徐会建	2020.9.30
CNA015952G	CNA20184599.5	桑属	粤菜桑2号	广东省农业科学院蚕业与农产品加工研究所	2020.9.30
CNA015953G	CNA20184672.5	桑属	粤椹201	广东省农业科学院蚕业与农产品加工研究所	2020.9.30
CNA015954G	CNA20184673.4	桑属	粤椹33	广东省农业科学院蚕业与农产品加工研究所	2020.9.30

（续）

公告号	品种权号	植物种类	品种名称	品种权人	授权日
CNA015955G	CNA20191002211	桑属	粤菜桑16号	广东省农业科学院蚕业与农产品加工研究所	2020.9.30
CNA015956G	CNA20172635.6	南瓜	RT1001	青岛金妈妈农业科技有限公司	2020.9.30
CNA015957G	CNA20172921.9	南瓜	RT650	青岛金妈妈农业科技有限公司	2020.9.30
CNA015958G	CNA20161841.9	青花菜	台绿3号	台州市农业科学研究院、浙江勿忘农种业股份有限公司	2020.9.30
CNA015959G	CNA20181679.4	青花菜	亚非60	武汉亚非种业有限公司	2020.9.30
CNA015960G	CNA20181680.1	青花菜	亚非95	武汉亚非种业有限公司	2020.9.30
CNA015961G	CNA20181681.0	青花菜	绿宝盆65	武汉亚非种业有限公司	2020.9.30
CNA015962G	CNA20181682.9	青花菜	绿宝盆100	武汉亚非种业有限公司	2020.9.30
CNA015963G	CNA20181683.8	青花菜	亚非120	武汉亚非种业有限公司	2020.9.30
CNA015964G	CNA20181684.7	青花菜	亚非100	武汉亚非种业有限公司	2020.9.30
CNA015965G	CNA20181685.6	青花菜	亚非65	武汉亚非种业有限公司	2020.9.30
CNA015966G	CNA20181686.5	青花菜	亚非70	武汉亚非种业有限公司	2020.9.30
CNA015967G	CNA20181687.4	青花菜	亚非90	武汉亚非种业有限公司	2020.9.30
CNA015968G	CNA20181688.3	青花菜	成功70	武汉亚非种业有限公司	2020.9.30
CNA015969G	CNA20181689.2	青花菜	成功75	武汉亚非种业有限公司	2020.9.30
CNA015970G	CNA20181690.9	青花菜	田农一号	武汉亚非种业有限公司	2020.9.30
CNA015971G	CNA20184563.7	青花菜	苔苔	武汉亚非种业有限公司	2020.9.30
CNA015972G	CNA20191003336	青花菜	青城1284	天津惠尔稼种业科技有限公司	2020.9.30
CNA015973G	CNA20191003337	青花菜	青城5544	天津惠尔稼种业科技有限公司	2020.9.30
CNA015974G	CNA20182196.6	石斛属	粉佳人	三明市农业科学研究院	2020.9.30
CNA015975G	CNA20182197.5	石斛属	泰斛1号	三明市农业科学研究院	2020.9.30
CNA015976G	CNA20191004117	美丽鸡血藤（牛大力）	热选27号	中国热带农业科学院热带作物品种资源研究所	2020.9.30
CNA015977G	CNA20191004127	美丽鸡血藤（牛大力）	热选22号	中国热带农业科学院热带作物品种资源研究所	2020.9.30
CNA015978G	CNA20191004130	美丽鸡血藤（牛大力）	热选20号	中国热带农业科学院热带作物品种资源研究所	2020.9.30
CNA015979G	CNA20191004489	美丽鸡血藤（牛大力）	热选31号	中国热带农业科学院热带作物品种资源研究所	2020.9.30
CNA015980G	CNA20140944.9	水稻	忠香A	重庆皇华种业股份有限公司	2020.12.31
CNA015981G	CNA20151826.9	水稻	随1723S	王宗炎	2020.12.31

（续）

公告号	品种权号	植物种类	品种名称	品种权人	授权日
CNA015982G	CNA20160236.4	水稻	镇稻21号	江苏丘陵地区镇江农业科学研究所、江苏丰源种业有限公司	2020.12.31
CNA015983G	CNA20160707.4	水稻	牡育稻42	黑龙江省农业科学院牡丹江分院	2020.12.31
CNA015984G	CNA20160736.9	水稻	申矮173	上海市农业科学院	2020.12.31
CNA015985G	CNA20160990.0	水稻	龙粳3007	黑龙江省农业科学院水稻研究所、佳木斯龙粳种业有限公司	2020.12.31
CNA015986G	CNA20160991.9	水稻	龙粳3033	佳木斯龙粳种业有限公司、黑龙江省农业科学院水稻研究所	2020.12.31
CNA015987G	CNA20160992.8	水稻	龙粳3047	黑龙江省农业科学院水稻研究所、佳木斯龙粳种业有限公司	2020.12.31
CNA015988G	CNA20160993.7	水稻	龙粳3077	佳木斯龙粳种业有限公司	2020.12.31
CNA015989G	CNA20160994.6	水稻	龙粳3100	佳木斯龙粳种业有限公司、黑龙江省农业科学院水稻研究所	2020.12.31
CNA015990G	CNA20160995.5	水稻	龙粳3767	黑龙江省农业科学院水稻研究所、佳木斯龙粳种业有限公司	2020.12.31
CNA015991G	CNA20161300.3	水稻	浙粳70	浙江省农业科学院、宁波市农业科学研究院	2020.12.31
CNA015992G	CNA20161434.2	水稻	宿两优918	安徽华成种业股份有限公司	2020.12.31
CNA015993G	CNA20161437.9	水稻	望恢441	中国科学院亚热带农业生态研究所、湖南希望种业科技股份有限公司、湖南农业大学	2020.12.31
CNA015994G	CNA20161438.8	水稻	望恢1013	中国科学院亚热带农业生态研究所、湖南希望种业科技股份有限公司、湖南农业大学	2020.12.31
CNA015995G	CNA20161464.5	水稻	福巨糯6号	福建农林大学、福建省农业科学院水稻研究所	2020.12.31
CNA015996G	CNA20161467.2	水稻	福巨糯9号	福建农林大学、福建省农业科学院水稻研究所	2020.12.31
CNA015997G	CNA20161887.4	水稻	源15S	湖南桃花源农业科技股份有限公司	2020.12.31
CNA015998G	CNA20161949.0	水稻	川优粤农丝苗	北京金色农华种业科技股份有限公司、四川省农业科学院作物研究所、广东省农业科学院水稻研究所	2020.12.31
CNA015999G	CNA20161982.8	水稻	旱恢157	上海天谷生物科技股份有限公司	2020.12.31
CNA016000G	CNA20161983.7	水稻	旱恢163	上海天谷生物科技股份有限公司	2020.12.31
CNA016001G	CNA20162067.4	水稻	武运367	江苏（武进）水稻研究所、安徽省创富种业有限公司	2020.12.31
CNA016002G	CNA20162070.9	水稻	智占	江西金信种业有限公司	2020.12.31
CNA016003G	CNA20162082.5	水稻	浙粳99	浙江省农业科学院、浙江勿忘农种业股份有限公司	2020.12.31
CNA016004G	CNA20162129.0	水稻	长农1A	长江大学	2020.12.31

（续）

公告号	品种权号	植物种类	品种名称	品种权人	授权日
CNA016005G	CNA20162313.6	水稻	永优6258	宜春学院	2020.12.31
CNA016006G	CNA20162325.2	水稻	申优26	上海市农业科学院	2020.12.31
CNA016007G	CNA20162352.8	水稻	中种13H376	中国种子集团有限公司、湖南农业大学	2020.12.31
CNA016008G	CNA20162353.7	水稻	中种13H381	中国种子集团有限公司、湖南农业大学	2020.12.31
CNA016009G	CNA20162357.3	水稻	金恢102号	福建农林大学、中国种子集团有限公司	2020.12.31
CNA016010G	CNA20162375.1	水稻	金和	南昌市康谷农业科技有限公司	2020.12.31
CNA016011G	CNA20162423.3	水稻	蓝9S	赵培昌	2020.12.31
CNA016012G	CNA20162424.2	水稻	天源130S	武汉武大天源生物科技股份有限公司	2020.12.31
CNA016013G	CNA20162478.7	水稻	新质2A	中国种子集团有限公司	2020.12.31
CNA016014G	CNA20162484.9	水稻	R5437	深圳市兆农农业科技有限公司	2020.12.31
CNA016015G	CNA20162485.8	水稻	R332	深圳市兆农农业科技有限公司	2020.12.31
CNA016016G	CNA20162486.7	水稻	R5312	深圳市兆农农业科技有限公司	2020.12.31
CNA016017G	CNA20170024.9	水稻	鲁盐稻13	山东省水稻研究所	2020.12.31
CNA016018G	CNA20170051.5	水稻	临稻22号	临沂市农业科学院	2020.12.31
CNA016019G	CNA20170080.0	水稻	玖两优3号	湖南省水稻研究所、湖南隆平种业有限公司	2020.12.31
CNA016020G	CNA20170134.6	水稻	荣3优粤农丝苗	北京金色农华种业科技股份有限公司、广东省农业科学院水稻研究所	2020.12.31
CNA016021G	CNA20170137.3	水稻	万象优粤农丝苗	北京金色农华种业科技股份有限公司	2020.12.31
CNA016022G	CNA20170139.1	水稻	欣荣优粤农丝苗	北京金色农华种业科技股份有限公司	2020.12.31
CNA016023G	CNA20170153.2	水稻	创恢958	湖南袁创超级稻技术有限公司	2020.12.31
CNA016024G	CNA20170154.1	水稻	创恢9188	湖南袁创超级稻技术有限公司	2020.12.31
CNA016025G	CNA20170211.2	水稻	大粮302	临沂市金秋大粮农业科技有限公司	2020.12.31
CNA016026G	CNA20170278.2	水稻	莲CS	江西省农业科学院水稻研究所	2020.12.31
CNA016027G	CNA20170345.1	水稻	圣香66	山东省水稻研究所	2020.12.31
CNA016028G	CNA20170349.7	水稻	萍恢106	萍乡市农业科学研究所	2020.12.31
CNA016029G	CNA20170407.6	水稻	中种粳6227	中国种子集团有限公司	2020.12.31
CNA016030G	CNA20170431.6	水稻	丰两优3948	合肥丰乐种业股份有限公司	2020.12.31
CNA016031G	CNA20170448.7	水稻	津稻565	天津市水稻研究所	2020.12.31
CNA016032G	CNA20170641.2	水稻	新稻567	河南省新乡市农业科学院	2020.12.31
CNA016033G	CNA20171175.4	水稻	松峰696	公主岭市农研水稻研究所有限公司	2020.12.31

（续）

公告号	品种权号	植物种类	品种名称	品种权人	授权日
CNA016034G	CNA20171176.3	水稻	通育266	通化市农业科学研究院	2020.12.31
CNA016035G	CNA20171177.2	水稻	松峰199	公主岭市农研水稻研究所有限公司	2020.12.31
CNA016036G	CNA20171196.9	水稻	早丰优五山丝苗	北京金色农华种业科技股份有限公司	2020.12.31
CNA016037G	CNA20171269.1	水稻	靓占	江西省农业科学院水稻研究所	2020.12.31
CNA016038G	CNA20171504.6	水稻	赣恢993	江西省农业科学院水稻研究所	2020.12.31
CNA016039G	CNA20171581.2	水稻	泸优粤农丝苗	北京金色农华种业科技股份有限公司	2020.12.31
CNA016040G	CNA20171582.1	水稻	泰丰优粤农丝苗	北京金色农华种业科技股份有限公司	2020.12.31
CNA016041G	CNA20171583.0	水稻	天丰优粤农丝苗	北京金色农华种业科技股份有限公司	2020.12.31
CNA016042G	CNA20171584.9	水稻	深95优粤农丝苗	北京金色农华种业科技股份有限公司	2020.12.31
CNA016043G	CNA20171611.6	水稻	晚籼紫宝	益阳市惠民种业科技有限公司	2020.12.31
CNA016044G	CNA20171612.5	水稻	板仓香糯	益阳市惠民种业科技有限公司	2020.12.31
CNA016045G	CNA20171755.2	水稻	长两优319	湖南农业大学、湖南希望种业科技股份有限公司	2020.12.31
CNA016046G	CNA20171835.6	水稻	玖两优华占	湖南金健种业科技有限公司	2020.12.31
CNA016047G	CNA20171839.2	水稻	荃优665	湖南金健种业科技有限公司	2020.12.31
CNA016048G	CNA20171843.6	水稻	德两优华占	湖南金健种业科技有限公司	2020.12.31
CNA016049G	CNA20171876.6	水稻	金香粳518	北京金色农华种业科技股份有限公司	2020.12.31
CNA016050G	CNA20172279.7	水稻	新丰88	河南丰源种子有限公司、江苏杨凌高科种业有限公司	2020.12.31
CNA016051G	CNA20172281.3	水稻	苑丰136	河南丰源种子有限公司	2020.12.31
CNA016052G	CNA20172307.3	水稻	两优1316	湖南金健种业科技有限公司	2020.12.31
CNA016053G	CNA20172529.5	水稻	津育粳22	天津市农作物研究所	2020.12.31
CNA016054G	CNA20172535.7	水稻	华琦S	湖南亚华种业科学研究院、湖南隆平高科种业科学研究院有限公司	2020.12.31
CNA016055G	CNA20172627.6	水稻	RC6	中国农业科学院作物科学研究所	2020.12.31
CNA016056G	CNA20172677.5	水稻	创两优茉莉占	湖南农大金农种业有限公司、湖北鄂科华泰种业股份有限公司	2020.12.31
CNA016057G	CNA20172688.2	水稻	德两优665	湖南金健种业科技有限公司	2020.12.31
CNA016058G	CNA20172878.2	水稻	R3155	湖南隆平种业有限公司	2020.12.31
CNA016059G	CNA20172879.1	水稻	R947	湖南隆平种业有限公司	2020.12.31
CNA016060G	CNA20172882.6	水稻	和源A	湖南隆平种业有限公司	2020.12.31
CNA016061G	CNA20172883.5	水稻	和源B	湖南隆平种业有限公司	2020.12.31

（续）

公告号	品种权号	植物种类	品种名称	品种权人	授权日
CNA016062G	CNA20172885.3	水稻	隆8B	湖南隆平种业有限公司	2020.12.31
CNA016063G	CNA20172887.1	水稻	YR96	湖南隆平种业有限公司	2020.12.31
CNA016064G	CNA20172888.0	水稻	兴3A	湖南隆平种业有限公司	2020.12.31
CNA016065G	CNA20172890.6	水稻	R10	湖南隆平种业有限公司	2020.12.31
CNA016066G	CNA20172891.5	水稻	AC3134	湖南隆平种业有限公司	2020.12.31
CNA016067G	CNA20172899.7	水稻	津原U99	天津市原种场	2020.12.31
CNA016068G	CNA20172954.9	水稻	方稻3号	方正县农业技术推广中心	2020.12.31
CNA016069G	CNA20172995.0	水稻	苏恢5号	江苏中江种业股份有限公司	2020.12.31
CNA016070G	CNA20172997.8	水稻	苏恢063	江苏中江种业股份有限公司	2020.12.31
CNA016071G	CNA20173011.8	水稻	RC69	湖南桃花源农业科技股份有限公司	2020.12.31
CNA016072G	CNA20173012.7	水稻	RC112	湖南桃花源农业科技股份有限公司	2020.12.31
CNA016073G	CNA20173014.5	水稻	RC188	湖南桃花源农业科技股份有限公司	2020.12.31
CNA016074G	CNA20173075.1	水稻	创恢950	湖南袁创超级稻技术有限公司	2020.12.31
CNA016075G	CNA20173087.7	水稻	创宇107	长沙大禾科技开发中心	2020.12.31
CNA016076G	CNA20173088.6	水稻	创宇10号	长沙大禾科技开发中心	2020.12.31
CNA016077G	CNA20173211.6	水稻	M76优3301	福建农林大学、 福建省农业科学院生物技术研究所	2020.12.31
CNA016078G	CNA20173212.5	水稻	金恢966	福建农林大学	2020.12.31
CNA016079G	CNA20173213.4	水稻	金恢1059	福建农林大学	2020.12.31
CNA016080G	CNA20173214.3	水稻	金恢2050	福建农林大学	2020.12.31
CNA016081G	CNA20173236.7	水稻	Y两优18	湖南袁创超级稻技术有限公司	2020.12.31
CNA016082G	CNA20173247.4	水稻	苏2110	江苏太湖地区农业科学研究所	2020.12.31
CNA016083G	CNA20173339.3	水稻	R6312	湖南省水稻研究所	2020.12.31
CNA016084G	CNA20173345.5	水稻	创恢107	湖南袁创超级稻技术有限公司	2020.12.31
CNA016085G	CNA20173346.4	水稻	创恢959	湖南袁创超级稻技术有限公司	2020.12.31
CNA016086G	CNA20173348.2	水稻	望两优361	安徽新安种业有限公司	2020.12.31
CNA016087G	CNA20173353.4	水稻	红两优瑞占	合肥国丰农业科技有限公司	2020.12.31
CNA016088G	CNA20173475.7	水稻	彩美籼紫	湖南省水稻研究所	2020.12.31
CNA016089G	CNA20173494.4	水稻	两优1134	安徽咏悦农业科技有限公司	2020.12.31
CNA016090G	CNA20173626.5	水稻	旺两优911	湖南袁创超级稻技术有限公司	2020.12.31
CNA016091G	CNA20173627.4	水稻	旺两优958	湖南袁创超级稻技术有限公司	2020.12.31
CNA016092G	CNA20173683.5	水稻	龙稻1602	黑龙江省农业科学院耕作栽培研究所	2020.12.31
CNA016093G	CNA20173684.4	水稻	龙稻102	黑龙江省农业科学院耕作栽培研究所	2020.12.31

（续）

公告号	品种权号	植物种类	品种名称	品种权人	授权日
CNA016094G	CNA20173718.4	水稻	平占	湖南奥谱隆科技股份有限公司	2020.12.31
CNA016095G	CNA20173719.3	水稻	坤占	湖南奥谱隆科技股份有限公司	2020.12.31
CNA016096G	CNA20173722.8	水稻	奥R3000	湖南奥谱隆科技股份有限公司	2020.12.31
CNA016097G	CNA20173723.7	水稻	奥R1066	湖南奥谱隆科技股份有限公司	2020.12.31
CNA016098G	CNA20173725.5	水稻	奥R990	湖南奥谱隆科技股份有限公司	2020.12.31
CNA016099G	CNA20173726.4	水稻	奥R877	湖南奥谱隆科技股份有限公司	2020.12.31
CNA016100G	CNA20173728.2	水稻	奥R688	湖南奥谱隆科技股份有限公司	2020.12.31
CNA016101G	CNA20173732.6	水稻	奥R520	湖南奥谱隆科技股份有限公司	2020.12.31
CNA016102G	CNA20173733.5	水稻	奥R218	湖南奥谱隆科技股份有限公司	2020.12.31
CNA016103G	CNA20173734.4	水稻	W55	湖南奥谱隆科技股份有限公司	2020.12.31
CNA016104G	CNA20173736.2	水稻	奥R2205	湖南奥谱隆科技股份有限公司	2020.12.31
CNA016105G	CNA20173787.0	水稻	中种恢2810	中国种子集团有限公司、湖南农业大学	2020.12.31
CNA016106G	CNA20180057.8	水稻	济T166	山东省农业科学院生物技术研究中心、山东省水稻研究所	2020.12.31
CNA016107G	CNA20180063.0	水稻	圣1752	山东省水稻研究所	2020.12.31
CNA016108G	CNA20180138.1	水稻	圣稻158	山东省水稻研究所	2020.12.31
CNA016109G	CNA20180162.0	水稻	华智181	华智水稻生物技术有限公司、湖南农业大学	2020.12.31
CNA016110G	CNA20180163.9	水稻	华智183	华智水稻生物技术有限公司、湖南农业大学	2020.12.31
CNA016111G	CNA20180165.7	水稻	湘农182B	湖南农业大学、华智水稻生物技术有限公司	2020.12.31
CNA016112G	CNA20180166.6	水稻	湘农184	湖南农业大学、华智水稻生物技术有限公司	2020.12.31
CNA016113G	CNA20180167.5	水稻	湘农186	湖南农业大学、华智水稻生物技术有限公司	2020.12.31
CNA016114G	CNA20180185.3	水稻	巨风优650	湖北省农业科学院粮食作物研究所	2020.12.31
CNA016115G	CNA20180250.3	水稻	农香40	湖南省水稻研究所	2020.12.31
CNA016116G	CNA20180251.2	水稻	农香41	湖南省水稻研究所	2020.12.31
CNA016117G	CNA20180252.1	水稻	农香42	湖南省水稻研究所	2020.12.31
CNA016118G	CNA20180295.0	水稻	ZY56	湖北省农业科学院粮食作物研究所	2020.12.31
CNA016119G	CNA20180480.5	水稻	BS82	湖南省水稻研究所	2020.12.31
CNA016120G	CNA20180680.3	水稻	寒稻13	天津天隆科技股份有限公司	2020.12.31
CNA016121G	CNA20180852.5	水稻	绥粳27	黑龙江省农业科学院绥化分院	2020.12.31

（续）

公告号	品种权号	植物种类	品种名称	品种权人	授权日
CNA016122G	CNA20181224.4	水稻	申优114	上海黄海种业有限公司、上海市农业科学院	2020.12.31
CNA016123G	CNA20181461.6	水稻	通系936	通化市农业科学研究院	2020.12.31
CNA016124G	CNA20181819.5	水稻	镇稻656	江苏丘陵地区镇江农业科学研究所	2020.12.31
CNA016125G	CNA20181846.2	水稻	绥稻9号	绥化市盛昌种子繁育有限责任公司	2020.12.31
CNA016126G	CNA20182302.7	水稻	淮119	江苏徐淮地区淮阴农业科学研究所	2020.12.31
CNA016127G	CNA20182303.6	水稻	淮稻268	江苏徐淮地区淮阴农业科学研究所	2020.12.31
CNA016128G	CNA20182304.5	水稻	淮稻20号	江苏徐淮地区淮阴农业科学研究所	2020.12.31
CNA016129G	CNA20182378.6	水稻	扬辐粳9号	江苏里下河地区农业科学研究所、江苏金土地种业有限公司	2020.12.31
CNA016130G	CNA20182570.2	水稻	浙1613	浙江省农业科学院、杭州种业集团有限公司	2020.12.31
CNA016131G	CNA20183151.7	水稻	徽两优鄂丰丝苗	湖北荃银高科种业有限公司	2020.12.31
CNA016132G	CNA20183153.5	水稻	忠两优鄂丰丝苗	湖北荃银高科种业有限公司	2020.12.31
CNA016133G	CNA20183156.2	水稻	忠605S	湖北荃银高科种业有限公司	2020.12.31
CNA016134G	CNA20183182.0	水稻	郢216S	湖北荃银高科种业有限公司	2020.12.31
CNA016135G	CNA20183183.9	水稻	D916S	湖北荃银高科种业有限公司	2020.12.31
CNA016136G	CNA20183184.8	水稻	宝618S	湖北荃银高科种业有限公司	2020.12.31
CNA016137G	CNA20183185.7	水稻	郢丰丝苗	湖北荃银高科种业有限公司	2020.12.31
CNA016138G	CNA20183189.3	水稻	鄂莹丝苗	湖北荃银高科种业有限公司	2020.12.31
CNA016139G	CNA20183190.0	水稻	伍331S	湖北荃银高科种业有限公司	2020.12.31
CNA016140G	CNA20183191.9	水稻	香525S	湖北荃银高科种业有限公司	2020.12.31
CNA016141G	CNA20183194.6	水稻	银58S	湖北荃银高科种业有限公司	2020.12.31
CNA016142G	CNA20183195.5	水稻	荃优鄂丰丝苗	湖北荃银高科种业有限公司	2020.12.31
CNA016143G	CNA20183543.4	水稻	龙稻111	黑龙江省农业科学院耕作栽培研究所	2020.12.31
CNA016144G	CNA20183665.6	水稻	万香丝苗	江西翊壹农业科技有限公司	2020.12.31
CNA016145G	CNA20183767.3	水稻	吨两优17	湖南袁创超级稻技术有限公司	2020.12.31
CNA016146G	CNA20183773.5	水稻	旺两优98丝苗	湖南袁创超级稻技术有限公司、广东省农业科学院植物保护研究所	2020.12.31
CNA016147G	CNA20183774.4	水稻	吨两优900	湖南袁创超级稻技术有限公司	2020.12.31
CNA016148G	CNA20184022.2	水稻	田佳优338	武汉佳禾生物科技有限责任公司	2020.12.31
CNA016149G	CNA20184083.8	水稻	龙盾1614	黑龙江省莲江口种子有限公司	2020.12.31

（续）

公告号	品种权号	植物种类	品种名称	品种权人	授权日
CNA016150G	CNA20184141.8	水稻	莲汇3861	黑龙江省莲汇农业科技有限公司	2020.12.31
CNA016151G	CNA20184335.4	水稻	浙粳优1796	浙江省农业科学院	2020.12.31
CNA016152G	CNA20184375.5	水稻	DFE02	南京农业大学	2020.12.31
CNA016153G	CNA20184376.4	水稻	DFE05	南京农业大学	2020.12.31
CNA016154G	CNA20184429.1	水稻	豫农粳11号	河南农业大学	2020.12.31
CNA016155G	CNA20184430.8	水稻	豫农粳12	河南农业大学	2020.12.31
CNA016156G	CNA20184431.7	水稻	豫稻16	河南农业大学	2020.12.31
CNA016157G	CNA20184466.5	水稻	绥粳101	黑龙江省农业科学院绥化分院	2020.12.31
CNA016158G	CNA20184469.2	水稻	绥粳106	黑龙江省农业科学院绥化分院	2020.12.31
CNA016159G	CNA20184472.7	水稻	绥粳103	黑龙江省农业科学院绥化分院	2020.12.31
CNA016160G	CNA20184707.4	水稻	玖两优1339	湖南省水稻研究所、湖南希望种业科技股份有限公司	2020.12.31
CNA016161G	CNA20184733.2	水稻	湘农恢1174	湖南农业大学	2020.12.31
CNA016162G	CNA20184734.1	水稻	湘农恢887	湖南农业大学	2020.12.31
CNA016163G	CNA20184735.0	水稻	荃两优851	安徽荃银高科种业股份有限公司	2020.12.31
CNA016164G	CNA20184742.1	水稻	桂恢117	广西壮族自治区农业科学院水稻研究所	2020.12.31
CNA016165G	CNA20184750.0	水稻	湘农恢227	湖南农业大学	2020.12.31
CNA016166G	CNA20184751.9	水稻	湘农恢013	湖南农业大学	2020.12.31
CNA016167G	CNA20184752.8	水稻	湘农恢188	湖南农业大学	2020.12.31
CNA016168G	CNA20184753.7	水稻	粤禾A	广东省农业科学院水稻研究所	2020.12.31
CNA016169G	CNA20184754.6	水稻	广恢2388	广东省农业科学院水稻研究所	2020.12.31
CNA016170G	CNA20184755.5	水稻	发S	广东省农业科学院水稻研究所	2020.12.31
CNA016171G	CNA20184756.4	水稻	杰524S	袁隆平农业高科技股份有限公司、湖南民升种业科学研究院有限公司、湖南隆平种业有限公司	2020.12.31
CNA016172G	CNA20184757.3	水稻	光2S	袁隆平农业高科技股份有限公司、湖南民升种业科学研究院有限公司、湖南隆平种业有限公司	2020.12.31
CNA016173G	CNA20184759.1	水稻	K570	袁隆平农业高科技股份有限公司、湖南民升种业科学研究院有限公司、湖南隆平种业有限公司	2020.12.31
CNA016174G	CNA20184760.8	水稻	玉2862S	袁隆平农业高科技股份有限公司、湖南民升种业科学研究院有限公司、湖南隆平种业有限公司	2020.12.31
CNA016175G	CNA20184764.4	水稻	民升B	袁隆平农业高科技股份有限公司、湖南民升种业科学研究院有限公司、湖南隆平种业有限公司	2020.12.31

（续）

公告号	品种权号	植物种类	品种名称	品种权人	授权日
CNA016176G	CNA20184765.3	水稻	桂恢1836	广西壮族自治区农业科学院水稻研究所	2020.12.31
CNA016177G	CNA20184775.1	水稻	长泰A	广东省农业科学院水稻研究所	2020.12.31
CNA016178G	CNA20184779.7	水稻	华珂226S	袁隆平农业高科技股份有限公司、湖南隆平高科种业科学研究院有限公司、湖南亚华种业科学研究院	2020.12.31
CNA016179G	CNA20184780.4	水稻	华恢1144	袁隆平农业高科技股份有限公司、湖南隆平高科种业科学研究院有限公司、湖南亚华种业科学研究院	2020.12.31
CNA016180G	CNA20184781.3	水稻	华恢1237	袁隆平农业高科技股份有限公司、湖南隆平高科种业科学研究院有限公司、湖南亚华种业科学研究院	2020.12.31
CNA016181G	CNA20184782.2	水稻	华恢1074	袁隆平农业高科技股份有限公司、湖南隆平高科种业科学研究院有限公司、湖南亚华种业科学研究院	2020.12.31
CNA016182G	CNA20184783.1	水稻	R1988	袁隆平农业高科技股份有限公司、湖南隆平高科种业科学研究院有限公司、湖南亚华种业科学研究院	2020.12.31
CNA016183G	CNA20184795.7	水稻	华悦468S	袁隆平农业高科技股份有限公司、湖南隆平高科种业科学研究院有限公司、湖南亚华种业科学研究院	2020.12.31
CNA016184G	CNA20184796.6	水稻	华玮338S	袁隆平农业高科技股份有限公司、湖南隆平高科种业科学研究院有限公司、湖南亚华种业科学研究院	2020.12.31
CNA016185G	CNA20184799.3	水稻	忠恢244	湖南杂交水稻研究中心	2020.12.31
CNA016186G	CNA20184800.0	水稻	中广10号	广西壮族自治区农业科学院水稻研究所	2020.12.31
CNA016187G	CNA20184801.9	水稻	桂野1号	广西壮族自治区农业科学院水稻研究所	2020.12.31
CNA016188G	CNA20184802.8	水稻	桂野2号	广西壮族自治区农业科学院水稻研究所	2020.12.31
CNA016189G	CNA20184803.7	水稻	桂野3号	广西壮族自治区农业科学院水稻研究所	2020.12.31
CNA016190G	CNA20184804.6	水稻	桂R24	广西壮族自治区农业科学院水稻研究所	2020.12.31
CNA016191G	CNA20184805.5	水稻	桂育11号	广西壮族自治区农业科学院水稻研究所	2020.12.31
CNA016192G	CNA20184806.4	水稻	R1301	袁隆平农业高科技股份有限公司、湖南民升种业科学研究院有限公司、湖南隆平种业有限公司	2020.12.31
CNA016193G	CNA20184809.1	水稻	钦B	袁隆平农业高科技股份有限公司、湖南民升种业科学研究院有限公司、湖南隆平种业有限公司	2020.12.31
CNA016194G	CNA20184810.8	水稻	糯1B	袁隆平农业高科技股份有限公司、湖南民升种业科学研究院有限公司、湖南隆平种业有限公司	2020.12.31
CNA016195G	CNA20184811.7	水稻	桂丰30	广西壮族自治区农业科学院水稻研究所	2020.12.31
CNA016196G	CNA20184819.9	水稻	隆菲656S	袁隆平农业高科技股份有限公司、湖南隆平高科种业科学研究院有限公司、湖南亚华种业科学研究院	2020.12.31

（续）

公告号	品种权号	植物种类	品种名称	品种权人	授权日
CNA016197G	CNA20184820.6	水稻	鼎623S	袁隆平农业高科技股份有限公司、湖南隆平高科种业科学研究院有限公司、湖南亚华种业科学研究院	2020.12.31
CNA016198G	CNA20184821.5	水稻	华晖217S	袁隆平农业高科技股份有限公司、湖南隆平高科种业科学研究院有限公司、湖南亚华种业科学研究院	2020.12.31
CNA016199G	CNA20184822.4	水稻	华浩339S	袁隆平农业高科技股份有限公司、湖南隆平高科种业科学研究院有限公司、湖南亚华种业科学研究院	2020.12.31
CNA016200G	CNA20184823.3	水稻	华烨650S	袁隆平农业高科技股份有限公司、湖南隆平高科种业科学研究院有限公司、湖南亚华种业科学研究院	2020.12.31
CNA016201G	CNA20184824.2	水稻	华磊656S	湖南隆平高科种业科学研究院有限公司、湖南亚华种业科学研究院、袁隆平农业高科技股份有限公司	2020.12.31
CNA016202G	CNA20184825.1	水稻	湘钰668S	袁隆平农业高科技股份有限公司、湖南隆平高科种业科学研究院有限公司、湖南亚华种业科学研究院	2020.12.31
CNA016203G	CNA20184830.4	水稻	桂7571	广西壮族自治区农业科学院水稻研究所	2020.12.31
CNA016204G	CNA20184831.3	水稻	桂恢6971	广西壮族自治区农业科学院水稻研究所	2020.12.31
CNA016205G	CNA20191000298	水稻	凯恢608	黔东南苗族侗族自治州农业科学院	2020.12.31
CNA016206G	CNA20191000465	水稻	春江157	中国水稻研究所	2020.12.31
CNA016207G	CNA20191000515	水稻	辽粳1402	辽宁省水稻研究所	2020.12.31
CNA016208G	CNA20191000738	水稻	京粳8号	中国农业科学院作物科学研究所	2020.12.31
CNA016209G	CNA20191000979	水稻	泗稻260	江苏省农业科学院宿迁农科所	2020.12.31
CNA016210G	CNA20191000980	水稻	申优28	上海市农业科学院	2020.12.31
CNA016211G	CNA20191000993	水稻	申优42	上海市农业科学院	2020.12.31
CNA016212G	CNA20191001100	水稻	通育265	通化市农业科学研究院	2020.12.31
CNA016213G	CNA20191001214	水稻	易两优华占	武汉大学	2020.12.31
CNA016214G	CNA20191001358	水稻	易S	武汉大学	2020.12.31
CNA016215G	CNA20191001360	水稻	容S	武汉大学	2020.12.31
CNA016216G	CNA20191001366	水稻	1808S	武汉大学	2020.12.31
CNA016217G	CNA20191001367	水稻	R2618	武汉大学	2020.12.31
CNA016218G	CNA20191001419	水稻	京粳5号	中国农业科学院作物科学研究所	2020.12.31
CNA016219G	CNA20191001420	水稻	京粳4号	中国农业科学院作物科学研究所	2020.12.31
CNA016220G	CNA20191001510	水稻	广香丝苗	广东省农业科学院水稻研究所	2020.12.31
CNA016221G	CNA20191001558	水稻	沪香软450	上海市农业科学院	2020.12.31
CNA016222G	CNA20191001598	水稻	宛粳68D	郭俊红	2020.12.31

(续)

公告号	品种权号	植物种类	品种名称	品种权人	授权日
CNA016223G	CNA20191001694	水稻	广恢3472	广东省农业科学院水稻研究所	2020.12.31
CNA016224G	CNA20191001713	水稻	华粳0029	江苏省大华种业集团有限公司	2020.12.31
CNA016225G	CNA20191001745	水稻	宁7926	江苏省农业科学院	2020.12.31
CNA016226G	CNA20191001750	水稻	宁7743	江苏省农业科学院	2020.12.31
CNA016227G	CNA20191001757	水稻	宁7702	江苏省农业科学院	2020.12.31
CNA016228G	CNA20191001764	水稻	南粳70	江苏省农业科学院	2020.12.31
CNA016229G	CNA20191001765	水稻	宁5713	江苏省农业科学院	2020.12.31
CNA016230G	CNA20191001785	水稻	宁7712	江苏省农业科学院	2020.12.31
CNA016231G	CNA20191001786	水稻	宁9020	江苏省农业科学院	2020.12.31
CNA016232G	CNA20191001787	水稻	宁9015	江苏省农业科学院	2020.12.31
CNA016233G	CNA20191001788	水稻	荃优42	江苏省农业科学院	2020.12.31
CNA016234G	CNA20191001789	水稻	南粳62	江苏省农业科学院	2020.12.31
CNA016235G	CNA20191001790	水稻	南粳518	江苏省农业科学院	2020.12.31
CNA016236G	CNA20191001791	水稻	南粳9008	江苏省农业科学院	2020.12.31
CNA016237G	CNA20191001792	水稻	南粳7603	江苏省农业科学院	2020.12.31
CNA016238G	CNA20191001793	水稻	南粳66	江苏省农业科学院	2020.12.31
CNA016239G	CNA20191002089	水稻	镇籼优382	江苏丘陵地区镇江农业科学研究所	2020.12.31
CNA016240G	CNA20191002183	水稻	徽两优8061	江苏红旗种业股份有限公司、安徽红旗种业科技有限公司、萍乡市农业科学研究所	2020.12.31
CNA016241G	CNA20191002198	水稻	华两优1568	江苏红旗种业股份有限公司、安徽红旗种业科技有限公司	2020.12.31
CNA016242G	CNA20191002250	水稻	宁7822	江苏省农业科学院	2020.12.31
CNA016243G	CNA20191002283	水稻	昌两优明占	江苏明天种业科技股份有限公司	2020.12.31
CNA016244G	CNA20191002365	水稻	甬籼634	宁波市农业科学研究院	2020.12.31
CNA016245G	CNA20191002478	水稻	深两优8012	中国水稻研究所	2020.12.31
CNA016246G	CNA20191002480	水稻	R1564	武汉大学	2020.12.31
CNA016247G	CNA20191002518	水稻	R2431	武汉大学	2020.12.31
CNA016248G	CNA20191002716	水稻	浙1702	浙江省农业科学院、绍兴市舜达种业有限公司	2020.12.31
CNA016249G	CNA20191002785	水稻	益早软占	江西现代种业股份有限公司	2020.12.31
CNA016250G	CNA20191002976	水稻	恒两优新华粘	湖南恒德种业科技有限公司	2020.12.31
CNA016251G	CNA20191002979	水稻	徽两优982	安徽凯利种业有限公司	2020.12.31
CNA016252G	CNA20191003045	水稻	黑金珠6号	江西春丰农业科技有限公司	2020.12.31

（续）

公告号	品种权号	植物种类	品种名称	品种权人	授权日
CNA016253G	CNA20191003149	水稻	浙粳优1412	浙江省农业科学院	2020.12.31
CNA016254G	CNA20191003241	水稻	DS552	浙江大学	2020.12.31
CNA016255G	CNA20191003248	水稻	江79S	浙江大学、浙江省嘉兴市农业科学研究院（所）、无锡哈勃生物种业技术研究院有限公司、浙江之豇种业有限责任公司	2020.12.31
CNA016256G	CNA20191003253	水稻	黑粳1518	黑龙江省农业科学院黑河分院	2020.12.31
CNA016257G	CNA20191003269	水稻	两优778	安徽日辉生物科技有限公司	2020.12.31
CNA016258G	CNA20191003274	水稻	泰两优1413	浙江科原种业有限公司、温州市农业科学研究院、深圳粤香种业科技有限公司	2020.12.31
CNA016259G	CNA20191003318	水稻	华恢6341	袁隆平农业高科技股份有限公司、湖南隆平高科种业科学研究院有限公司、湖南亚华种业科学研究院	2020.12.31
CNA016260G	CNA20191003325	水稻	玛占	袁隆平农业高科技股份有限公司、湖南隆平高科种业科学研究院有限公司、湖南亚华种业科学研究院	2020.12.31
CNA016261G	CNA20191003327	水稻	华恢1672	袁隆平农业高科技股份有限公司、湖南隆平高科种业科学研究院有限公司、湖南亚华种业科学研究院	2020.12.31
CNA016262G	CNA20191003340	水稻	深两优1110	湖北谷神科技有限责任公司	2020.12.31
CNA016263G	CNA20191003452	水稻	新混优6号	安徽省农业科学院水稻研究所	2020.12.31
CNA016264G	CNA20191003497	水稻	沪旱68	上海天谷生物科技股份有限公司	2020.12.31
CNA016265G	CNA20191003565	水稻	深两优475	湖南恒德种业科技有限公司	2020.12.31
CNA016266G	CNA20191003902	水稻	成恢1443	四川省农业科学院作物研究所	2020.12.31
CNA016267G	CNA20191003906	水稻	成恢1781	四川省农业科学院作物研究所	2020.12.31
CNA016268G	CNA20191003937	水稻	成恢1778	四川省农业科学院作物研究所	2020.12.31
CNA016269G	CNA20191003984	水稻	两优57华占	安徽日辉生物科技有限公司	2020.12.31
CNA016270G	CNA20191004011	水稻	通禾819	通化市农业科学研究院	2020.12.31
CNA016271G	CNA20191004113	水稻	鼎优华占	玉林市农业科学院	2020.12.31
CNA016272G	CNA20191004237	水稻	珞红6A	武汉大学	2020.12.31
CNA016273G	CNA20191004396	水稻	隆望S	湖南希望种业科技股份有限公司、湖南农业大学	2020.12.31
CNA016274G	CNA20191004446	水稻	佳丰糯2	苏玉林	2020.12.31
CNA016275G	CNA20191004538	水稻	桂香99	广西壮族自治区农业科学院水稻研究所	2020.12.31
CNA016276G	CNA20191004539	水稻	桂育13	广西壮族自治区农业科学院水稻研究所	2020.12.31
CNA016277G	CNA20191004559	水稻	创野优	广西壮族自治区农业科学院水稻研究所	2020.12.31
CNA016278G	CNA20191004563	水稻	桂香18	广西壮族自治区农业科学院水稻研究所	2020.12.31

（续）

公告号	品种权号	植物种类	品种名称	品种权人	授权日
CNA016279G	CNA20191004564	水稻	桂育12	广西壮族自治区农业科学院水稻研究所	2020.12.31
CNA016280G	CNA20191004577	水稻	瑞两优1578	安徽国瑞种业有限公司	2020.12.31
CNA016281G	CNA20191004585	水稻	成恢1053	四川省农业科学院作物研究所	2020.12.31
CNA016282G	CNA20191004589	水稻	成糯恢2511	四川省农业科学院作物研究所	2020.12.31
CNA016283G	CNA20191004590	水稻	成恢1099	四川省农业科学院作物研究所	2020.12.31
CNA016284G	CNA20191004777	水稻	南3502S	湖南农业大学	2020.12.31
CNA016285G	CNA20191004886	水稻	通禾869	通化市农业科学研究院、通化通农科技发展有限责任公司	2020.12.31
CNA016286G	CNA20191004897	水稻	鼎烽2号	广西鼎烽种业有限公司	2020.12.31
CNA016287G	CNA20191004899	水稻	成恢4313	四川省农业科学院作物研究所	2020.12.31
CNA016288G	CNA20191004914	水稻	两优106	江苏红旗种业股份有限公司、萍乡市农业科学研究所、安徽红旗种业科技有限公司	2020.12.31
CNA016289G	CNA20191004923	水稻	龙桦15	黑龙江田友种业有限公司	2020.12.31
CNA016290G	CNA20191004945	水稻	千乡优917	四川省内江市农业科学院	2020.12.31
CNA016291G	CNA20191004964	水稻	千乡优8123	四川省内江市农业科学院	2020.12.31
CNA016292G	CNA20191004966	水稻	千乡优817	四川省内江市农业科学院	2020.12.31
CNA016293G	CNA20191005007	水稻	蓉7优2115	四川农业大学、成都市农林科学院、北京金色农华种业科技股份有限公司	2020.12.31
CNA016294G	CNA20191005008	水稻	九优2117	四川农业大学、安徽荃银高科种业股份有限公司、四川荃银种业有限公司	2020.12.31
CNA016295G	CNA20191005016	水稻	南粳53013	江苏省农业科学院	2020.12.31
CNA016296G	CNA20191005019	水稻	南粳55	江苏省农业科学院	2020.12.31
CNA016297G	CNA20191005129	水稻	钱江103	浙江省农业科学院浙江勿忘农种业股份有限公司	2020.12.31
CNA016298G	CNA20191005203	水稻	恢8	中国水稻研究所、浙江勿忘农种业股份有限公司	2020.12.31
CNA016299G	CNA20191005483	水稻	天盈8号	黑龙江省莲江口种子有限公司	2020.12.31
CNA016300G	CNA20191005558	水稻	临稻25	沂南县水稻研究所	2020.12.31
CNA016301G	CNA20191005577	水稻	宁粳041	南京农业大学	2020.12.31
CNA016302G	CNA20191005620	水稻	通禾829	通化市农业科学研究院、通化通农科技发展有限责任公司	2020.12.31
CNA016303G	CNA20191005807	水稻	田友518	黑龙江田友种业有限公司	2020.12.31
CNA016304G	CNA20191006027	水稻	中作1803	中国农业科学院作物科学研究所	2020.12.31
CNA016305G	CNA20191006031	水稻	京粳3号	中国农业科学院作物科学研究所	2020.12.31

（续）

公告号	品种权号	植物种类	品种名称	品种权人	授权日
CNA016306G	CNA20201000477	水稻	早优1710	湖南省水稻研究所	2020.12.31
CNA016307G	CNA20110930.8	玉米	CMSX58	中国种子集团有限公司	2020.12.31
CNA016308G	CNA20130574.7	玉米	先玉糯836	先锋国际良种公司	2020.12.31
CNA016309G	CNA20130698.8	玉米	PHB1M	先锋国际良种公司	2020.12.31
CNA016310G	CNA20130699.7	玉米	PH1G2H1	先锋国际良种公司	2020.12.31
CNA016311G	CNA20151488.8	玉米	J9125	中种国际种子有限公司	2020.12.31
CNA016312G	CNA20152062.0	玉米	瑞普909	山西省农业科学院玉米研究所	2020.12.31
CNA016313G	CNA20161446.8	玉米	利合518	利马格兰欧洲	2020.12.31
CNA016314G	CNA20161459.2	玉米	中种1207	中种国际种子有限公司	2020.12.31
CNA016315G	CNA20161471.6	玉米	先玉1486	先锋国际良种公司	2020.12.31
CNA016316G	CNA20161476.1	玉米	先玉1581	先锋国际良种公司	2020.12.31
CNA016317G	CNA20162049.7	玉米	锋玉5号	龙江县丰吉种业有限责任公司	2020.12.31
CNA016318G	CNA20162246.8	玉米	圣瑞565	郑州圣瑞元农业科技开发有限公司	2020.12.31
CNA016319G	CNA20162334.1	玉米	黑甜糯168	浙江省东阳玉米研究所	2020.12.31
CNA016320G	CNA20170337.1	玉米	邦玉3	吉林省伊邦种业有限公司	2020.12.31
CNA016321G	CNA20170547.7	玉米	天贵88	南宁市桂福园农业有限公司	2020.12.31
CNA016322G	CNA20170586.9	玉米	闽甜系688	福建省农业科学院作物研究所	2020.12.31
CNA016323G	CNA20171373.4	玉米	丁单988	云南浩禾农业科技有限公司、白银谷丰源玉米种植研究所	2020.12.31
CNA016324G	CNA20171506.4	玉米	MC817	北京顺鑫农科种业科技有限公司、北京市农林科学院	2020.12.31
CNA016325G	CNA20171508.2	玉米	鑫瑞25	北京市农林科学院、济南鑫瑞种业科技有限公司	2020.12.31
CNA016326G	CNA20172335.9	玉米	明天695	江苏明天种业科技股份有限公司	2020.12.31
CNA016327G	CNA20173201.8	玉米	必祥199	北京华农伟业种子科技有限公司	2020.12.31
CNA016328G	CNA20173202.7	玉米	必祥629	北京华农伟业种子科技有限公司	2020.12.31
CNA016329G	CNA20173203.6	玉米	必祥826	北京华农伟业种子科技有限公司	2020.12.31
CNA016330G	CNA20173205.4	玉米	华农159	北京华农伟业种子科技有限公司	2020.12.31
CNA016331G	CNA20173368.7	玉米	晶甜9号	南京市蔬菜科学研究所、江苏润扬种业股份有限公司	2020.12.31
CNA016332G	CNA20173372.1	玉米	大康229	北京中农大康科技开发有限公司	2020.12.31
CNA016333G	CNA20173547.1	玉米	京农科828	北京市农林科学院	2020.12.31
CNA016334G	CNA20173548.0	玉米	京88	北京市农林科学院	2020.12.31
CNA016335G	CNA20173593.4	玉米	先科390	河南先天下种业有限公司、李晓丽	2020.12.31

（续）

公告号	品种权号	植物种类	品种名称	品种权人	授权日
CNA016336G	CNA20173816.5	玉米	申科甜2号	上海市农业科学院	2020.12.31
CNA016337G	CNA20180271.8	玉米	JK601	北京市农林科学院	2020.12.31
CNA016338G	CNA20180272.7	玉米	京科968K	北京市农林科学院	2020.12.31
CNA016339G	CNA20180273.6	玉米	京科665K	北京市农林科学院	2020.12.31
CNA016340G	CNA20180274.5	玉米	京92K	北京市农林科学院	2020.12.31
CNA016341G	CNA20180275.4	玉米	MC1418	北京顺鑫农科种业科技有限公司、北京市农林科学院	2020.12.31
CNA016342G	CNA20180276.3	玉米	京724L	北京市农林科学院	2020.12.31
CNA016343G	CNA20180311.0	玉米	NK916	北京市农林科学院	2020.12.31
CNA016344G	CNA20181293.0	玉米	先赢1号	山西先登农业科技有限公司、山西省农业科学院作物科学研究所	2020.12.31
CNA016345G	CNA20181296.7	玉米	先赢311	山西先登农业科技有限公司 山西省农业科学院玉米研究所	2020.12.31
CNA016346G	CNA20181351.9	玉米	裕丰620	承德裕丰种业有限公司	2020.12.31
CNA016347G	CNA20181356.4	玉米	和甜三号	上海蔬菜研究所	2020.12.31
CNA016348G	CNA20181433.1	玉米	德合697	河南德合坤元农业科技有限公司	2020.12.31
CNA016349G	CNA20181505.4	玉米	鲍玉3号	山东好汉种业科技有限公司	2020.12.31
CNA016350G	CNA20181696.3	玉米	农保姆305	北京华农伟业种子科技有限公司	2020.12.31
CNA016351G	CNA20181775.7	玉米	KBS1601	黑龙江省农业科学院玉米研究所	2020.12.31
CNA016352G	CNA20181900.5	玉米	田单68	云南田瑞种业有限公司	2020.12.31
CNA016353G	CNA20181902.3	玉米	兴单105	云南人瑞农业科技开发有限公司	2020.12.31
CNA016354G	CNA20182211.7	玉米	DK117	北京中农大康科技开发有限公司	2020.12.31
CNA016355G	CNA20182220.6	玉米	兴单104	云南人瑞农业科技开发有限公司	2020.12.31
CNA016356G	CNA20182576.6	玉米	申科糯602	上海市农业科学院	2020.12.31
CNA016357G	CNA20182609.7	玉米	先玉1580	先锋国际良种公司	2020.12.31
CNA016358G	CNA20182652.3	玉米	强盛326	山西强盛种业有限公司	2020.12.31
CNA016359G	CNA20182653.2	玉米	强盛325	山西强盛种业有限公司	2020.12.31
CNA016360G	CNA20182719.4	玉米	必祥301	北京华农伟业种子科技有限公司	2020.12.31
CNA016361G	CNA20182721.0	玉米	华农308	北京华农伟业种子科技有限公司	2020.12.31
CNA016362G	CNA20182722.9	玉米	华农309	北京华农伟业种子科技有限公司	2020.12.31
CNA016363G	CNA20182728.3	玉米	华农207	北京华农伟业种子科技有限公司	2020.12.31
CNA016364G	CNA20182729.2	玉米	必祥312	北京华农伟业种子科技有限公司	2020.12.31
CNA016365G	CNA20182769.3	玉米	DT927	云南大天种业有限公司	2020.12.31
CNA016366G	CNA20182780.8	玉米	先玉1615	先锋国际良种公司	2020.12.31

（续）

公告号	品种权号	植物种类	品种名称	品种权人	授权日
CNA016367G	CNA20182791.5	玉米	美玉41号	海南绿川种苗有限公司	2020.12.31
CNA016368G	CNA20182951.1	玉米	天育101	甘肃天亿兴种业有限责任公司	2020.12.31
CNA016369G	CNA20182992.2	玉米	豫中育99	河南省豫玉种业股份有限公司	2020.12.31
CNA016370G	CNA20183028.8	玉米	敦玉20	甘肃省敦煌种业集团股份有限公司	2020.12.31
CNA016371G	CNA20183132.1	玉米	金博士728	河南金博士种业股份有限公司	2020.12.31
CNA016372G	CNA20183379.3	玉米	内秀10	河南省豫玉种业股份有限公司	2020.12.31
CNA016373G	CNA20183380.0	玉米	豫单1866	河南农业大学	2020.12.31
CNA016374G	CNA20183395.3	玉米	周玉1	沈阳北玉种子科技有限公司	2020.12.31
CNA016375G	CNA20183726.3	玉米	罗单297	云南大天种业有限公司	2020.12.31
CNA016376G	CNA20183826.2	玉米	川单108	四川川单种业有限责任公司	2020.12.31
CNA016377G	CNA20183833.3	玉米	密花甜糯3号	北京中农斯达农业科技开发有限公司	2020.12.31
CNA016378G	CNA20183840.4	玉米	斯达甜225	北京中农斯达农业科技开发有限公司	2020.12.31
CNA016379G	CNA20183926.1	玉米	墨瞳	北京中农斯达农业科技开发有限公司	2020.12.31
CNA016380G	CNA20183928.9	玉米	密甜糯2号	北京中农斯达农业科技开发有限公司	2020.12.31
CNA016381G	CNA20183942.1	玉米	中科甜糯9号	上海市农业科学院	2020.12.31
CNA016382G	CNA20183967.1	玉米	双惠88	山西省原平市双惠种业有限公司	2020.12.31
CNA016383G	CNA20184101.6	玉米	MC565	河南省现代种业有限公司	2020.12.31
CNA016384G	CNA20184202.4	玉米	金萌213	大连乾坤种业有限公司	2020.12.31
CNA016385G	CNA20184394.2	玉米	明天517	江苏明天种业科技股份有限公司	2020.12.31
CNA016386G	CNA20184422.8	玉米	爱瑞特1790	郑州爱瑞特生物科技有限公司	2020.12.31
CNA016387G	CNA20184674.3	玉米	天泰358	山东中农天泰种业有限公司	2020.12.31
CNA016388G	CNA20184675.2	玉米	邦玉519	山东中农天泰种业有限公司	2020.12.31
CNA016389G	CNA20184766.2	玉米	茂育6号	河北华茂种业有限公司	2020.12.31
CNA016390G	CNA20191000061	玉米	萃玉610	北京联创种业有限公司	2020.12.31
CNA016391G	CNA20191000072	玉米	辰诺501	内蒙古利禾农业科技发展有限公司	2020.12.31
CNA016392G	CNA20191000095	玉米	粒粒金701	北京联创种业有限公司	2020.12.31
CNA016393G	CNA20191000096	玉米	粒粒金703	北京联创种业有限公司	2020.12.31
CNA016394G	CNA20191000101	玉米	中科玉516	河南隆平联创农业科技有限公司、北京联创种业有限公司	2020.12.31
CNA016395G	CNA20191000102	玉米	联创870	北京联创种业有限公司	2020.12.31
CNA016396G	CNA20191000103	玉米	昊创706	北京联创种业有限公司	2020.12.31
CNA016397G	CNA20191000104	玉米	科祺507	北京联创种业有限公司	2020.12.31

（续）

公告号	品种权号	植物种类	品种名称	品种权人	授权日
CNA016398G	CNA20191000105	玉米	联创869	北京联创种业有限公司	2020.12.31
CNA016399G	CNA20191000107	玉米	中科玉509	河南隆平联创农业科技有限公司、北京联创种业有限公司	2020.12.31
CNA016400G	CNA20191000137	玉米	联创102	北京联创种业有限公司	2020.12.31
CNA016401G	CNA20191000150	玉米	粒粒金103	北京联创种业有限公司	2020.12.31
CNA016402G	CNA20191000212	玉米	斯达31	北京中农斯达农业科技开发有限公司	2020.12.31
CNA016403G	CNA20191000231	玉米	安玉706	安阳市农业科学院	2020.12.31
CNA016404G	CNA20191000290	玉米	密甜糯1号	北京中农斯达农业科技开发有限公司	2020.12.31
CNA016405G	CNA20191000457	玉米	粒粒金515	北京联创种业有限公司	2020.12.31
CNA016406G	CNA20191000458	玉米	粒粒金503	北京联创种业有限公司	2020.12.31
CNA016407G	CNA20191000490	玉米	粒粒金316	北京联创种业有限公司	2020.12.31
CNA016408G	CNA20191000546	玉米	昊棒311	北京联创种业有限公司	2020.12.31
CNA016409G	CNA20191000553	玉米	珍棒511	北京联创种业有限公司	2020.12.31
CNA016410G	CNA20191000724	玉米	宏博701	内蒙古宏博种业科技有限公司	2020.12.31
CNA016411G	CNA20191000759	玉米	源育177	石家庄高新区源申科技有限公司	2020.12.31
CNA016412G	CNA20191000760	玉米	源育168	石家庄高新区源申科技有限公司	2020.12.31
CNA016413G	CNA20191000761	玉米	源育166	石家庄高新区源申科技有限公司	2020.12.31
CNA016414G	CNA20191000983	玉米	H211	河南黄泛区地神种业有限公司	2020.12.31
CNA016415G	CNA20191001165	玉米	垦玉90	甘肃农垦良种有限责任公司	2020.12.31
CNA016416G	CNA20191001194	玉米	九和玉369	袁科曼	2020.12.31
CNA016417G	CNA20191001223	玉米	敦玉31	甘肃省敦煌种业集团股份有限公司	2020.12.31
CNA016418G	CNA20191001248	玉米	扶玉88	湖北扶轮农业科技开发有限公司	2020.12.31
CNA016419G	CNA20191001308	玉米	杜育618	吉林省鸿翔农业集团鸿翔种业有限公司	2020.12.31
CNA016420G	CNA20191001352	玉米	晶甜10号	江苏润扬种业股份有限公司、南京市蔬菜科学研究所	2020.12.31
CNA016421G	CNA20191001393	玉米	金世纪616	安徽金世纪农业科技有限公司	2020.12.31
CNA016422G	CNA20191001401	玉米	农华711	北京金色丰度种业科技有限公司	2020.12.31
CNA016423G	CNA20191001434	玉米	鲲玉16	河南鲲玉种业有限公司	2020.12.31
CNA016424G	CNA20191001435	玉米	鲲玉10	河南鲲玉种业有限公司	2020.12.31
CNA016425G	CNA20191001437	玉米	康瑞102	河南鲲玉种业有限公司	2020.12.31
CNA016426G	CNA20191001564	玉米	斯达糯49	北京中农斯达农业科技开发有限公司	2020.12.31
CNA016427G	CNA20191001617	玉米	万千968	广西万千种业有限公司	2020.12.31
CNA016428G	CNA20191001640	玉米	MC765	河南省现代种业有限公司、北京市农林科学院	2020.12.31

（续）

公告号	品种权号	植物种类	品种名称	品种权人	授权日
CNA016429G	CNA20191001683	玉米	MC786	河南省现代种业有限公司、北京市农林科学院	2020.12.31
CNA016430G	CNA20191001706	玉米	16S6	吉林省金园种苗有限公司	2020.12.31
CNA016431G	CNA20191001798	玉米	华农658	北京华农伟业种子科技有限公司	2020.12.31
CNA016432G	CNA20191001896	玉米	玉源3179	甘肃玉源种业股份有限公司	2020.12.31
CNA016433G	CNA20191001911	玉米	瑞单77	黑龙江同瑞农业科技开发有限公司	2020.12.31
CNA016434G	CNA20191001912	玉米	玉研1807	甘肃玉源种业股份有限公司	2020.12.31
CNA016435G	CNA20191001913	玉米	玉研505	甘肃玉源种业股份有限公司	2020.12.31
CNA016436G	CNA20191002005	玉米	鸣和祥367	李烁阳	2020.12.31
CNA016437G	CNA20191002081	玉米	豫单138	河南农业大学	2020.12.31
CNA016438G	CNA20191002082	玉米	豫单188	河南农业大学	2020.12.31
CNA016439G	CNA20191002102	玉米	绿糯619	公主岭市绿育种业科技有限公司	2020.12.31
CNA016440G	CNA20191002108	玉米	萃甜628	南京绿领种业有限公司	2020.12.31
CNA016441G	CNA20191002143	玉米	豫单1851	河南农业大学	2020.12.31
CNA016442G	CNA20191002169	玉米	先达908	先正达参股股份有限公司	2020.12.31
CNA016443G	CNA20191002295	玉米	川单99	四川农业大学	2020.12.31
CNA016444G	CNA20191002325	玉米	乾丰689	甘肃天亿兴种业有限责任公司	2020.12.31
CNA016445G	CNA20191002565	玉米	南北12	黑龙江省南北农业科技有限公司	2020.12.31
CNA016446G	CNA20191002604	玉米	天玉808	新疆天玉种业有限责任公司、丹东农业科学院	2020.12.31
CNA016447G	CNA20191002605	玉米	浚单1668	鹤壁市农业科学院	2020.12.31
CNA016448G	CNA20191002648	玉米	斯达糯47	北京中农斯达农业科技开发有限公司	2020.12.31
CNA016449G	CNA20191002651	玉米	丰乐37	合肥丰乐种业股份有限公司、张掖市丰乐种业有限公司	2020.12.31
CNA016450G	CNA20191002652	玉米	丰乐360	合肥丰乐种业股份有限公司	2020.12.31
CNA016451G	CNA20191002675	玉米	黄粘早1号	公主岭市绿育种业科技有限公司	2020.12.31
CNA016452G	CNA20191002703	玉米	绿糯628	公主岭市绿育种业科技有限公司	2020.12.31
CNA016453G	CNA20191002704	玉米	豫单186	河南农业大学	2020.12.31
CNA016454G	CNA20191002705	玉米	泊玉11号	泊头市蔬宝种业有限公司	2020.12.31
CNA016455G	CNA20191002719	玉米	同玉609	四川同路农业科技有限责任公司	2020.12.31
CNA016456G	CNA20191002766	玉米	利合819	利马格兰欧洲	2020.12.31
CNA016457G	CNA20191002777	玉米	利合829	利马格兰欧洲	2020.12.31
CNA016458G	CNA20191002790	玉米	利合859	利马格兰欧洲	2020.12.31
CNA016459G	CNA20191002791	玉米	利合869	利马格兰欧洲	2020.12.31

（续）

公告号	品种权号	植物种类	品种名称	品种权人	授权日
CNA016460G	CNA20191002792	玉米	利合879	利马格兰欧洲	2020.12.31
CNA016461G	CNA20191002793	玉米	利合889	利马格兰欧洲	2020.12.31
CNA016462G	CNA20191002794	玉米	利合878	利马格兰欧洲	2020.12.31
CNA016463G	CNA20191002795	玉米	利合886	利马格兰欧洲	2020.12.31
CNA016464G	CNA20191002823	玉米	ZH18	云南珍禾丰种业有限公司	2020.12.31
CNA016465G	CNA20191002980	玉米	龙垦1108	北大荒垦丰种业股份有限公司	2020.12.31
CNA016466G	CNA20191002986	玉米	良星579	山东良星种业有限公司	2020.12.31
CNA016467G	CNA20191003054	玉米	先玉1791	先锋国际良种公司	2020.12.31
CNA016468G	CNA20191003094	玉米	龙垦20	北大荒垦丰种业股份有限公司	2020.12.31
CNA016469G	CNA20191003170	玉米	豫单183	河南农业大学	2020.12.31
CNA016470G	CNA20191003171	玉米	豫单921	河南农业大学	2020.12.31
CNA016471G	CNA20191003182	玉米	南甜糯601	南京永立农业发展有限公司	2020.12.31
CNA016472G	CNA20191003232	玉米	丰乐378	合肥丰乐种业股份有限公司、张掖市丰乐种业有限公司	2020.12.31
CNA016473G	CNA20191003233	玉米	丰乐358	合肥丰乐种业股份有限公司	2020.12.31
CNA016474G	CNA20191003234	玉米	榜玉169	合肥丰乐种业股份有限公司	2020.12.31
CNA016475G	CNA20191003246	玉米	泽尔沣515	吉林省宏泽现代农业有限公司	2020.12.31
CNA016476G	CNA20191003256	玉米	中研1603	中国农业科学院棉花研究所	2020.12.31
CNA016477G	CNA20191003284	玉米	南北73	黑龙江省南北农业科技有限公司	2020.12.31
CNA016478G	CNA20191003286	玉米	大唐226	陕西大唐种业股份有限公司	2020.12.31
CNA016479G	CNA20191003335	玉米	ND98	山东思农农业科技有限公司	2020.12.31
CNA016480G	CNA20191003375	玉米	平安1605	吉林省北方平安种业有限公司	2020.12.31
CNA016481G	CNA20191003547	玉米	华皖263	安徽隆平高科种业有限公司	2020.12.31
CNA016482G	CNA20191003549	玉米	华皖266	安徽隆平高科种业有限公司	2020.12.31
CNA016483G	CNA20191003637	玉米	兆育126	河北兆育种业有限公司	2020.12.31
CNA016484G	CNA20191003647	玉米	敦玉705	甘肃省敦煌种业集团股份有限公司	2020.12.31
CNA016485G	CNA20191003677	玉米	巡天979	河北巡天农业科技有限公司	2020.12.31
CNA016486G	CNA20191003683	玉米	粟玉99	河北粟神种子科技有限公司	2020.12.31
CNA016487G	CNA20191003704	玉米	宝景653S	郑州伟科作物育种科技有限公司	2020.12.31
CNA016488G	CNA20191003751	玉米	强盛333	山西强盛种业有限公司	2020.12.31
CNA016489G	CNA20191003752	玉米	强盛190	山西强盛种业有限公司	2020.12.31
CNA016490G	CNA20191003753	玉米	强盛151	山西强盛种业有限公司	2020.12.31
CNA016491G	CNA20191003758	玉米	强盛121	山西强盛种业有限公司	2020.12.31

（续）

公告号	品种权号	植物种类	品种名称	品种权人	授权日
CNA016492G	CNA20191003792	玉米	巡青858	新疆巡天农业科技有限公司	2020.12.31
CNA016493G	CNA20191003910	玉米	珲玉11	河南省豫玉种业股份有限公司	2020.12.31
CNA016494G	CNA20191003914	玉米	强盛339	山西强盛种业有限公司	2020.12.31
CNA016495G	CNA20191003922	玉米	珲玉7	河南省豫玉种业股份有限公司	2020.12.31
CNA016496G	CNA20191003950	玉米	大唐305	陕西大唐种业股份有限公司	2020.12.31
CNA016497G	CNA20191004036	玉米	珲玉8	河南省豫玉种业股份有限公司	2020.12.31
CNA016498G	CNA20191004040	玉米	润丰99	宁夏润丰种业有限公司	2020.12.31
CNA016499G	CNA20191004054	玉米	粟丰608	河北粟神种子科技有限公司	2020.12.31
CNA016500G	CNA20191004071	玉米	乐农92	河南金博士种业股份有限公司	2020.12.31
CNA016501G	CNA20191004072	玉米	乐农95	河南金博士种业股份有限公司	2020.12.31
CNA016502G	CNA20191004074	玉米	乐农90	河南金博士种业股份有限公司	2020.12.31
CNA016503G	CNA20191004082	玉米	乐农101	河南金博士种业股份有限公司	2020.12.31
CNA016504G	CNA20191004083	玉米	乐农99	河南金博士种业股份有限公司	2020.12.31
CNA016505G	CNA20191004094	玉米	金博士817	河南金博士种业股份有限公司	2020.12.31
CNA016506G	CNA20191004095	玉米	金博士736	河南金博士种业股份有限公司	2020.12.31
CNA016507G	CNA20191004096	玉米	金博士733	河南金博士种业股份有限公司	2020.12.31
CNA016508G	CNA20191004103	玉米	金博士916	河南金博士种业股份有限公司	2020.12.31
CNA016509G	CNA20191004104	玉米	金博士909	河南金博士种业股份有限公司	2020.12.31
CNA016510G	CNA20191004172	玉米	NK178	河南秋乐种业科技股份有限公司	2020.12.31
CNA016511G	CNA20191004242	玉米	龙垦1104	北大荒垦丰种业股份有限公司	2020.12.31
CNA016512G	CNA20191004306	玉米	豫中育88	河南省豫玉种业股份有限公司	2020.12.31
CNA016513G	CNA20191004308	玉米	泓丰715	北京新实泓丰种业有限公司	2020.12.31
CNA016514G	CNA20191004328	玉米	创玉120	创世纪种业有限公司	2020.12.31
CNA016515G	CNA20191004329	玉米	创玉115	创世纪种业有限公司	2020.12.31
CNA016516G	CNA20191004352	玉米	东甜玉1226	东台市农业科学研究所	2020.12.31
CNA016517G	CNA20191004358	玉米	彩甜糯1965	山西大丰种业有限公司	2020.12.31
CNA016518G	CNA20191004363	玉米	嘉玉162	河北嘉丰种业有限公司、石家庄卓农农业科技中心	2020.12.31
CNA016519G	CNA20191004457	玉米	R15	云南人瑞农业科技开发有限公司	2020.12.31
CNA016520G	CNA20191004462	玉米	衡玉7188	河北省农林科学院旱作农业研究所	2020.12.31
CNA016521G	CNA20191004485	玉米	先玉1765	先锋国际良种公司	2020.12.31
CNA016522G	CNA20191004529	玉米	先玉1658	先锋国际良种公司	2020.12.31

（续）

公告号	品种权号	植物种类	品种名称	品种权人	授权日
CNA016523G	CNA20191004534	玉米	先玉1665	先锋国际良种公司	2020.12.31
CNA016524G	CNA20191004550	玉米	先玉1786	先锋国际良种公司	2020.12.31
CNA016525G	CNA20191004602	玉米	先玉1752	先锋国际良种公司	2020.12.31
CNA016526G	CNA20191004609	玉米	华庆206	宾县华庆农业研究所	2020.12.31
CNA016527G	CNA20191004610	玉米	DF777	山西大丰种业有限公司	2020.12.31
CNA016528G	CNA20191004611	玉米	DF789	山西大丰种业有限公司	2020.12.31
CNA016529G	CNA20191004678	玉米	畅玉99	山西省农业科学院玉米研究所、山西鑫丰盛农业科技有限公司	2020.12.31
CNA016530G	CNA20191004688	玉米	盛玉67号	山西强盛种业有限公司	2020.12.31
CNA016531G	CNA20191004690	玉米	强盛229	山西强盛种业有限公司	2020.12.31
CNA016532G	CNA20191004691	玉米	强盛223	山西强盛种业有限公司	2020.12.31
CNA016533G	CNA20191004692	玉米	强盛196	山西强盛种业有限公司	2020.12.31
CNA016534G	CNA20191004693	玉米	强盛192	山西强盛种业有限公司	2020.12.31
CNA016535G	CNA20191004694	玉米	强盛159	山西强盛种业有限公司	2020.12.31
CNA016536G	CNA20191004695	玉米	强盛130	山西强盛种业有限公司	2020.12.31
CNA016537G	CNA20191004743	玉米	粒隆915	北京粒隆种业科技有限公司	2020.12.31
CNA016538G	CNA20191004758	玉米	先玉1796	先锋国际良种公司	2020.12.31
CNA016539G	CNA20191004770	玉米	金海1150	莱州市金海种业有限公司	2020.12.31
CNA016540G	CNA20191004771	玉米	金海1130	莱州市金海种业有限公司	2020.12.31
CNA016541G	CNA20191004775	玉米	金海518	莱州市金海种业有限公司	2020.12.31
CNA016542G	CNA20191004776	玉米	金海178	莱州市金海种业有限公司	2020.12.31
CNA016543G	CNA20191004791	玉米	伊邦919号	吉林省伊邦种业有限公司	2020.12.31
CNA016544G	CNA20191004856	玉米	泓丰1235	北京新实泓丰种业有限公司	2020.12.31
CNA016545G	CNA20191004875	玉米	富育1648	齐齐哈尔市富尔农艺有限公司	2020.12.31
CNA016546G	CNA20191004877	玉米	富尔302A	齐齐哈尔市富尔农艺有限公司	2020.12.31
CNA016547G	CNA20191004880	玉米	富尔2292	齐齐哈尔市富尔农艺有限公司	2020.12.31
CNA016548G	CNA20191004971	玉米	泓丰616	北京新实泓丰种业有限公司、郑州伟科作物育种科技有限公司	2020.12.31
CNA016549G	CNA20191004999	玉米	乐农102	河南金博士种业股份有限公司	2020.12.31
CNA016550G	CNA20191005009	玉米	金博士212	河南金博士种业股份有限公司	2020.12.31
CNA016551G	CNA20191005015	玉米	冀兴601	石家庄市冀兴种业有限公司	2020.12.31
CNA016552G	CNA20191005043	玉米	方玉262	河北德华种业有限公司	2020.12.31
CNA016553G	CNA20191005044	玉米	方玉1201	河北德华种业有限公司	2020.12.31

（续）

公告号	品种权号	植物种类	品种名称	品种权人	授权日
CNA016554G	CNA20191005045	玉米	先玉1719	先锋国际良种公司	2020.12.31
CNA016555G	CNA20191005052	玉米	先玉1785	先锋国际良种公司	2020.12.31
CNA016556G	CNA20191005060	玉米	方玉3201	河北德华种业有限公司	2020.12.31
CNA016557G	CNA20191005065	玉米	方玉6402	河北德华种业有限公司	2020.12.31
CNA016558G	CNA20191005071	玉米	隆平618	安徽隆平高科种业有限公司	2020.12.31
CNA016559G	CNA20191005088	玉米	强盛197	山西强盛种业有限公司	2020.12.31
CNA016560G	CNA20191005103	玉米	金博士885	河南金博士种业股份有限公司	2020.12.31
CNA016561G	CNA20191005107	玉米	登海DT208	枣庄登海德泰种业有限公司	2020.12.31
CNA016562G	CNA20191005108	玉米	登海DT1148	枣庄登海德泰种业有限公司	2020.12.31
CNA016563G	CNA20191005132	玉米	华庆6号	宾县华庆农业研究所	2020.12.31
CNA016564G	CNA20191005196	玉米	CA652	中国农业科学院作物科学研究所	2020.12.31
CNA016565G	CNA20191005224	玉米	登海117	山东登海种业股份有限公司	2020.12.31
CNA016566G	CNA20191005232	玉米	CA80	中国农业科学院作物科学研究所	2020.12.31
CNA016567G	CNA20191005233	玉米	CA240	中国农业科学院作物科学研究所	2020.12.31
CNA016568G	CNA20191005234	玉米	CA193	中国农业科学院作物科学研究所	2020.12.31
CNA016569G	CNA20191005300	玉米	内秀30	河南省豫玉种业股份有限公司	2020.12.31
CNA016570G	CNA20191005378	玉米	金博士911	河南金博士种业股份有限公司	2020.12.31
CNA016571G	CNA20191005414	玉米	丹玉485	丹东农业科学院	2020.12.31
CNA016572G	CNA20191005667	玉米	华庆710	宾县华庆农业研究所	2020.12.31
CNA016573G	CNA20191005756	玉米	恒泰1901	广西恒茂农业科技有限公司	2020.12.31
CNA016574G	CNA20191005817	玉米	恒美1801	广西恒茂农业科技有限公司	2020.12.31
CNA016575G	CNA20191005946	玉米	南北34	黑龙江省南北农业科技有限公司	2020.12.31
CNA016576G	CNA20191005975	玉米	梨玉818	吉林省梨玉种业有限公司	2020.12.31
CNA016577G	CNA20201000548	玉米	七彩857	新疆七彩农业有限公司	2020.12.31
CNA016578G	CNA20161403.9	普通小麦	泛麦803	河南黄泛区地神种业有限公司	2020.12.31
CNA016579G	CNA20170485.1	普通小麦	天宁38号	河南省天宁种业有限公司	2020.12.31
CNA016580G	CNA20171332.4	普通小麦	伟隆169	陕西杨凌伟隆农业科技有限公司	2020.12.31
CNA016581G	CNA20172237.8	普通小麦	平安11号	河南平安种业有限公司	2020.12.31
CNA016582G	CNA20172244.9	普通小麦	中麦66	中国农业科学院作物科学研究所	2020.12.31
CNA016583G	CNA20173252.6	普通小麦	金丰0515	江苏金色农业股份有限公司、南京东宁农作物研究所	2020.12.31
CNA016584G	CNA20180240.6	普通小麦	中夏169	新疆华夏农业有限公司、中国农业科学院作物科学研究所	2020.12.31

（续）

公告号	品种权号	植物种类	品种名称	品种权人	授权日
CNA016585G	CNA20180450.1	普通小麦	瑞华麦506	江苏瑞华农业科技有限公司	2020.12.31
CNA016586G	CNA20180674.1	普通小麦	乐土808	河北乐土种业有限公司	2020.12.31
CNA016587G	CNA20180956.0	普通小麦	长7080	山西省农业科学院谷子研究所	2020.12.31
CNA016588G	CNA20181424.2	普通小麦	航宇19	河南省科学院同位素研究所有限责任公司、河南大学	2020.12.31
CNA016589G	CNA20183278.5	普通小麦	郑品麦27号	新乡市金苑邦达富农业科技有限公司、河南金苑种业股份有限公司	2020.12.31
CNA016590G	CNA20183279.4	普通小麦	金诚麦17号	新乡市金苑邦达富农业科技有限公司、河南金苑种业股份有限公司	2020.12.31
CNA016591G	CNA20183321.2	普通小麦	春晓158	河南春晓种业有限公司	2020.12.31
CNA016592G	CNA20183343.6	普通小麦	先麦18	河南先天下种业有限公司、河南敦敏农业科技有限公司	2020.12.31
CNA016593G	CNA20183786.0	普通小麦	漯麦163	漯河市农业科学院	2020.12.31
CNA016594G	CNA20183801.1	普通小麦	永丰101	濮阳市永丰农业科技有限公司	2020.12.31
CNA016595G	CNA20183951.9	普通小麦	衡H1217	河北省农林科学院旱作农业研究所	2020.12.31
CNA016596G	CNA20184181.9	普通小麦	科林201	河南科林种业有限公司、中国农业科学院植物保护研究所	2020.12.31
CNA016597G	CNA20191000076	普通小麦	兴木1603	新疆兴木种业有限责任公司	2020.12.31
CNA016598G	CNA20191000078	普通小麦	兴木1602	新疆兴木种业有限责任公司	2020.12.31
CNA016599G	CNA20191000429	普通小麦	金禾7183	河北省农林科学院遗传生理研究所	2020.12.31
CNA016600G	CNA20191000430	普通小麦	金禾12339	河北省农林科学院遗传生理研究所	2020.12.31
CNA016601G	CNA20191001395	普通小麦	菏麦21	山东科源种业有限公司	2020.12.31
CNA016602G	CNA20191002868	普通小麦	农麦188	江苏神农大丰种业科技有限公司	2020.12.31
CNA016603G	CNA20191003216	普通小麦	中育1686	中国农业科学院棉花研究所	2020.12.31
CNA016604G	CNA20191003370	普通小麦	农麦176	江苏神农大丰种业科技有限公司	2020.12.31
CNA016605G	CNA20191003759	普通小麦	华伟305	刘冬冬	2020.12.31
CNA016606G	CNA20191003868	普通小麦	冀科667	河北省冀科种业有限公司	2020.12.31
CNA016607G	CNA20191003905	普通小麦	华麦007	河北华丰种业开发有限公司	2020.12.31
CNA016608G	CNA20191004158	普通小麦	驻麦762	驻马店市农业科学院	2020.12.31
CNA016609G	CNA20191004176	普通小麦	农麦177	江苏神农大丰种业科技有限公司	2020.12.31
CNA016610G	CNA20191004426	普通小麦	弘展628	河南弘展农业科技有限公司	2020.12.31
CNA016611G	CNA20191004705	普通小麦	中麦110	中国农业科学院作物科学研究所	2020.12.31
CNA016612G	CNA20191004855	普通小麦	宁麦资167	江苏省农业科学院、河南大学	2020.12.31
CNA016613G	CNA20191005073	普通小麦	科腾麦6号	昆山科腾生物科技有限公司、河北科腾生物科技有限公司	2020.12.31

（续）

公告号	品种权号	植物种类	品种名称	品种权人	授权日
CNA016614G	CNA20191005074	普通小麦	科腾麦8号	昆山科腾生物科技有限公司、河北科腾生物科技有限公司	2020.12.31
CNA016615G	CNA20191005104	普通小麦	济糯116	山东省农业科学院作物研究所	2020.12.31
CNA016616G	CNA20191005475	普通小麦	川麦98	四川省农业科学院作物研究所	2020.12.31
CNA016617G	CNA20191005476	普通小麦	川麦93	四川省农业科学院作物研究所	2020.12.31
CNA016618G	CNA20191005627	普通小麦	农麦18	新乡丰优农业科技有限公司	2020.12.31
CNA016619G	CNA20191005871	普通小麦	淮麦1033	江苏徐淮地区淮阴农业科学研究所	2020.12.31
CNA016620G	CNA20191006062	普通小麦	濮麦1165	濮阳市农业科学院	2020.12.31
CNA016621G	CNA20191006096	普通小麦	WF405	石家庄市万丰种业有限公司	2020.12.31
CNA016622G	CNA20191006124	普通小麦	农麦179	江苏神农大丰种业科技有限公司	2020.12.31
CNA016623G	CNA20191004125	大麦属	川青糯12259	四川省农业科学院作物研究所	2020.12.31
CNA016624G	CNA20191004647	大麦属	浙皮10号	浙江省农业科学院	2020.12.31
CNA016625G	CNA20191004648	大麦属	浙皮11号	浙江省农业科学院	2020.12.31
CNA016626G	CNA20191004944	高粱	凤杂13号	吉林省壮亿种业有限公司	2020.12.31
CNA016627G	CNA20162208.4	大豆	菏豆33号	菏泽市农业科学院	2020.12.31
CNA016628G	CNA20162276.1	大豆	菏豆32号	菏泽市农业科学院	2020.12.31
CNA016629G	CNA20180790.0	大豆	湘春2704	湖南省作物研究所	2020.12.31
CNA016630G	CNA20181131.6	大豆	明豆1号	商丘市中原小麦研究中心	2020.12.31
CNA016631G	CNA20181603.5	大豆	中豆46	中国农业科学院油料作物研究所	2020.12.31
CNA016632G	CNA20181606.2	大豆	沧豆09Y1	沧州市农林科学院	2020.12.31
CNA016633G	CNA20181652.5	大豆	佳豆6号	黑龙江省农业科学院佳木斯分院	2020.12.31
CNA016634G	CNA20181653.4	大豆	佳豆8号	黑龙江省农业科学院佳木斯分院	2020.12.31
CNA016635G	CNA20181654.3	大豆	佳豆36	黑龙江省农业科学院佳木斯分院	2020.12.31
CNA016636G	CNA20181657.0	大豆	合农74	黑龙江省农业科学院佳木斯分院	2020.12.31
CNA016637G	CNA20181659.8	大豆	合农80	黑龙江省农业科学院佳木斯分院	2020.12.31
CNA016638G	CNA20181660.5	大豆	合农89	黑龙江省农业科学院佳木斯分院	2020.12.31
CNA016639G	CNA20181661.4	大豆	合农134	黑龙江省农业科学院佳木斯分院	2020.12.31
CNA016640G	CNA20191000922	大豆	石豆19	石家庄市农林科学研究院	2020.12.31
CNA016641G	CNA20191001093	大豆	华豆19	郯城县种子公司	2020.12.31
CNA016642G	CNA20191001409	大豆	石豆15	石家庄市农林科学研究院	2020.12.31
CNA016643G	CNA20191001413	大豆	石茶色豆4号	石家庄市农林科学研究院	2020.12.31
CNA016644G	CNA20191001426	大豆	石豆17	石家庄市农林科学研究院	2020.12.31

（续）

公告号	品种权号	植物种类	品种名称	品种权人	授权日
CNA016645G	CNA20191001485	大豆	石黑豆3号	石家庄市农林科学研究院	2020.12.31
CNA016646G	CNA20191001496	大豆	濮豆5110	濮阳市农业科学院	2020.12.31
CNA016647G	CNA20191001601	大豆	东普52	史建辉	2020.12.31
CNA016648G	CNA20191001602	大豆	东普53	史建辉	2020.12.31
CNA016649G	CNA20191001993	大豆	东农68	东北农业大学	2020.12.31
CNA016650G	CNA20191002137	大豆	佳豆20	黑龙江省农业科学院佳木斯分院	2020.12.31
CNA016651G	CNA20191002141	大豆	佳豆25	黑龙江省农业科学院佳木斯分院	2020.12.31
CNA016652G	CNA20191002158	大豆	南农GPR503	南京农业大学	2020.12.31
CNA016653G	CNA20191002206	大豆	宜豆268	宜城市润禾农作物科研所	2020.12.31
CNA016654G	CNA20191002234	大豆	佳豆18	黑龙江省农业科学院佳木斯分院	2020.12.31
CNA016655G	CNA20191002244	大豆	佳豆33	黑龙江省农业科学院佳木斯分院	2020.12.31
CNA016656G	CNA20191002246	大豆	合农135	黑龙江省农业科学院佳木斯分院	2020.12.31
CNA016657G	CNA20191002657	大豆	贺豆6号	孙吴贺丰种业有限公司	2020.12.31
CNA016658G	CNA20191002676	大豆	中龙608	黑龙江省农业科学院大豆研究所、中国农业科学院作物科学研究所	2020.12.31
CNA016659G	CNA20191002677	大豆	黑龙芽豆1号	黑龙江省农业科学院大豆研究所、黑龙江省龙科种业集团有限公司	2020.12.31
CNA016660G	CNA20191002818	大豆	佳豆30	黑龙江省农业科学院佳木斯分院	2020.12.31
CNA016661G	CNA20191003095	大豆	东农82	东北农业大学	2020.12.31
CNA016662G	CNA20191003305	大豆	垦豆47	北大荒垦丰种业股份有限公司	2020.12.31
CNA016663G	CNA20191003379	大豆	昊疆8号	吴乃清	2020.12.31
CNA016664G	CNA20191003380	大豆	昊疆14号	吴乃清	2020.12.31
CNA016665G	CNA20191003381	大豆	昊疆21	吴乃清	2020.12.31
CNA016666G	CNA20191003431	大豆	垦豆48	北大荒垦丰种业股份有限公司	2020.12.31
CNA016667G	CNA20191003433	大豆	龙垦397	北大荒垦丰种业股份有限公司	2020.12.31
CNA016668G	CNA20191003694	大豆	徐豆25	江苏徐淮地区徐州农业科学研究所	2020.12.31
CNA016669G	CNA20191003805	大豆	安豆162	安达市春丰现代农业研究所、黑龙江省农业科学院大豆研究所	2020.12.31
CNA016670G	CNA20191003810	大豆	佳豆27	黑龙江省农业科学院佳木斯分院	2020.12.31
CNA016671G	CNA20191004025	大豆	垦科豆1	北大荒垦丰种业股份有限公司	2020.12.31
CNA016672G	CNA20191004027	大豆	垦科豆2	北大荒垦丰种业股份有限公司	2020.12.31
CNA016673G	CNA20191004030	大豆	垦科豆7	北大荒垦丰种业股份有限公司	2020.12.31
CNA016674G	CNA20191004033	大豆	晋黄10号	山西省农业科学院小麦研究所	2020.12.31

（续）

公告号	品种权号	植物种类	品种名称	品种权人	授权日
CNA016675G	CNA20191005498	大豆	牡豆15	黑龙江省农业科学院牡丹江分院	2020.12.31
CNA016676G	CNA20191006041	大豆	牡豆11	黑龙江省农业科学院牡丹江分院	2020.12.31
CNA016677G	CNA20180483.2	甘蓝型油菜	嘉油1427	浙江省嘉兴市农业科学研究院（所）	2020.12.31
CNA016678G	CNA20191003314	甘蓝型油菜	天府油668	四川省农业科学院作物研究所	2020.12.31
CNA016679G	CNA20191003413	甘蓝型油菜	德众油168	四川省农业科学院作物研究所	2020.12.31
CNA016680G	CNA20191004972	甘蓝型油菜	天府油1号	四川省农业科学院作物研究所	2020.12.31
CNA016681G	CNA20201000450	甘蓝型油菜	DJTMR1号	贵州省油菜研究所、贵州禾睦福种子有限公司	2020.12.31
CNA016682G	CNA20201000451	甘蓝型油菜	DJMR1号	贵州省油菜研究所、贵州禾睦福种子有限公司	2020.12.31
CNA016683G	CNA20201000452	甘蓝型油菜	DJMR4号	贵州省油菜研究所、贵州禾睦福种子有限公司	2020.12.31
CNA016684G	CNA20201000453	甘蓝型油菜	DJR1号	贵州省油菜研究所、贵州禾睦福种子有限公司	2020.12.31
CNA016685G	CNA20201000454	甘蓝型油菜	DJYMR1号	贵州省油菜研究所、贵州禾睦福种子有限公司	2020.12.31
CNA016686G	CNA20201000455	甘蓝型油菜	DJYMR2号	贵州省油菜研究所、贵州禾睦福种子有限公司	2020.12.31
CNA016687G	CNA20201000456	甘蓝型油菜	DJYMR3号	贵州省油菜研究所、贵州禾睦福种子有限公司	2020.12.31
CNA016688G	CNA20201000457	甘蓝型油菜	DTMR1号	贵州省油菜研究所、贵州禾睦福种子有限公司	2020.12.31
CNA016689G	CNA20201000458	甘蓝型油菜	DYR1号	贵州省油菜研究所、贵州禾睦福种子有限公司	2020.12.31
CNA016690G	CNA20201000459	甘蓝型油菜	MR1号	贵州省油菜研究所、贵州禾睦福种子有限公司	2020.12.31
CNA016691G	CNA20201000460	甘蓝型油菜	MR2号	贵州省油菜研究所、贵州禾睦福种子有限公司	2020.12.31
CNA016692G	CNA20201000461	甘蓝型油菜	MR3号	贵州省油菜研究所、贵州禾睦福种子有限公司	2020.12.31
CNA016693G	CNA20201000462	甘蓝型油菜	MR4号	贵州省油菜研究所、贵州禾睦福种子有限公司	2020.12.31
CNA016694G	CNA20201000463	甘蓝型油菜	MR5号	贵州省油菜研究所、贵州禾睦福种子有限公司	2020.12.31
CNA016695G	CNA20201000464	甘蓝型油菜	ADMB1号	贵州省油菜研究所、贵州禾睦福种子有限公司	2020.12.31
CNA016696G	CNA20201000465	甘蓝型油菜	AMB1号	贵州省油菜研究所、贵州禾睦福种子有限公司	2020.12.31

（续）

公告号	品种权号	植物种类	品种名称	品种权人	授权日
CNA016697G	CNA20201000466	甘蓝型油菜	MB2号	贵州省油菜研究所、贵州禾睦福种子有限公司	2020.12.31
CNA016698G	CNA20201000467	甘蓝型油菜	MB1号	贵州省油菜研究所、贵州禾睦福种子有限公司	2020.12.31
CNA016699G	CNA20201000468	甘蓝型油菜	CT1358	贵州省油菜研究所、贵州禾睦福种子有限公司	2020.12.31
CNA016700G	CNA20201000472	甘蓝型油菜	油研密714	贵州省油菜研究所、贵州禾睦福种子有限公司	2020.12.31
CNA016701G	CNA20201000473	甘蓝型油菜	油研密764	贵州省油菜研究所、贵州禾睦福种子有限公司	2020.12.31
CNA016702G	CNA20201000476	甘蓝型油菜	DJYMA1号	贵州省油菜研究所、贵州禾睦福种子有限公司	2020.12.31
CNA016703G	CNA20181271.6	花生	鲁黑花36	甄春娇、甄德忠	2020.12.31
CNA016704G	CNA20191000887	花生	商花21号	商丘市农林科学院	2020.12.31
CNA016705G	CNA20191002522	花生	宇花91号	青岛农业大学	2020.12.31
CNA016706G	CNA20162223.5	甘薯	烟薯26	山东省烟台市农业科学研究院	2020.12.31
CNA016707G	CNA20170181.8	甘薯	苏薯29	江苏省农业科学院	2020.12.31
CNA016708G	CNA20170182.7	甘薯	宁紫薯6号	江苏省农业科学院	2020.12.31
CNA016709G	CNA20170877.7	甘薯	济紫薯2号	山东省农业科学院作物研究所	2020.12.31
CNA016710G	CNA20170999.0	甘薯	烟薯30号	山东省烟台市农业科学研究院	2020.12.31
CNA016711G	CNA20171000.5	甘薯	烟薯31号	山东省烟台市农业科学研究院	2020.12.31
CNA016712G	CNA20171025.6	甘薯	徐薯32	江苏徐淮地区徐州农业科学研究所	2020.12.31
CNA016713G	CNA20171408.3	甘薯	福薯812	福建省农业科学院作物研究所	2020.12.31
CNA016714G	CNA20172132.4	甘薯	温薯1号	温州市农业科学研究院	2020.12.31
CNA016715G	CNA20172276.0	甘薯	农大白	中国农业大学	2020.12.31
CNA016716G	CNA20172602.5	甘薯	桂经薯8号	广西壮族自治区农业科学院经济作物研究所	2020.12.31
CNA016717G	CNA20172631.0	甘薯	宁紫薯7号	江苏省农业科学院	2020.12.31
CNA016718G	CNA20172970.9	甘薯	齐宁16号	济宁市农业科学研究院	2020.12.31
CNA016719G	CNA20172971.8	甘薯	齐宁18号	济宁市农业科学研究院	2020.12.31
CNA016720G	CNA20173240.1	甘薯	福薯604	福建省农业科学院作物研究所	2020.12.31
CNA016721G	CNA20173603.2	甘薯	福菜薯22	福建省农业科学院作物研究所	2020.12.31
CNA016722G	CNA20173604.1	甘薯	福薯404	福建省农业科学院作物研究所	2020.12.31
CNA016723G	CNA20180234.4	甘薯	农大28	中国农业大学	2020.12.31
CNA016724G	CNA20180360.0	甘薯	桂经薯11号	广西壮族自治区农业科学院经济作物研究所	2020.12.31

（续）

公告号	品种权号	植物种类	品种名称	品种权人	授权日
CNA016725G	CNA20180707.2	甘薯	渝薯27	西南大学	2020.12.31
CNA016726G	CNA20180881.0	甘薯	济薯29	山东省农业科学院作物研究所	2020.12.31
CNA016727G	CNA20180882.9	甘薯	济薯30	山东省农业科学院作物研究所	2020.12.31
CNA016728G	CNA20181274.3	甘薯	龙薯35号	龙岩市农业科学研究所	2020.12.31
CNA016729G	CNA20191004359	甘薯	徐新薯2号	江苏徐淮地区徐州农业科学研究所、新疆农业科学院粮食作物研究所	2020.12.31
CNA016730G	CNA20162015.7	马铃薯	16vP83	山东省农业科学院蔬菜花卉研究所	2020.12.31
CNA016731G	CNA20171016.7	马铃薯	华薯3号	华中农业大学	2020.12.31
CNA016732G	CNA20172910.2	马铃薯	久恩1号	王久恩	2020.12.31
CNA016733G	CNA20173511.3	马铃薯	京张薯1号	张家口市农业科学院	2020.12.31
CNA016734G	CNA20173512.2	马铃薯	京张薯3号	张家口市农业科学院	2020.12.31
CNA016735G	CNA20173513.1	马铃薯	京张薯4号	张家口市农业科学院	2020.12.31
CNA016736G	CNA20173514.0	马铃薯	京张薯5号	张家口市农业科学院	2020.12.31
CNA016737G	CNA20173515.9	马铃薯	冀张薯24号	张家口市农业科学院	2020.12.31
CNA016738G	CNA20173516.8	马铃薯	冀张薯26号	张家口市农业科学院	2020.12.31
CNA016739G	CNA20180985.5	马铃薯	雪育2号	雪川农业发展股份有限公司	2020.12.31
CNA016740G	CNA20180986.4	马铃薯	雪育16号	雪川农业发展股份有限公司	2020.12.31
CNA016741G	CNA20183092.9	棉属	华M2	湖北华之夏种子有限责任公司	2020.12.31
CNA016742G	CNA20191002144	棉属	九棉27	九圣禾种业股份有限公司	2020.12.31
CNA016743G	CNA20191002456	棉属	邯棉6101	邯郸市农业科学院	2020.12.31
CNA016744G	CNA20191002935	棉属	鲁棉2632	山东棉花研究中心	2020.12.31
CNA016745G	CNA20191002941	棉属	鲁棉2387	山东棉花研究中心	2020.12.31
CNA016746G	CNA20191003578	棉属	欣试518	新疆农业科学院经济作物研究所、河间市国欣农村技术服务总会	2020.12.31
CNA016747G	CNA20191003579	棉属	源棉新13305	新疆农业科学院经济作物研究所	2020.12.31
CNA016748G	CNA20191003651	棉属	德棉10号	德州市农业科学研究院	2020.12.31
CNA016749G	CNA20191003652	棉属	德棉16号	德州市农业科学研究院	2020.12.31
CNA016750G	CNA20191003403	大白菜	BG200	河北国研种业有限公司	2020.12.31
CNA016751G	CNA20191004738	大白菜	金品快菜404	福建金品农业科技股份有限公司	2020.12.31
CNA016752G	CNA20184333.6	普通结球甘蓝	中甘1305	中国农业科学院蔬菜花卉研究所	2020.12.31
CNA016753G	CNA20171639.4	普通番茄	惠欣1号	寿光瑞莱农业科技有限公司	2020.12.31
CNA016754G	CNA20172374.1	普通番茄	寿研13077	山东永盛农业发展有限公司	2020.12.31

（续）

公告号	品种权号	植物种类	品种名称	品种权人	授权日
CNA016755G	CNA20172375.0	普通番茄	寿研13385	山东永盛农业发展有限公司	2020.12.31
CNA016756G	CNA20182866.5	普通番茄	吉佳	北京世农种苗有限公司	2020.12.31
CNA016757G	CNA20191003673	普通番茄	乾德W5	上海乾德种业有限公司	2020.12.31
CNA016758G	CNA20191003674	普通番茄	乾德M725	上海乾德种业有限公司	2020.12.31
CNA016759G	CNA20191003999	普通番茄	乾德粉如意	上海乾德种业有限公司	2020.12.31
CNA016760G	CNA20191004002	普通番茄	乾德闺蜜	上海乾德种业有限公司	2020.12.31
CNA016761G	CNA20191004058	普通番茄	乾德红如意	上海乾德种业有限公司	2020.12.31
CNA016762G	CNA20162063.8	辣椒属	红素8号	镇江市镇研种业有限公司	2020.12.31
CNA016763G	CNA20182687.2	辣椒属	苏椒1614	江苏省农业科学院	2020.12.31
CNA016764G	CNA20182959.3	辣椒属	艳椒435	重庆市农业科学院	2020.12.31
CNA016765G	CNA20183057.2	辣椒属	红泰664	重庆市农业科学院	2020.12.31
CNA016766G	CNA20191000676	辣椒属	萍椒19号	萍乡市蔬菜科学研究所	2020.12.31
CNA016767G	CNA20191001512	辣椒属	润疆红11号	镇江市镇研种业有限公司	2020.12.31
CNA016768G	CNA20191001611	辣椒属	红泰668	重庆市农业科学院	2020.12.31
CNA016769G	CNA20191002113	辣椒属	zy080813	镇江市镇研种业有限公司	2020.12.31
CNA016770G	CNA20191002129	辣椒属	zy080830	镇江市镇研种业有限公司	2020.12.31
CNA016771G	CNA20191002132	辣椒属	zy0808202	镇江市镇研种业有限公司	2020.12.31
CNA016772G	CNA20191004867	辣椒属	博收15704	寿光博收种业有限公司	2020.12.31
CNA016773G	CNA20171479.7	黄瓜	川绿11号	四川省农业科学院园艺研究所、成都好特园艺有限公司	2020.12.31
CNA016774G	CNA20191001344	莴苣	碧霄	上海市农业生物基因中心	2020.12.31
CNA016775G	CNA20191000410	苦瓜	热科1号	中国热带农业科学院热带作物品种资源研究所	2020.12.31
CNA016776G	CNA20191001029	苦瓜	热科2号	中国热带农业科学院热带作物品种资源研究所	2020.12.31
CNA016777G	CNA20180170.0	西葫芦	瑞丰九号	酒泉希望种业有限公司	2020.12.31
CNA016778G	CNA20180171.9	西葫芦	希望一号	酒泉希望种业有限公司	2020.12.31
CNA016779G	CNA20191003682	芥菜	甬榨805	宁波市农业科学研究院、浙江大学	2020.12.31
CNA016780G	CNA20184600.2	普通西瓜	琼香	中国热带农业科学院热带作物品种资源研究所	2020.12.31
CNA016781G	CNA20191003401	普通西瓜	金丽黄	湖南博达隆生物科技有限公司	2020.12.31
CNA016782G	CNA20191003434	普通西瓜	潍研15号	山东三木现代种业有限公司、山东省寿光市三木种苗有限公司	2020.12.31
CNA016783G	CNA20191004212	普通西瓜	潍研10号	山东省寿光市三木种苗有限公司、山东三木现代种业有限公司	2020.12.31

（续）

公告号	品种权号	植物种类	品种名称	品种权人	授权日
CNA016784G	CNA20191005010	普通西瓜	热研黑宝	中国热带农业科学院热带作物品种资源研究所	2020.12.31
CNA016785G	CNA20191005413	普通西瓜	琼美	中国热带农业科学院热带作物品种资源研究所	2020.12.31
CNA016786G	CNA20170008.9	甜瓜	香山雪蜜	济南鲁青种苗有限公司、冯锡鸿	2020.12.31
CNA016787G	CNA20191000574	甜瓜	甜美7号	河南欧兰德种业有限公司	2020.12.31
CNA016788G	CNA20171164.7	兰属	福韵红霞	福建省农业科学院作物研究所、福建百秾生态科技有限公司	2020.12.31
CNA016789G	CNA20191001236	兰属	瑶池月夜	三明市森彩生态农业发展有限公司、清流县森源兰蕙生物科技有限公司、沙县林业科技推广中心	2020.12.31
CNA016790G	CNA20191003392	兰属	沙阳碧玉	三明市森彩生态农业发展有限公司、清流县森源兰蕙生物科技有限公司、三明市农业科学研究院	2020.12.31
CNA016791G	CNA20191003394	兰属	沙阳翠蝶	三明市农业科学研究院、三明市森彩生态农业发展有限公司、清流县种苗花卉管理站	2020.12.31
CNA016792G	CNA20191003679	蝴蝶兰属	品香	深圳市兰科植物保护研究中心	2020.12.31
CNA016793G	CNA20191003577	菊属	黄秀荷	浙江省农业科学院	2020.12.31
CNA016794G	CNA20191004233	菊属	燕华姚黄	中国农业科学院蔬菜花卉研究所	2020.12.31
CNA016795G	CNA20191004234	菊属	燕华鹅黄	中国农业科学院蔬菜花卉研究所	2020.12.31
CNA016796G	CNA20191004235	菊属	燕华紫风车	中国农业科学院蔬菜花卉研究所	2020.12.31
CNA016797G	CNA20191004236	菊属	燕华金绸	中国农业科学院蔬菜花卉研究所	2020.12.31
CNA016798G	CNA20191004284	菊属	燕华曲奇	中国农业科学院蔬菜花卉研究所	2020.12.31
CNA016799G	CNA20150273.9	石竹属	布丽雅绿	意大利马林布丽阿提米西亚农场公司	2020.12.31
CNA016800G	CNA20191004606	花烛属	红装	上海鲜花港企业发展有限公司	2020.12.31
CNA016801G	CNA20191004607	花烛属	红胭	上海鲜花港企业发展有限公司	2020.12.31
CNA016802G	CNA20150728.0	秋海棠属	比尔格勒	德国班纳利种子有限公司	2020.12.31
CNA016803G	CNA20172108.4	葡萄属	申奕	上海市农业科学院	2020.12.31
CNA016804G	CNA20182150.0	枇杷	沪金单核	上海市农业科学院	2020.12.31
CNA016805G	CNA20181527.8	向日葵	GF363	内蒙古谷丰农业科技有限公司	2020.12.31
CNA016806G	CNA20181528.7	向日葵	GF6199	内蒙古谷丰农业科技有限公司	2020.12.31
CNA016807G	CNA20181529.6	向日葵	GF9177	内蒙古谷丰农业科技有限公司	2020.12.31
CNA016808G	CNA20181530.3	向日葵	HT661	内蒙古谷丰农业科技有限公司	2020.12.31
CNA016809G	CNA20181531.2	向日葵	谷丰6号	内蒙古谷丰农业科技有限公司	2020.12.31
CNA016810G	CNA20181533.0	向日葵	谷丰90	内蒙古谷丰农业科技有限公司	2020.12.31

（续）

公告号	品种权号	植物种类	品种名称	品种权人	授权日
CNA016811G	CNA20191003292	向日葵	蒙丰3号	内蒙古天承籽业有限责任公司	2020.12.31
CNA016812G	CNA20191003293	向日葵	蒙葵31	内蒙古天承籽业有限责任公司	2020.12.31
CNA016813G	CNA20191000678	咖啡黄葵	赣葵4号	萍乡市蔬菜科学研究所	2020.12.31
CNA016814G	CNA20191000679	咖啡黄葵	赣葵3号	萍乡市蔬菜科学研究所	2020.12.31
CNA016815G	CNA20181915.8	凤梨属	赤焰	四川农业大学	2020.12.31
CNA016816G	CNA20181916.7	凤梨属	红雪山	四川农业大学	2020.12.31
CNA016817G	CNA20172138.8	矮牵牛（碧冬茄）	丹陌皇后	以色列丹姿格“丹”花卉农场	2020.12.31
CNA016818G	CNA20172140.4	矮牵牛（碧冬茄）	丹陌乔伊	以色列丹姿格“丹”花卉农场	2020.12.31
CNA016819G	CNA20182358.0	矮牵牛（碧冬茄）	芳菲粉世界	赤峰市金太阳园艺育种科研所	2020.12.31
CNA016820G	CNA20182361.5	矮牵牛（碧冬茄）	芳菲粉传奇	赤峰市金太阳园艺育种科研所	2020.12.31
CNA016821G	CNA20182362.4	矮牵牛（碧冬茄）	芳菲天鹅绒紫	赤峰市金太阳园艺育种科研所	2020.12.31
CNA016822G	CNA20182363.3	矮牵牛（碧冬茄）	芳菲经典紫	赤峰市金太阳园艺育种科研所	2020.12.31
CNA016823G	CNA20182364.2	矮牵牛（碧冬茄）	芳菲玫红	赤峰市金太阳园艺育种科研所	2020.12.31
CNA016824G	CNA20183215.1	矮牵牛（碧冬茄）	丹派特珍	以色列丹姿格“丹”花卉农场	2020.12.31
CNA016825G	CNA20183392.6	矮牵牛（碧冬茄）	丹派卡朋	以色列丹姿格“丹”花卉农场	2020.12.31
CNA016826G	CNA20183393.5	矮牵牛（碧冬茄）	丹陌帕普	以色列丹姿格“丹”花卉农场	2020.12.31
CNA016827G	CNA20161722.3	香菇	HOKSY 8号菌	北斗股份有限公司	2020.12.31
CNA016828G	CNA20172949.7	香菇	沪香F2	上海市农业科学院、上海炎地农业科技有限公司	2020.12.31
CNA016829G	CNA20172950.3	香菇	沪香F3	上海市农业科学院、上海炎地农业科技有限公司	2020.12.31
CNA016830G	CNA20172951.2	香菇	申香215	上海市农业科学院	2020.12.31
CNA016831G	CNA20171368.1	灵芝属	仙芝2号	浙江寿仙谷医药股份有限公司、金华寿仙谷药业有限公司、武义寿仙谷中药饮片有限公司	2020.12.31
CNA016832G	CNA20191001319	量天尺属	临家红韵	徐咏梅	2020.12.31

图书在版编目（CIP）数据

2020年农业植物新品种保护发展报告/农业农村部植物新品种保护办公室，农业农村部科技发展中心编．—北京：中国农业出版社，2023.1
ISBN 978-7-109-30520-5

Ⅰ.①2… Ⅱ.①农…②农… Ⅲ.①作物-品种-知识产权保护-研究报告-中国-2020 Ⅳ.①D923.404

中国国家版本馆CIP数据核字（2023）第047048号

中国农业出版社出版
地址：北京市朝阳区麦子店街18号楼
邮编：100125
责任编辑：李昕昱
版式设计：王 怡　　责任校对：刘丽香　　责任印制：王 宏
印刷：中农印务有限公司
版次：2023年1月第1版
印次：2023年1月北京第1次印刷
发行：新华书店北京发行所
开本：889mm×1194mm 1/16
印张：11.75
字数：325千字
定价：88.00元